党内法规理论与制度研究丛书

党的监督保障法规原理

DANG DE JIANDU BAOZHANG FAGUI YUANLI

郭为禄 章志远 ◎主编

中国法治出版社

本书撰稿人

第一章： 马迅，华东政法大学纪检监察学院讲师

第二章： 李洪川，天津师范大学政治与行政学院讲师

第三章、第四章： 李尧，中共浙江省委党校法学教研部讲师

第五章： 赵子超，中共济宁市委机构编制委员会办公室工作人员

前言

2018年4月，在中共上海市委直接领导下，由中共上海市纪律检查委员会、中共上海市委宣传部与华东政法大学共同建设的实体性党内法规研究机构——华东政法大学党内法规研究中心正式挂牌成立。研究中心成立六年来，本着繁荣党内法规理论研究、推进党内法规学科发展和促进党内法规制度建设的宗旨，聚焦党内法规基础理论和制度实施，在理论研究、学术交流、队伍建设、人才培养和社会服务等方面取得了显著成效，已经成为国内重要的党内法规学术研究、人才培养和咨政服务基地。

2021年12月19日，在第二次全国党内法规工作会议召开前夕，习近平总书记就进一步加强党内法规制度建设作出新的重要指示，强调要增强依规治党的自觉性和坚定性，紧紧围绕党和国家工作大局继续推进党内法规制度建设，发挥好党内法规在维护党中央集中统一领导、保障党长期执政和国家长治久安方面的重大作用，在推进新时代党的建设新的伟大工程、落实全面从严治党方面的重大作用。① 作为华东政法大学党内法规研究中心《党内法规理论与制度研究丛书》的重要组成部分，本书通过研读党内法规研究领域的代表性文献，以2016年12月《中共中央关于加强党内法规制度建设的意见》所确立的“1+4”党内法规制度体系基本框架为依据，对党的监督保障法规原理进行系统的分析与阐释。

---

① 中共中央办公厅法规局：《充分发挥依规治党的政治保障作用——以习近平同志为核心的党中央加强党内法规制度建设纪实》，载中国政府网，http://www.gov.cn/xinwen/2022-06/26/content-5697788.htm，最后访问日期：2024年5月14日。

本书共分为五章：第一章“党的监督保障法规概述”，全面系统地阐释了党的监督保障法规的基本概念、分类与特征、功能和规则以及发展愿景，用规范分析的方法厘清其应然意涵，深入研究构建党的监督保障法规制度的理论基础，为以下章节的具体展开奠定坚实的理论支撑；第二章“党内监督的体系构造及其逻辑关联”，从党内监督的基本性质和主要内容入手，系统梳理党内监督的体系构造及其逻辑关联，搭建起党的监督保障法规的“骨骼”，构建起多主体参与、多手段并用、全方位发力，全体覆盖的监督体系；第三章“党内监督的基本方式”，立足文本和实践，总结提炼巡视、民主生活会、述职述廉、谈话和诫勉、询问和质询作为具体的监督方式，探究如何通过制度安排实现党内监督方式的规范化；第四章“党内激励的基本手段”，通过对表彰奖励、关怀帮扶、容错纠错的具体实证和规范分析，探究如何利用柔性手段充分激发各级各类党组织和广大党员、干部干事担当的积极性，以达到增强党的创造力、凝聚力和战斗力的目标和效果；第五章“党内保障的体系构造”，系统梳理权利行使保障、责任落实保障、制度建设保障的网络体系和相互之间的逻辑关联，通过制度规范、明确保障责任、保障内容、保障要求，以确保党组织工作高效顺畅运行。

本书是华东政法大学党内法规研究中心科研团队全体成员共同努力的结晶。校党委书记、中心主任郭为禄教授和中心常务副主任章志远教授担任主编，负责全书筹划、框架设计、出版协调；马迅撰写第一章，李洪川撰写第二章，李尧撰写第三章、第四章，赵子超撰写第五章。在撰写本书的过程中，我们重点参考了党的十八大以来公开出版的数十部著作和三百余篇重要论文。受时间和能力限制，书稿中可能存在某些欠缺之处，敬请同行批评指正。

目录

CONTENTS

第一章

党的监督保障法规概述

中国共产党历来高度重视对权力运行的制约和监督问题，毛泽东同志在“窑洞对”中的回答发人深省；邓小平同志“如果我们不受监督，不注意扩大党和国家的民主生活，就一定要脱离群众，犯大错误”的警言振聋发聩。[①]党的十八大以来，在以习近平同志为核心的党中央坚强领导下，党进一步健全完善权力运行制约和监督体系，有力推动了国家治理体系和治理能力现代化建设进程。2017 年 6 月，中共中央印发《关于加强党内法规制度建设的意见》，正式提出要坚持目标导向和问题导向，按照“规范主体、规范行为、规范监督”相统筹相协调原则，完善以“1+4”为基本框架的党内法规制度体系，即在党章之下分为党的组织法规制度、党的领导法规制度、党的自身建设法规制度、党的监督保障法规制度 4 大板块。对于完善党的监督保障法规制度，该意见强调要“切实规范对党组织工作、活动和党员行为的监督、考核、奖惩、保障等，确保行使好党和人民赋予的权力”[②]。党的二十大报告指出：“完善党的自我革命制度规范体系。坚持制度治党、依规治党，以党章为根本，以民主集中制为核心，完善党内法规制度体系，增强党内法规权威性和执行力，形成坚持真理、修正错误，发现问题、纠正偏差的机制。”[③]2023

① 《邓小平文选》（第一卷），人民出版社 1994 年版，第 270 页。

② 中共中央党史和文献研究院：《十八大以来重要文献选编》（下册），中央文献出版社 2018 年版，第 511 页。

③ 习近平：《高举中国特色社会主义伟大旗帜　为全面建设社会主义现代化国家而团结奋斗》，载《人民日报》2022 年 10 月 26 日，第 1 版。

年中共中央印发的《中央党内法规制定工作规划纲要（2023—2027年）》明确指出，要着眼强化责任、规范用权、激励担当，不断健全党的监督保障法规制度，形成有权必有责、有责要担当、用权受监督、失责必追究的激励约束机制，确保党和人民赋予的权力始终用来为事业谋发展、为人民谋幸福。

一、党的监督保障法规的基本概念

党的十八大以来，以习近平同志为核心的党中央对党的监督保障工作更加重视，把党内监督摆在了更加突出的位置，坚持正风肃纪、标本兼治、严明政治纪律和政治规矩，持之以恒纠正“四风”，坚决遏制腐败蔓延势头，着力构建不敢腐、不能腐、不想腐的体制机制，党内政治生态明显好转，赢得了党心、民心，得到了党内外和全社会的广泛认同和高度评价。[①]党的二十大报告指出，“健全党统一领导、全面覆盖、权威高效的监督体系，完善权力监督制约机制”。[②]

党的监督保障法规，是指规范党的监督、激励、保障等内容的党内法规，包括党内监督、考察考核、问责追责、表彰奖励、关怀帮扶、容错纠错、党员权利保障、制度建设保障、机关运行保障等方面的一系列党内法规。了解党的监督保障法规，必须首先厘清包括党内监督、党内巡视、党内问责、党纪处分、考察考核、党内激励以及权利保障与救济等在内的一系列下位概念。

（一）党内监督

中国共产党的党内监督是基于党内外的利益关系，按照民主集中制原则，根据党章和其他党内法规的规定，由党内监督主体对党内监督对象实施的监察、督促和制约活动，具体表现为党员、党员干部、党员领导干部和党组织相互之间的监察、督促和制约活动。党内监督的直接目的是增强

① 参见姜潇：《压倒性态势是如何形成的——党的十八大以来反腐倡廉工作综述》，载《光明日报》2017年10月6日，第1版。

② 习近平：《高举中国特色社会主义伟大旗帜 为全面建设社会主义现代化国家而团结奋斗》，载《人民日报》2022年10月26日，第1版。

党在长期执政条件下自我净化、自我完善、自我革新、自我提高能力；其根本目的是坚持和巩固党的领导，加强党的建设，全面从严治党，发展党内民主，永葆党的先进性和纯洁性，确保党始终成为中国特色社会主义事业的坚强领导核心。

中国共产党的党内监督制度是规范党内监督主体、规范党内监督主体的监督行为、规范党内监督工作保障的制度体系。规范党内监督主体，就是规范党内监督主体的权利和义务、职权和职责；规范党内监督主体的监督行为，就是规范党内监督主体行使监督职权和履行监督职责的工作，或者行使监督权利和履行监督义务的活动；规范党内监督工作保障，是指规范监督对象的整改活动、规范监督对象的权益救济、规范监督工作的保障措施等。由此可见，中国共产党党内监督制度具有三个方面要素，即规范监督主客体、规范监督行为、规范监督保障。其监督制度内部发生层次关系和结构关系，由此构成一个有机系统，对外发挥对党的监督工作的规范功能和政治功能、社会功能。[①] 通过制定和实施党内监督法规制度，可以保障中国共产党党内制度、体制和机制的有效运行；保障中国共产党始终是中国工人阶级的先锋队，同时是中国人民和中华民族的先锋队；保障中国共产党始终做到“三个代表”的要求，保障党所领导的伟大事业的最终实现。

（二）党内巡视

党内巡视是党内监督的制度创新，实质上是上级党组织针对下级党组织、领导班子、领导干部，特别是“一把手”进行监督的制度设计。党内巡视制度具备监督主体的权威性和独立性、监督依据的法规性和充分性、监督内容的聚焦性和政治性、监督手段的科学性和规范性、监督效果的标本兼治性等特征和要素，是党内监督体系中的结构创新和制度创新。党内巡视制度体现了马克思主义政党党内监督的一般规律与中国传统监督制度的优秀基因

① 李斌雄：《扎紧制度的笼子：中国共产党党内法规制度的重大发展研究》，武汉出版社 2017 年版，第 245 页。

的有机结合，并在新形势下与中国共产党的治理特点和规律有机衔接。

党内巡视制度之所以是党内监督制度体系中的战略性制度安排，主要是由它在党内外监督体系中的价值、功能和作用决定的。从党的十八大以来巡视工作的历史过程来看，党内巡视理论、制度和实践的功能可以划分为政治导向功能、震慑遏制功能和治本功能。所谓政治导向功能，是指通过制定和实施巡视制度，对被巡视党组织、领导班子及其成员进行政治监督和政治指导的功能；所谓震慑遏制功能，是指党内巡视制度的制定和实施对党的领导弱化、党的建设缺失、管党治党“宽松软”现象蔓延，特别是对不正之风和消极腐败现象蔓延进行震慑遏制的功能；所谓治本功能，是指党内巡视制度的制定和实施对推动解决党的领导和党的建设、全面从严治党和党风廉政建设过程中所存在的突出矛盾的根源性问题进行治理的功能。[①]

（三）党内问责

中国共产党党内问责制度简称党内问责制，是指规范党内问责主体、规范党内问责行为、规范党内问责工作的制度。所谓规范问责主体，是指规范问责主体的问责权限和问责职责，包括规范问责决定机关的职权和职责，规范问责实施机关的设置等；所谓规范问责行为，主要是指规范问责实施过程，包括规范问责启动、调查、决定的过程，规范问责客观事实的判定和问责方式等；所谓规范党内问责工作的监督和保障，主要是指规范问责工作的保障条件，规范对问责主体开展问责工作的监督，以及规范问责主体失职失责行为的处罚措施。

中国共产党党内问责制度体系的内容结构包括党章关于党内问责的规定、《中国共产党问责条例》的总体性规定及其实施办法、专项问责的党内法规、含有问责条款的党内法规和含有问责内容的党内规范性文件。在党内问责制度体系建设过程中，一方面，党章与《中国共产党问责条例》之间需

① 李斌雄：《扎紧制度的笼子：中国共产党党内法规制度的重大发展研究》，武汉出版社 2017 年版，第 226—229 页。

要相互衔接，《中国共产党问责条例》与其实施办法之间需要相互衔接。另一方面，专项问责的党内法规与《中国共产党问责条例》之间需要相互衔接协调，含有问责条款的党内法规需要与《中国共产党问责条例》之间协调一致，含有问责内容的党内规范性文件也不能与《中国共产党问责条例》相互抵触。[①]党内问责制度把“两个维护”作为根本原则和首要任务，将保证党的路线方针政策和党中央重大决策部署贯彻执行作为重中之重，必将督促各级党组织和领导干部坚守初心使命、强化绝对忠诚，严守党的政治纪律和政治规矩，确保党中央各项决策部署落地生根、开花结果。

（四）党纪处分

党的纪律有三个主要特征：一是党的纪律是党的各级组织和党员必须遵守的党内行为规范；二是党的纪律是维护党的性质、纲领，维护党的路线方针政策和民主集中制原则的行为规范；三是党的纪律是建立在党员自觉遵守基础之上，并运用党的纪律处分的手段保障其实施的，带有强制性的行为规范。

党的纪律处分，是指党的组织对于违犯党的纪律的党的组织和党员，按照党内法规的有关规定所作出的纪律惩戒。它是提高党员觉悟、增强纪律观念、维护党的纪律、纯洁党的组织、提高党的战斗力、保证党的路线方针政策顺利贯彻执行的重要手段。2023 年《中国共产党纪律处分条例》的修订，坚持问题导向，聚焦执纪监督中的重点难点问题靶向施治，充实违纪情形，细化处分规定，推动各级党组织严格执纪、精准执纪，把严的基调、严的措施、严的氛围长期坚持下去，让铁纪“长牙”、发威，让党员干部重视、警醒、知止。

（五）考察考核

干部考察考核历来是监督评价和选用干部的重要方式。干部考察是党委

---

① 李斌雄：《扎紧制度的笼子：中国共产党党内法规制度的重大发展研究》，武汉出版社 2017 年版，第 302—305 页。

（党组）及其组织人事部门根据干部管理权限，按照规定的程序和方法，对确定的考察对象进行全面了解和公正评价，为干部的选拔任用等提供依据的一项重要工作，是选拔任用党政领导干部必须履行的程序和关键环节之一。干部考核是指考核机关按照一定的程序和方法，对领导班子和领导干部的政治业务素质和履行职责情况进行考察、核实、评价，并以此作为加强对领导班子的管理和领导干部任用、奖惩等的依据。严格执行干部考察考核制度，是落实全面从严治党战略部署，严格管理监督干部、激励约束干部的必要手段，是坚持正确选人用人导向，推进干部能上能下，选对人、用好人的重要基础，是确保干部忠诚干净担当的重要保障。2019 年 4 月，中共中央办公厅印发了《党政领导干部考核工作条例》，这对于进一步发挥干部考核的指挥棒、风向标、助推器作用，激励引导广大干部以更好的状态、更实的作风贯彻落实党中央决策部署，推动全党统一意志、统一行动、步调一致前进，具有重要意义。

（六）党内激励

习近平总书记强调，组织敢于担当，干部才会有底气。[①] 党组织要对干部坚持严管和厚爱结合、激励和约束并重。任何事业的发展都是人在起主导作用。人的积极性、主动性、创造性发挥得如何，直接影响事业的成败。而人是具体的，都有自己正当的利益需求和精神追求。如果缺乏有效激励，人们的利益需求和精神追求得不到满足，其积极性、主动性、创造性就很难得到有效发挥。虽然说干部应比群众有更高的觉悟，但他们也有正当的利益需求和精神追求。忽视对干部的激励，很容易导致干部的“不作为”，最终损害党的事业发展。因此，在对少数干部违法违纪、贪污腐败、不作为、乱作为现象进行严格监督、约束、问责和惩治的同时，还要加大对广大干部的激励力度，使他们迸发出干事创业的热情、贡献出成就事业的智慧。党中央鲜明提出严管和厚爱相结合，激励和约束并重，并采取了一系列措施，制定了

① 习近平：《努力造就一支忠诚干净担当的高素质干部队伍》，载人民网，http://jhsjk.people.cn/article/30544006，最后访问日期：2024 年 5 月 10 日。

表彰奖励、关怀帮扶、容错纠错等方面一系列党内法规以及《关于进一步激励广大干部新时代新担当新作为的意见》等相关文件。譬如,《关于新形势下党内政治生活的若干准则》提出:“干部是党的宝贵财富，必须既严格教育、严格管理、严格监督，又在政治上、思想上、工作上、生活上真诚关爱，鼓励干部干事创业、大胆作为。”这就是说，对干部既要监督约束，也要鼓励激励。重视鼓励激励，有助于激发广大干部干事创业的积极性、主动性和创造性，有效破解“为官不为”问题。

党内激励制度是由表彰奖励、关怀帮扶和容错纠错等一系列子制度构成的制度整体。党内表彰奖励是指采取授予荣誉称号、给予物质奖励、提供政治待遇等形式，营造弘扬先进、鞭策后进的良好氛围，进一步增强党员的光荣感和责任感，使党员能够真正地感受到党组织的温暖，从而增强党组织的凝聚力。党内关怀帮扶是指从政治上激励、工作上支持、待遇上保障、心理上关怀，进一步增强广大党员荣誉感、归属感、使命感，调动全党积极性、主动性、创造性。注重党内关怀帮扶是中国共产党的政治优势和优良传统，党的十九大报告明确提出，加强党内激励关怀帮扶。2019 年《中国共产党党内关怀帮扶办法》出台。党内容错纠错是指各级党委(党组)及纪检监察机关、组织部门等相关职能部门，要妥善把握事业为上、实事求是、依纪依法、容纠并举等原则，结合动机态度、客观条件、程序方法、性质程度、后果影响以及挽回损失等情况，对干部的失误错误进行综合分析，宽容干部在改革创新中的失误错误，坚持有错必纠、有过必改，对苗头性、倾向性问题早发现早纠正，对失误错误及时采取补救措施，帮助干部汲取教训、改进提高，让他们放下包袱、轻装上阵。

(七)权利保障与救济

党员是党的肌体的细胞和党内活动的主体，党的历史使命要靠千千万万党员卓有成效的工作来完成。只有赋予党员必要的权利并保障好这些权利，才能把党员主体地位落到实处，使党员更多地了解和参与党内事务，激发和培育每个党员的宗旨意识和责任意识，推动形成每名党员都自觉为党和人民的事业而奋斗的政治局面，确保党的执政基础坚如磐石。党员权利保障是中国共产党加强党员队伍建设，提高党员主体意识和积极性，增强党的创造力、凝聚力、战斗力，永葆党的先进性和纯洁性，充分体现党的领导制度优势的重要方式。[①] 法学意义上的“救济”是指法律关系主体的合法权益受到侵犯并造成损害时，获得恢复和补救的法律制度。救济分为公力救济和私力救济：公力救济是指权利人的权利受到侵害或者有被侵害之虞时，权利人请求人民法院等特定公权力机关依法对自己权利进行保护和补救的方式及制度；私力救济是指权利主体在某些时刻，依靠自身的实力，通过实施自卫行为或者自助行为来救济自己被侵害的权利的救济方式及相应制度。与公力救济和私力救济不同，党内救济是指特定主体的权利受到党组织、党员侵害时，其有权向相应的党内机关提出申请，由相应的党内机关按照一定的程序，采取补救措施，作出恢复原状、消除影响等处理，以维护其合法合规权益的制度。[②] 建立健全党内救济制度既是保障党员、党组织权利的需要，也是监督党组织、党员行为的重要方式。

二、党的监督保障法规的分类和特征

（一）党的监督保障法规的分类

在党的监督保障法规如何分类问题上，按照不同的标准，可以对党的监督保障法规作出不同的分类。[③]

不少学者根据行为内容的不同，将党的监督保障法规分为监督、考核评价、奖励、处罚和关怀帮扶等类别。[④] 此种分类方法虽然避免了各类法规间的交叉重叠，但各类型之间的层级关系并不均衡，容易导致分类的碎片化，

① 闫映全：《政治与法治融通是党员权利保障的主旋律》，载《中国社会科学报》2021 年 1 月 28 日。

② 欧爱民：《中国共产党党内法规总论》，人民出版社 2019 年版，第 438 页。

③ 宋功德、张文显主编：《党内法规学》，高等教育出版社 2020 年版，第 234 页。

④ 参见金成波：《完善以“1+4”为基本框架的党内法规制度体系》，载《中国党政干部论坛》2017 年第 8 期。

削弱了党的监督保障法规体系的整合功能。例如，2017年《关于加强党内法规制度建设的意见》将考核与监督、奖惩、保障三者并列，从狭义上理解，党内监督是与党内问责、巡视巡察、党纪处分等相并列的制度范畴，考察考核与党内监督并列并无不妥，但从该意见中的列举方式不难发现，其对监督采取了广义理解，故将监督与考核并列的分类方式在逻辑上也欠缺科学性。对此，2018年《中央党内法规制定工作第二个五年规划（2018—2022年）》对此进行了修正，即将党的监督保障法规的内容概括为监督、奖惩和保障三个方面。2021年中共中央办公厅法规局组织编写的《中国共产党党内法规体系》继续沿用了该规划中的分类方式。[①]简言之，将党的监督保障法规分为监督类法规、奖惩类法规和保障类法规三种，既能够避免规制事项之间的交叉重叠，又能实现各类别之间层级关系的相对均衡，共同构筑起较为完整的监督保障法规体系。

1. 监督类法规

监督类法规是指以日常管理、严格审查、精准考核等为主要内容，发挥预防和督促作用的党内法规，可进一步细分为日常管理类法规、审查类法规和考核类法规三个子类型。

日常管理类法规以《中国共产党党内监督条例》《中国共产党巡视工作条例》等为代表。《中国共产党党内监督条例》于2016年10月完成修订，以党章为根本遵循，全面深入贯彻习近平总书记系列重要讲话精神，在体例上改变了以前监督主体和监督制度分别规定的做法，围绕理论、思想、制度构建体系，围绕权力、责任、担当设计制度，以监督责任为主轴，针对不同主体，明确监督职责，规定具体制度，以实现监督主体、监督职责、监督措施的有机统一。巡视是党内监督的重要方式和战略性制度安排，为推动全面从严治党向纵深发展，党的十八届六中全会审议通过的《中国共产党党内监督条例》对中央和国家机关开展巡视工作提出原则要求。2017

---

① 《中国共产党党内法规体系》，载人民网，http://politics.people.com.cn/n1/2021/0804/c1001-32180378.html，最后访问日期：2024年7月1日。

年 7 月，党中央修订印发的《中国共产党巡视工作条例》规定，“中央有关部委、中央国家机关部门党组（党委）可以实行巡视制度”。党的十九大对巡视工作作出新部署，修改后的党章明确提出“中央有关部委和国家机关部门党组（党委）根据工作需要，开展巡视工作”。2017 年 8 月，中共中央办公厅与时俱进修订出台《被巡视党组织配合中央巡视工作规定》，明确了被巡视党组织配合中央巡视工作的具体要求。2019 年 6 月，中共中央办公厅又印发了《关于中央部委、中央国家机关部门党组（党委）开展巡视工作的指导意见（试行）》，对规范中央部委、中央国家机关部门党组（党委）内部巡视工作提出明确要求。

审查类法规以《中国共产党纪律检查机关监督执纪工作规则》等为代表。要从源头上防止纪检监察机关的权力被滥用，就必须整合规范纪检监察工作流程，强化纪检监察权力运行的监督制约，健全执纪执法工作机制。《中国共产党纪律检查机关监督执纪工作规则》吸收党的十八大以来深化纪检监察体制改革的理论、实践、制度创新成果，立足有效监督制约，在健全内控机制、优化工作流程上着力，针对实践中反映的问题和权力运行中的风险点作出严格规范，在各个环节规定具体审批事项，体现了全程管控、从严把关：在线索处置环节，明确信访举报部门归口受理信访举报，案件监督管理部门对问题线索实行集中管理、动态更新、定期汇总核对，确保对问题线索处置全程可控；在谈话函询环节，规定谈话函询之前要严格审批，谈话内容应制作谈话笔录，必要时对谈话函询的说明情况进行抽查核实；在初步核实环节，规定经严格审批启动初步核实程序，对具有可查性的问题线索扎实开展初核，收集客观性证据，确保真实性和准确性；在审查调查环节，突出强调党委（党组）对审查调查处置工作的领导，严格报批程序，明确审批权限，严格审查调查措施使用，强调重要取证工作必须全程录音录像，纪检监察机关相关负责人通过调取录音录像等方式，加强对审查调查全过程的监督；在案件审理环节，规定纪律处理或处分必须坚持民主集中制原则，集体讨论决定，坚持审查调查与审理相分离，审查审理和复议复查相分离，做到事实清楚、证据确凿、定性准确、处理恰当、手续完备、程序合规，严格依规依纪依法审核把关。

考核类法规以《党政领导干部考核工作条例》等为代表，致力于完善考核评价机制，树立讲担当、重担当、改革创新、干事创业的鲜明导向。2019年4月印发的《党政领导干部考核工作条例》对推动解决当前干部队伍和干部考核工作存在的突出问题，激励引导广大干部以更好的状态、更实的作风带头贯彻落实党中央决策部署和习近平总书记重要指示批示，推动全党统一意志、统一行动、步调一致前进，具有重要意义。

2. 奖惩类法规

奖惩类法规是指以表彰奖励、关怀帮扶、问责追责、容错纠错等为主要内容的一系列党内法规，体现严管和厚爱相结合、激励和约束并重。

表彰奖励，是指采取给予功勋荣誉表彰、职务晋升、物质奖励等形式，对党组织和党员、干部进行鼓励，以达到激励广大党员和党组织奋发进取、创先争优，增强党的创造力、凝聚力、战斗力的目的和效果。① 表彰奖励类法规以《中国共产党党内功勋荣誉表彰条例》《党政领导干部选拔任用工作条例》等为代表。2017年8月，中共中央批准实施了《中国共产党党内功勋荣誉表彰条例》，旨在充分发挥先进典型表率示范作用，激励广大党员和党组织奋发进取、创先争优，增强党的创造力、凝聚力、战斗力，保持发展党的先进性和纯洁性。②《中国共产党党内功勋荣誉表彰条例》由七部分六章三十七条内容组成，从勋章、荣誉称号、表彰、纪念章、待遇和管理等方面作出了明确规定，是一部新时代党、国家、军队功勋簿，确立以“五章一簿”为主干的统一、规范、权威的功勋荣誉制度体系，这对于推进党内功勋荣誉表彰工作的规范化、制度化，发挥党组织的领导核心作用和党员的先锋模范作用具有重大意义。正确的用人导向，是对干部最直接、最有效的激励，用好一个人就能激励一大片。2019年3月修订的《党政领导干部选拔任用工作条例》着眼调动和保护干部队伍积极性，增加了激励干部担当作为

① 宋功德、张文显主编:《党内法规学》，高等教育出版社2020年版，第255页。

② 中共中央办公厅法规局编:《中国共产党党内法规汇编》，法律出版社2021年版，第816页。

的有关内容，譬如要求“大力选拔敢于负责、勇于担当、善于作为、实绩突出的干部”“对不适宜担任现职的领导干部应当进行调整，推进领导干部能上能下”，在基本条件中增加“主动担当作为”“有斗争精神和斗争本领”等，进一步推进干部选拔任用工作制度化、规范化、科学化。

关怀帮扶类法规以《中国共产党党内关怀帮扶办法》等为代表。注重党内关怀帮扶是中国共产党的政治优势和优良传统，《中国共产党党内关怀帮扶办法》继承发扬党的优良传统，总结提炼基层有效做法，把“政治上激励、工作上支持、待遇上保障、心理上关怀”的要求具体化，是新时代加强党内关怀帮扶的重要遵循。

问责追责类法规以《中国共产党问责条例》《中国共产党纪律处分条例》等为代表。2019 年修订颁布的《中国共产党问责条例》共二十七条，坚持目标指引和问题导向，鲜明强调要增强“四个意识”、坚定“四个自信”、做到“两个维护”，明确问责职责，细化问责情形，进一步压实管党治党政治责任；增加问责程序，强化规范问责、精准问责；保护干部积极性，激发干事创业精气神。《中国共产党问责条例》的贯彻实施，必将为新时代中国特色社会主义事业发挥重要的保障作用。2023 年修订的《中国共产党纪律处分条例》坚持靶向施治，聚焦执纪监督中的重点难点问题，完善了纪律处分运用规则，加强了纪法衔接，充实了违纪情形，细化了处分规定，是党组织执行和维护纪律的基本标尺。严格精准执纪有利于让铁纪“长牙”、发威，让党员干部重视、警醒、知止，使铁的纪律真正转化为党员干部的日常习惯和自觉遵循。各级党组织对违反党规党纪的问题，要坚持发现一起就坚决查处一起，切实维护纪律的刚性、严肃性。

容错纠错类法规以《关于进一步激励广大干部新时代新担当新作为的意见》等为代表。在改革进入攻坚期和深水区的当下，只有正确运用容错纠错机制，为改革创新者撑腰鼓劲，让真正的改革创新者放手闯、大胆干，切实鼓励大胆探索者，宽容改革失误者，鞭策改革滞后者，才能形成激励改革创新的良好环境。2018 年 5 月，中共中央办公厅印发了《关于进一步激励广大干部新时代新担当新作为的意见》，提出“建立健全容错纠错机制，宽容干部在改革创新中的失误错误”，强调“切实为敢于担当的干部撑腰鼓劲”。宽容不是纵容，保护不是庇护。科学划清“可容”与“不容”的明确界限，必须按照“三个区分开来”的要求精准把握政策界限：把干部在推进改革中因缺乏经验、先行先试出现的失误错误，同明知故犯的违纪违法行为区分开来；把尚无明确限制的探索性试验中的失误错误，同明令禁止后依然我行我素的违纪违法行为区分开来；把为推动发展的无意过失，同为谋取私利的违纪违法行为区分开来。“三个区分开来”把改革创新中的失误错误与违纪违法行为作了切割，把严格管理和热情关心干部结合起来，使改革创新者能够全身心地投入到改革创新伟业中去。[①] 容错不是最终目的，重点在于及早纠偏和及时补救，及时总结经验教训，防止小错变大错，避免过错、错误成为常态。

3. 保障类法规

党的保障类法规，就是通过制度规范，明确保障责任、保障内容、保障要求，调整调动各方面资源力量，实现对党员权利、制度建设、机关运行等方面的保障，以确保党组织工作活动高效顺畅进行。[②] 党的十八大以来，随着党员主体地位意识的提高，保障类法规建设越发关键。保障类法规可进一步细分为权利保障和工作保障两个子类别。

权利保障类法规以《中国共产党党员权利保障条例》等为代表。党章原则规定了党员享有的 8 个方面权利，为保障党员权利提供了根本遵循。中国共产党历来重视落实党章规定的党员各项权利，1995 年党中央就印发了《中国共产党党员权利保障条例（试行）》，并于 2004 年作了修订，作为加强党员队伍建设的重要基础性法规，在保障党员权利方面发挥了重要作用。但随着形势任务的发展，2004 年条例的一些规定已不能完全适应新时代要求，需要在坚持已有成熟制度措施的基础上，与时俱进加以修订完善。党中央高度重视条例修订工作，将其列入中央政治局常委会工作要点和《中央党内法

① 参见赵迎辉：《建立干部容错纠错机制需把握的几个问题》，载《学习时报》2018 年 6 月 25 日，第 5 版。

② 宋功德、张文显主编：《党内法规学》，高等教育出版社 2020 年版，第 259 页。

规制定工作第二个五年规划（2018—2022年）》。按照党中央要求，中央纪委机关会同中央组织部，对《中国共产党党员权利保障条例（试行）》进行了研究修订。2020年11月30日，中央政治局会议审议通过《中国共产党党员权利保障条例》。《中国共产党党员权利保障条例》的修订和实施，充分体现了以习近平同志为核心的党中央对发扬党内民主、保障党员权利的高度重视，进一步筑牢了党员权利保障的制度基础，有利于充分发挥我们党的领导制度优势，突出党员主体作用，激发广大党员的积极性、主动性、创造性，把全体党员更加紧密地团结在党中央周围。

工作保障类法规是确保党的各级各类组织全面履职、正常运转的重要依据和刚性约束，以《中国共产党党内法规制定条例》《中国共产党党内法规和规范性文件备案审查规定》《党政机关公文处理工作条例》《机关档案工作条例》《党政机关办公用房管理办法》《党政机关公务用车管理办法》等为代表。例如，为了实现党内法规制定的科学性和规范性，构建一套完整规范的党内法规制定体系，中共中央于2012年5月颁布了《中国共产党党内法规制定条例》，并于2019年8月重新进行了修订。这次修订基本维持条例原框架，由七章三十六条调整为七章四十三条。《中国共产党党内法规制定条例》作为党内“立法法”，基本解决了党内法规制定权限分配问题，将不同党内法规划分为不同的效力层级。同时，《中国共产党党内法规制定条例》也就党内法规制定的程序性问题予以明确。党内法规的备案审查是加强新时代党内法规制度建设的重要一环，着力于从过程控制的层面检视党内法规的合规性与正当性水平，是维护法制统一，提高党规执行力度和监督强度的重要机制。党内法规的备案审查制度最初确立于20世纪90年代，1990年《中国共产党党内法规制定程序暂行条例》规定了中央部门党内法规和地方党内法规的备案内容，但备案的承办主体、备案时间、备案程序等都未进行规范，备案实施情况并不理想。2012年《中国共产党党内法规制定条例》第三十条规定：“中央纪律检查委员会、中央各部门和省、自治区、直辖市党委制定的党内法规应当自发布之日起30日内报送中央备案，备案工作由中央办公厅承办。具体备案办法由中央办公厅另行规定。”同年发布的《中国共产党党内法规和规范性文件备案规定》就备案范围、备案主体、承办机构、审查标准、处理方式和配套机制等作出了较为详细的规定。2019 年 9 月，中共中央印发了新修订的《中国共产党党内法规制定条例》和《中国共产党党内法规和规范性文件备案审查规定》。修订后的《中国共产党党内法规和规范性文件备案审查规定》由十八条调整为七章二十八条，进一步贯彻和体现了“有件必备、有备必审、有错必纠”的要求。又如，《党政机关公务用车管理办法》着眼于提升公务用车管理效能，明确了集中统一方向，要求公务用车主管部门对本级党政机关公务用车实行“四统一”管理，即统一编制、统一标准、统一购置经费、统一采购配备管理，规定公务用车购置经费列入公务用车主管部门预算，同时坚持保障公务和厉行节约相结合，在公务用车编制和标准两个核心问题上作出了相应安排，强化配备、使用、处置等全流程管理，着力构建公务用车管理新制度。

（二）党的监督保障法规的特征

在党内法规制度体系中，党的监督保障法规除具有组织性、规范性和逻辑性等党内法规共性特征外，相比党的领导法规、党的组织法规和党的自身建设法规，更表现出鲜明的辩证统一性、系统衔接性和与时俱进性。

一是辩证统一性。相比其他类型的党内法规，党的监督保障法规的规范内容更为鲜明地体现了制约与激励双向协同的辩证统一。严格监督与信任激励看起来好像不是一回事，但仔细分析起来两者并不矛盾。党组织对党员信任，是建立在对党员充分了解，党员表现好、不出事的基础上。这是前提，没有这个前提，就不会有党组织对党员的信任。而要保证党员表现好、没问题、不出事，一个重要措施就是对党员进行严格监督。而党员在党组织的严格监督下努力工作，充分发挥先锋模范作用，赢得党组织的信任。从这个意义上讲，信任激励同严格监督是相互联系、有机统一的，坚持把信任激励同严格监督结合起来，就能取得良好的效果。当然，信任激励不等于放纵不管，党内不允许有不受制约的权力，也不允许有不受监督的特殊党员。党员的一切活动都要在党章和国家法律法规允许的范围内进行。因此，要通过完善权力运行机制和监督机制，形成有权必有责、用权必担责、滥权必追责的制度安排，以此保证有效的监督，决不能以言代法、以权压法、徇私枉法。

二是系统衔接性。党的监督保障法规对于健全党的组织、实施党的领导、加强党的建设都发挥着重要的支撑作用，规范的内容覆盖党的组织、党的领导和党的建设全过程各方面。有观点指出，在党的监督保障法规内部，法规遵循“监督、审查、追责、救济”这一行为逻辑发挥作用，法规之间环环相扣，具有较强的内部衔接性；在外部关系方面，党的监督保障法规具有更强的现实针对性，面对纷繁复杂的现实环境和层出不穷的新情况，需要更频繁地调适与应对。[①] 以新修订的《中国共产党问责条例》为例，其一大亮点是明确了“终身问责”的要求，各地在问责时不再把调离转岗、提拔或退休当作免责的依据，问责没有过去时、空档期，离岗、退休、提拔不再是“免责符”。此外，为增强系统衔接性，程序性规范在党的监督保障法规中占据较大的体量，更为注重通过程序机制推动义务的履行和权利的实现。

三是与时俱进性。党的十九届五中全会站在党和国家事业发展全局高度，按照党的十九大的战略安排，明确了“十四五”时期经济社会发展的重大方针、重大战略、重大举措，擘画了我国进入新发展阶段的宏伟蓝图。深入学习贯彻全会精神，把《中共中央关于制定国民经济和社会发展第十四个五年规划和二〇三五年远景目标的建议》确定的各项决策部署和工作要求落到实处，是当前和今后一个时期全党全国的重要政治任务。当前和今后一个时期，我国发展仍然处于重要战略机遇期，但机遇和挑战都有新的发展变化。不同发展阶段有不同的特征和任务。经过长期努力，我国已进入高质量发展阶段，但发展不平衡不充分问题仍然突出。解决这一问题是一个长期的历史过程，不可能一蹴而就。与此同时，推进全面从严治党这一伟大自我革命，也是攻坚战、持久战。当前，全面从严治党取得新的战略性成果，反腐

① 李少杰：《党的监督保障法规制度：概念、结构与价值》，载《理论建设》2020年第4期。

败斗争压倒性胜利不断巩固拓展，但反腐败斗争形势依然严峻复杂，全面从严治党永远在路上。为此，党的监督保障法规要准确把握进入新发展阶段、贯彻新发展理念、构建新发展格局对党的监督保障工作的新要求，准确把握全面从严治党、党风廉政建设和反腐败斗争的阶段性特征，强化监督执纪问责，坚持党中央集中统一领导，坚持以人民为中心，坚持稳中求进、坚定稳妥，把严的主基调长期坚持下去，一体推进不敢腐、不能腐、不想腐，持续巩固发展反腐败斗争压倒性胜利，同时有力保障支撑中国特色社会主义法治体系的制度执行到位，有力保障全面依法治国各项决策部署有效贯彻落实，推动全面依法治国的制度优势更好地向国家治理效能转化，从而为落实“十四五”规划营造良好政治生态和发展环境。

三、党的监督保障法规的意义和展望

在党内法规制度体系中，党的组织法规侧重从“主体”上规范党的中央组织、地方组织、基层组织，党的纪检机关、工作机关、派出机关、党组以及其他党组织的产生和职责问题；党的领导法规侧重规范党对党外实施的领导“行为”，规范党领导经济建设、政治建设、文化建设、社会建设、生态文明建设以及外事、国防军队建设等活动；党的自身建设法规侧重规范党在党内实施的自身建设“行为”，规范党的政治建设、思想建设、组织建设、作风建设、纪律建设等活动；党的监督保障法规侧重从“监督保障”上规范党的工作责任制、党内监督、问责、组织处理、党纪处分、奖励表彰、党员权利保障、党的机关运行保障等活动。据此，形成主体、行为、监督保障三位一体的党内法规制度架构。党的十八大以来，在“1+4”的党内法规制度体系中，党的监督保障法规尤为受到重视，成效也最大，为全面从严治党和反腐败斗争的压倒性胜利提供了坚强的制度保障。①

（一）党的监督保障法规的重要意义

一是有助于解决党内存在的突出问题。党的监督保障是全面从严治党的

① 王勇主编：《党内法规教程》，中共中央党校出版社 2019 年版，第 168 页。

重要内容，长期以来党中央高度重视，采取了一系列有效措施，取得了显著成效。但同时也出现一些突出矛盾和问题，主要是一些地方和部门党的领导弱化、党的建设缺失、全面从严治党不力，一些党员、干部党的观念淡漠、组织涣散、纪律松弛，一些党组织和党员、干部不严格执行党章，无视政治纪律，无视组织原则。应当清醒地认识到，虽然十八大以来党内存在的突出矛盾和问题很多都得到了有效解决，但一些问题依然存在，一些问题解决得还不彻底，另一些问题还可能再冒出来，必须继续努力，不断从思想上、政治上、组织上、作风上、制度上防范和解决党内存在的突出矛盾和问题。特别要看到，在新的历史条件下，国际国内形势发生了很大变化，党面临的执政环境和执政条件也发生了很大变化，党面临的“四大考验”“四种危险”是长期的、复杂的、严峻的。要把党内存在的突出矛盾和问题解决好，有效化解党所面临的重大挑战和危险，很重要的一条就是要完善党的监督保障法规，扎紧制度的笼子，切实加强党的监督保障工作。

二是有助于深化全面从严治党。全面从严治党，必须从根本上解决主体责任缺失、监督责任缺位、管党治党宽松软的问题，把强化党内监督保障作为党的建设的基础工程，使监督保障法规的制度优势充分释放出来。党的十八大以来，党中央把全面从严治党紧紧抓在手上，采取系列新的举措，加大管党治党力度，坚持正风肃纪，标本兼治，严明政治纪律和政治规矩，坚决遏制腐败蔓延势头，着力构建不敢腐、不能腐、不想腐的体制机制，层层落实全面从严治党主体责任和监督责任，着力解决党内存在的突出问题，党内政治生活出现许多新气象，党内政治生态明显好转，得到全党全社会的高度认同。强调加强党内监督保障，不断完善党的监督保障法规体系，目的就是形成科学管用的防错纠错机制，不断增强党自我净化、自我完善、自我革新、自我提高的能力，一方面能使已经发生的矛盾和问题得到更好的解决，另一方面又能有效地防范新的矛盾和问题的出现，还能有效防范已经解决了的矛盾和问题的反弹和复发。全党要深刻认识到党的监督保障法规是永葆党的肌体健康的生命之源，要不断增强向体内病灶开刀的自觉性，使积极行使党员权利、履行党员义务、有序开展监督执纪问责、主动接受监督问责成为全党的自觉行动。

三是有助于将党的监督保障制度优势转化为国家治理效能。党的十九届四中全会决定确立了坚持和完善中国特色社会主义制度、推进国家治理体系和治理能力现代化的总体目标。实现这一总体目标，必须不断健全和完善党的监督保障法规，充分发挥国家治理体系的有力支撑作用和重要保障作用，推动形成决策科学、执行坚决、监督有力的权力运行机制，使中国特色监督保障体系的制度优势转化为治理效能，有力促进社会主义制度的自我完善和发展，有效提升党和国家运用制度和法律治理国家的能力，确保党和人民赋予的权力始终用来为人民谋幸福。监督保障执行，就是立足职责定位，聚焦坚持和完善支撑中国特色社会主义制度的根本制度、基本制度、重要制度，突出政治监督，强化日常监督，构建全覆盖的制度执行监督机制，强化制度执行力，保障国家治理各项决策部署、政策措施贯彻落实，保障中国特色社会主义制度切实得以坚持巩固，把我国制度优势更好地转化为国家治理效能。促进完善发展，就是发挥职能作用，聚焦解决体制性障碍、机制性梗阻、政策性创新方面问题，通过监督推动整改、促进改革、完善制度，使各项制度日益健全、不断发展，推动构建系统完备、科学规范、运行有效的制度体系，把公权力置于严密监督之下，有力推进国家治理体系和治理能力现代化。

（二）党的监督保障法规的发展愿景

党的十九届五中全会审议通过制定“十四五”规划和2035年远景目标的建议，擘画了我国未来经济社会发展的宏伟蓝图。全面建设社会主义现代化国家，必须自觉立足新发展阶段，贯彻新发展理念，构建新发展格局，统筹发展和安全，着力提升发展质量和效益，更好满足人民日益增长的美好生活需要，促进人的全面发展、社会全面进步、全体人民共同富裕，这对新时代党的监督保障法规制度提出了更高的要求。党的二十大报告提出，健全党统一领导、全面覆盖、权威高效的监督体系，完善权力监督制约机制，以党内监督为主导，促进各类监督贯通协调，让权力在阳光下运行。党的二十届三中全会决定进一步指出，建立经常性和集中性相结合的纪律教育机制，深化运用监督执纪“四种形态”，综合发挥党的纪律教育约束、保障激励作用。为此，发展党的监督保障法规必须因时因势、与时俱进，更加突出政治监督，更加突出高质量发展主题，更加突出整治群众身边腐败和作风问题，更加突出发挥监督治理效能，更加突出严管与厚爱结合、激励与约束并重，使正风肃纪反腐更好地适应现代化建设需要，使监督保障体系更好地融入国家治理体系，释放更大治理效能，在完成新时代新阶段党的历史使命中发挥重要作用。

一是自觉践行“两个维护”以实现强有力的政治监督。进入新发展阶段，我国将面临复杂严峻环境和艰巨繁重任务，必须加强政治监督，防范化解思想涣散、纪律松弛风险，保证全党紧密团结在以习近平同志为核心的党中央周围，保障党的基本理论、基本路线、基本方略和党中央重大决策部署贯彻落实。进一步增强“四个意识”、坚定“四个自信”、做到“两个维护”。围绕推动高质量发展、深化供给侧结构性改革、提高人民生活品质、守住安全发展底线等重大决策，围绕巩固拓展经济社会发展成果、强化国家战略科技力量、增强产业链供应链自主可控能力、坚持扩大内需这个战略基点等重点任务，围绕解决好“三农”问题、加快农业农村现代化、实现乡村全面振兴等部署要求，加强监督检查，督促落实到位。健全贯彻党中央重大决策部署督查问责机制，把握重点、盯住难点、疏通堵点，监督推动各级党组织自觉同党中央精神对标对表，凝心聚力做好应变局、育先机、开新局、谋复兴各项工作。推进纪检监察工作理念、思路、制度、机制创新，深入实践探索服务保障现代化建设的有效举措，加强对敢担当善作为干部的激励保护，大力推进清廉建设，努力做到风气严实、纪律严明、干部廉洁、班子廉政，着力构建亲而有度、清而有为的亲清政商关系，营造风清气正的政治生态和良好发展环境。

二是持续整治群众身边腐败和作风问题。深入开展党的优良传统和作风教育，完善作风建设长效机制，把好传统带进新征程，将好作风弘扬在新时代。对形式主义、官僚主义毫不妥协，全面检视、靶向纠治，持续为基层松绑减负，树立重实干、重实绩的用人导向，督促全体党员干部担当尽责、干事创业。坚决整治政法战线违纪违法问题，努力让人民群众在每一件司法案件中感受到公平正义。推动扫黑除恶常态化，坚决打击黑恶势力及“保护伞”，决不让其再祸害百姓。紧盯党中央惠民富民、促进共同富裕政策落实，持续纠治教育医疗、养老社保、扶贫环保等领域腐败和不正之风。2023 年 1 月至 11 月，全国各级纪检监察机关以办案为有力抓手、共查处民生领域不正之风和腐败问题 6.7 万起，批评教育和处理 9.6 万人。[①] 一个个案件、一次次整治，让人民群众切实感受到公平正义就在身边。要坚定不移深化反腐败斗争，一体推进不敢腐、不能腐、不想腐，深刻把握腐败问题的政治本质和政治危害，坚持无禁区、全覆盖、零容忍，坚持重遏制、强高压、长震慑，坚持受贿行贿一起查，重点查处政治问题和经济问题交织的腐败案件。

三是推进巡视巡察上下联动。巡视巡察是管党治党、国家治理的重要手段，必须牢牢把握中央巡视工作方针，精准落实政治巡视要求。要立足常规巡视，有针对性开展专项巡视、机动巡视和巡视“回头看”，提高全覆盖质量。创新巡视巡察方式方法，注重倾听群众意见、群众呼声，推动解决群众普遍关心的突出问题。强化党委（党组）巡视整改主体责任，认真履行整改监督责任，制定关于加强巡视巡察整改和成果运用的意见，探索建立整改促进机制、评估机制。加强对省区市巡视工作的指导督导，分类指导中央单位内部巡视，促进市县巡察向基层延伸，探索巡视巡察成果运用、力量联动的途径方式。发挥巡视综合监督作用，加强巡视巡察信息化建设，推动巡视监督与纪检监察监督统筹衔接，与组织、政法、审计、财会、统计、群众等监督协作配合，形成监督合力。

四是促进各类监督贯通融合。推进国家治理体系和治理能力现代化，需要完善党和国家监督体系，充分发挥党内监督的政治引领作用，把监督融入区域治理、部门治理、行业治理、基层治理、单位治理之中。要压紧压实党

---

① 《纵深推进新征程纪检监察工作高质量发展　严肃查处群众身边的“蝇贪蚁腐”》，载中央纪委国家监委网站，https://www.ccdi.gov.cn/specialn/scqh/scqhtopnews/202401/t20240105_319958.html，最后访问日期：2024 年 5 月 31 日。

组织管党治党政治责任和书记第一责任人责任。增强纪委监委专责监督推动作用，整合运用监督力量，研究制定关于纪律监督、监察监督、派驻监督、巡视监督统筹衔接的意见。制定关于加强对“一把手”和领导班子监督的意见，着力破解对“一把手”监督和同级监督难题，并加强对同级党委和下级党组织的监督，探索上级纪委同下级党委班子成员集体谈话、上一级纪委书记定期与下一级党委书记谈话、开展述责述廉评议等机制。做深日常监督，综合运用走访、调研、督查、谈心谈话等方法，推动监督下沉、监督落地、监督于问题未发之时，让干部感受到监督、习惯被监督，让群众知道监督、参与监督。严明换届纪律，严肃换届风气，落实纪检监察机关意见必听、反映线索具体且有可查性的信访举报必查要求，坚决查处拉票贿选、买官卖官、跑官要官等行为。深化运用“四种形态”，坚持“三个区分开来”，做到早发现早提醒、真容错敢纠错、讲政策给出路。严格执行党员权利保障条例，督促落实党员权利保障措施，为受到不实举报的干部澄清正名，严肃查处诬告陷害行为，激发党员、干部干事创业内生动力。准确把握纪检监察证据标准。精准规范用好问责利器，常态化做好被问责和受处分干部跟踪回访工作，促进干部从“有错”向“有为”转变。

五是健全党统一领导、全面覆盖、权威高效的监督体系。完善纪检监察专责监督体系，持续推进纪律监督、监察监督、派驻监督、巡视监督统筹衔接常态化制度化。完善以党内监督为主导、各类监督贯通协调机制。加强纪法衔接，完善监察执法与刑事司法衔接机制，促进监察机关与司法机关、执法部门在办理职务违法犯罪案件中互相配合、互相制约。自觉接受人大监督，依法有序做好国家监委向全国人大常委会报告专项工作。完善基层监督体系，优化基层纪检监察机构设置，统筹用好县乡监督力量，推动加大基层监督力度。聚焦“关键少数”，完善加强对“一把手”和领导班子监督的制度措施。

第二章

党内监督的体系构造及其逻辑关联

一、党内监督的基本性质与主要内容

中国共产党历来重视党的建设。在党的各项建设中，加强党内监督具有十分重要的意义，党内监督是确保党的各项建设取得长足发展的关键措施。习近平总书记指出："党内监督是党的建设的重要内容，也是全面从严治党的重要保障。"[①]党的十八大以来，以习近平同志为核心的党中央提出了全面从严治党战略布局。坚持全面从严治党，势必要加强党内监督。这既是因为"对于共产党员来说，党的监督是最直接的……党对党员的监督要严格一些"，[②]也是因为党内监督对增强党组织和党员拒腐防变与抵御风险能力具有积极意义，是坚持全面从严治党向纵深发展的应有之义。既然党内监督如此重要，那么很有必要弄清楚党内监督的基本含义及其主要特征。

（一）党内监督是党的自我监督

所谓党内监督，是指党的相关主体对党的各级组织和全体党员，尤其是党员领导干部遵守党内法规等党的各种制度规范情况进行的检查、督促、评价、举报和处理等活动，从而保证党的各级组织和全体党员，尤其是党员领

---

① 习近平:《关于〈关于新形势下党内政治生活的若干准则〉和〈中国共产党党内监督条例〉的说明》，载《人民日报》2016年11月3日，第1版。

② 《邓小平文选》(第一卷)，人民出版社1994年版，第270页。

导干部的行为在任何情况下都不违背党的纪律。[①]同法律关系构成类似，党内监督由监督主体、监督客体和监督内容等要素构成。党内监督没有禁区、没有例外，各级党组织和全体党员既是监督者，也是被监督者，只是分工不同、职责不同、角色不同，因此党内监督的主体是党的各级组织和全体党员。[②]党内监督的客体是各级党组织和全体党员的各种行为。这些行为既可分为组织行为与个人行为，也可分为思想和行动行为等。党内监督的内容则是各级党组织和全体党员依照党内法规等党内制度规范享有的各项权利和应当承担的各种义务。

需要指出的是，党内监督的主要依据是党内法规，除此之外，还包括其他党的内部规范，如“党内规矩”“党纪”等，以及调整政党同国家关系、政党同社会关系的党的外部规范，如政党法律规范、道德伦理规范等。党内法规同“党内规矩”“党纪”等党的内部规范存在交叉关系。“党内规矩”是党组织及其成员必须遵循的刚性约束规范，既包括成文的党章和党纪，也包括非成文的党的工作惯例和优良传统。“党纪”则偏重党规中的义务性内容，主要包括党章所规定的政治纪律、组织纪律、廉洁纪律等，因而它与党内法规也存在一定交叉关系。党的内部规范与外部规范共同组成了党内监督的制度规范体系，尤其是《中国共产党党内监督条例》等党内法规是由党的特定权威机关制定的正式制度，在党内监督制度体系中具有基础性地位。

尽管党内监督同党外监督尤其是同国家监督存在很多相同特点，但总的来看，党内监督是党自我净化、自我完善、自我革新、自我提高的重要手段，是党的自我监督，同社会监督、国家监督等党外监督又存在一定区别。

1. 党内监督的范围和主体不同于其他监督。就党内监督的范围来看，党内监督的内容范围限于党内。作为一种规范性活动，党内监督是有一定范围和边界的，它主要限于党的自身事务，这些事务主要是党组织和党员依照党内法规等党的制度规范所享有的权利和承担的义务。党内法规等制度规范

① 蔡志强：《大力推进党内监督制度建设》，载《理论探索》2016 年第 6 期。

② 褚尔康、赵宇霞：《党内监督与政治生态》，载《毛泽东邓小平理论研究》2016 年第 1 期。

划定了党内监督的范围，超出这个范围，就不单纯是党内监督，可能是党内监督同其他监督的混合。如对党员是否违反国家法律进行的监督，既是党内监督重要内容，也是党外监督重要方面。由于对党员的道德要求和政治要求要高于普通公民，党内法规要严于国家法律，违反国家法律一般也会给予党纪处分或组织处理，实践中将对党员和党组织遵纪守法监督纳入党内监督体系中来，为党内监督与党外监督贯通协调提供了支持。就党内监督的主体来看，党内监督的主体是各级党组织和全体党员。党内监督将监督这一工具交于党的各级组织和全体党员手中，而非其他主体手中。党组织和党员既是监督者，也是被监督者，并在党内政治生活中形成了党内监督网络体系。尽管党的各级组织和全体党员接受其他形式的监督，但此类监督不属于党内监督范畴，而是属于社会监督、舆论监督、民主监督等党外监督范畴。同样，党组织和党员对其他主体如普通公民、企业、国家机关的监督也不属于党内监督范畴。之所以强调党内监督的范畴，是因为监督范畴的不同会对监督的方式、监督的内容和监督的结果产生不同的制度规定。

2. 党内监督是党的自我建设的重要议题。中国共产党始终高度重视党的各方面建设。先进性和纯洁性是党的本质属性，要加强党的各方面建设，就必须重视党的先进性和纯洁性建设，而党内监督是保持和发展党的先进性和纯洁性的重要内容和重要武器。党内监督可以从思想、政治、组织、作风、制度等方面防范和解决党内存在的突出矛盾和问题，不断推进党的先进性和纯洁性建设取得新进展。一方面，党内监督具有净化功能，[①]通过各种形式的党内监督手段，党组织可以及时清除党内各类腐败分子，教育不合格党员，保障党的肌体健康与党的纯洁性。另一方面，作为一种特殊的监督形式，党内监督拥有自己的标准，这些标准要高于对普通公民的要求，党内监督的有效实施可以不断提高党员的理论水平和实践能力，不断提高党的执政水平和领导水平，以促进执政党永葆先进性。

---

① 杨云成：《党内监督的政党净化功能：阶段性特征、净化边界与生成逻辑》，载《新视野》2020 年第 3 期。

3. 党内监督以政治建设为统领。作为以马克思主义为理论指导的革命政党，中国共产党将政治建设作为党的根本性建设，党的其他各项建设以政治建设为统领，因此，党内监督必须将党的政治建设放在首位。首先，党内监督要讲政治方向。这个政治方向“就是共产主义远大理想和中国特色社会主义共同理想、‘两个一百年’奋斗目标，就是党的基本理论、基本路线、基本方略”，[①]党内监督应坚决纠正偏离和违背党的政治方向的各种行为。其次，党内监督要坚持党的领导。中国共产党是中国特色社会主义事业的坚强领导核心，是最高政治领导力量。党内监督的组织体系、制度体系和运行机制必须始终坚持党的领导，首要的是坚持党中央权威和集中统一领导；维护党中央权威和集中统一领导，最关键的是坚决维护习近平总书记党中央的核心、全党的核心地位，推动全党深刻领悟“两个确立”的决定性意义，坚决做到“两个维护”。再次，党内监督要立足人民这个政治根基，始终坚持以人民为中心的发展思想。人民群众既是党的力量源泉，也是党执政的基础和目的，“加强党的政治建设，要紧扣民心这个最大的政治”[②]。脱离群众是党执政面临的最大危险，党内监督要紧盯形式主义、官僚主义等不正之风，将人民是否拥护、是否满意、是否支持作为党内监督的重要标准，让党内监督成为始终保持党同人民群众的血肉联系的一道坚实屏障。最后，党内监督要注意提高政治能力建设。政治能力是坚持和加强党的政治建设的客观要求，也是对党内监督提出的更高要求，尤其是对履行专责监督的纪检监察机关而言，既要加强监督的业务能力，不断提高党内监督科学化、制度化、规范化、法治化水平，同时也要加强政治能力建设，因为政治能力建设是业务能力建设的可靠保障，“只有从政治上分析问题才能看清本质，只有从政治上解决问题才能抓住根本”。[③]

---

① 习近平：《把党的政治建设作为党的根本性建设　为党不断从胜利走向胜利提供重要保证》，载《人民日报》2018年7月1日，第1版。

② 习近平：《把党的政治建设作为党的根本性建设　为党不断从胜利走向胜利提供重要保证》，载《人民日报》2018年7月1日，第1版。

③ 习近平：《论坚持和加强党对一切工作的领导》，中央文献出版社2019年版，第257页。

4. 党内监督目的是坚持和加强党的全面领导。党政军民学，东西南北中，党是领导一切的。党的领导是中国特色社会主义的最本质特征，也是中国特色社会主义制度的最大政治优势。但是，党的领导地位不是自封的，也不是一劳永逸的，党的领导地位既是人民和历史的选择，也是中国共产党不断自我革命的历史结果。党的历史使命决定了党的领导地位和领导作用只能加强，不能削弱，党内监督的目的就是坚持和加强党的全面领导。作为一种党内活动，一切党内监督行为都是要为坚持和加强党的全面领导服务，坚持和加强党的全面领导是党内监督的制度内核。《中国共产党党内监督条例》第五条明确提出，党内监督重点是解决党的领导弱化等一系列问题。一方面，党为巩固自身领导地位需要加强党的各项建设，如政治建设、思想建设、组织建设、制度建设等。通过对党组织和党员的各项建设活动进行监督，并对违反党规党纪的组织和党员进行批评教育、惩戒处分，保障了党的各项建设活动始终在法规轨道上进行，为党的各项建设提供了有力保障。另一方面，决策权、执行权与监督权共同构成了党内权力网络体系。尽管三种权力统一于党的全面领导，但三者之间又存在不同的政治功能。在党内权力网络体系中，监督权尤为重要，监督权是检验决策权与执行权是否有效服务于党的全面领导的重要制度设计。习近平总书记多次强调，“没有监督的权力必然导致腐败，这是一条铁律”[①]“权力不论大小，只要不受制约和监督，都可能被滥用”。[②]党在加强自身建设过程中，不但需要将权力关进制度的笼子，还需要通过科学的制度设计来实现监督权制衡决策权与执行权，保障决策权力和执行权力服务于党的全面领导。

（二）党内监督的主要内容

将党内监督定义为政党自我管理的一种重要形式，并不妨碍从不同角度

① 中共中央文献研究室：《十八大以来重要文献选编》（上），中央文献出版社 2014 年版，第 342 页。

② 中共中央文献研究室：《习近平关于全面推进依法治国论述摘编》，中央文献出版社 2015 年版，第 59 页。

理解党内监督的基本内容。人们既可以将党内监督视为党治国理政、全面从严治党的一项制度安排，也可以将党内监督视为中国共产党有目的开展的一种组织活动。尽管如此，党内监督仍然存在一些共性的内容。作为加强党内政治生活的重要手段，党内监督的主要内容包括以下几个方面：

1. 组织监督与党员民主监督构成党内监督的结构体系。尽管党内监督种类多样，但是党内监督活动和党内监督制度并非杂乱无章，其组织活动和制度设计遵循特定的组织规律。总的来看，党内监督的结构体系因实施的主体不同可以分为组织监督和党员民主监督。所谓组织监督，是指由党的各级组织实施的自上而下的监督与同级监督。这里所说的组织包括党的中央组织和地方各级党委（党组），也包括党的专责监督机关即中国共产党纪律检查委员会。组织监督因组织拥有权力、资源等特点而具有权威性、专业性，从而成为党内监督体制机制的最重要组成部分。党内监督离不开组织监督，同样也离不开自下而上的党员民主监督。党员具有监督权利，这是党章赋予党员的重要权利。党员对一切党组织和党员领导干部进行监督，可以有效弥补组织监督的不足，有助于实现监督无禁区、全覆盖。当然，组织监督与党员民主监督并不是绝对隔绝的，二者存在交叉地带，党组织领导成员如党委委员对下级党组织的监督，既属于组织监督，也是党员实现监督权利的具体体现。

2. 制度建设为各主体履行监督职责提供保障。党的其他各项建设离不开党的制度建设，“领导制度、组织制度问题更带有根本性、全局性、稳定性和长期性”。[①]党内监督离不开制度支撑，党内监督制度建设为党内监督各主体履行党内监督职责提供了基本依据和有力保障。当然，这里所指涉制度是指规范党组织与全体党员政治生活的各项制度，主要包括正式的党内制度。正式的党内制度是以党章为根本、以民主集中制为核心的党内法规制度体系。一方面，党内法规是中国共产党的一种内部正式规范，是各级党组织及其成员活动与行为的规则。此种规则要求所有党组织与党员对其规定的内容

① 《邓小平文选》（第二卷），人民出版社 1994 年版，第 333 页。

必须共同遵守、不得违反。另一方面，作为中国共产党用来形塑党内政治文化、调整政治法治关系、优化党内政治生态、规范政治行为的制度化规范体系，党内法规以正式的制度文本与规范的内容形式表达出来，因而它必然具有正式制度的规范属性。以党内法规为主要构成的制度体系为党内监督活动的开展提供了依据，指明了方向，明确了边界，有效提升了党内监督的制度化、科学化、法治化水平，推动了全面从严治党不断向纵深发展。

3. 坚持民主集中制是强化党内监督的核心内容。民主集中制是我们党的根本组织原则，是我们党最大的制度优势，也是党内监督活动开展和制度建设的核心内容。一方面，从民主集中制的要求来看，民主集中制保证了党内监督的实现。民主集中制是民主基础上的集中和集中指导下的民主相结合。为确保党的意志和决策能够不折不扣得到贯彻执行，防止个别党组织和党员脱离党章和党规党纪的约束，通过赋予各级党组织监督权力，实现集中制所要求的思想统一、意志统一、行动统一。而集中指导下的民主，要求党内关系是积极健康、正常纯洁的，党内政治局面和政治氛围是个人心情舒畅、生动活泼的。为及时纠正各种错误倾向，避免党内机械主义、教条主义、官僚主义、形式主义等不正之风滋生蔓延，保证党的政策和行动始终符合实际情况，需要党组织和党员在党内正确开展批评与自我批评，尤其是党的上级组织要接受下级组织和党员的监督，听取其意见建议，使正确开展批评与自我批评成为党内监督的一种有效形式。另一方面，从党内监督的自身要求来看，党内监督活动正确开展需要坚持民主集中制。党内监督需要有效的监督制度，而这个制度就是党的民主集中制及其原则。[①] 党内监督需要坚持党中央集中统一领导，党内监督过程中的重大事项需要及时向上级请示报告，党内监督需要赋予党员民主监督权利，民主集中制是党内监督有效运行的核心机制，正如习近平总书记在党的十八届中央纪委六次全会上指出，“坚持民主集中制是强化党内监督的核心”，“强化党内监督，必须坚持、完善、落实民主集中

① 曲青山:《坚持民主集中制是强化党内监督的核心》，载《中共党史研究》2016 年第 3 期。

制……确保党内监督落到实处、见到实效”。[①]

4. 政治生态是党内监督运行的重要条件。党内监督不是党的一个组织的事，也不是一个领导干部的事，它涉及党内政治生活的方方面面，“党的组织、党员、制度、体制、机制、教育、廉政规范和监督意识都是党的监督资源”，[②]这些因素共同构成了党内监督运行的政治生态，并影响着党内监督运行的实效，党内监督需要党内制度因素、体制因素、文化因素、党员干部素质因素等多种因素的共同配合。同时，党内监督自身又是政治生态中的基本要素与核心要件。能否营造“风清气正”的政治生态离不开党内监督这个主要方面，党内监督能否有效开展也取决于党内政治生态各要素能否衔接协调。以党内文化与党内制度相互关系为例，二者都是政治生态的重要组成部分。单是依靠党内监督制度就想解决党内监督难题，恐怕难以达到理想效果。除制度建设外，党内监督还需要营造积极健康的党内监督文化。党内监督文化是党在长期的革命与建设实践过程中，逐渐形成的有关党内监督的心理、观念与思想体系等方面的总和。[③]积极的党内监督文化有助于党内优良作风的形成，对加强党内监督具有重要推动作用。因此，党内监督建设若要取得良好成效，就必须构建健康洁净的政治生态，营造党内监督良好氛围，尤其要注重政治生态中的思想建设，将思想建设作为党的基础性建设来抓，使思想建设与制度建设同向发力，共同助力党内监督建设。

5. 党内监督的重点对象是“关键少数”。重点论是马克思主义唯物辩证法中的重要认识方法。它要求人们在研究纷繁复杂的事物时，既要善于把握事物的主要矛盾，又要善于把握矛盾的主要方面，分清主次，紧紧牵住“牛鼻子”，防止“眉毛胡子一把抓”。马克思主义哲学是我们党治国理政的重要思维利器，包括党内监督在内的党的各项建设均应坚持和发展重点论这一科

---

① 习近平：《在第十八届中央纪律检查委员会第六次全体会议上的讲话》，载《人民日报》2016年5月3日，第2版。

② 黄宇：《中国共产党党内监督史论》，社会科学文献出版社2012年版，第405页。

③ 颜佳华、唐志远：《党内监督文化与加强党内监督》，载《光明日报》2016年12月14日，第13版。

学理论方法。党内监督不能泛泛而谈，要突出重点，抓住关键，这个重点和关键就是党的领导机关和领导干部特别是主要领导干部。把领导干部尤其是主要领导干部作为党内监督的重点对象，是由领导干部的地位和党内监督的制度设计现状所决定的。一方面，领导干部地位高、权力大，一旦处于监督盲区，出现问题后很容易产生较大恶劣影响。因此，为实现“把权力关进制度的笼子里”这一构想，做到有权必有责、用权受监督，就必须把领导干部纳入党内监督的重点和中心环节，保证权力在正确轨道上运行。并且，领导干部责任重大，这一群体自觉接受监督，以上率下，会在党内营造积极的、良性的党内监督文化，形成良好示范效应，进而有利于降低党内监督的阻力，推动政治生态持续向好。另一方面，当前党内监督制度设计仍处于完善阶段，如何对领导干部进行有效监督仍在探索。党的十八大以来查处的腐败分子当中，有相当一部分是党员领导干部，因此，针对领导干部的监督制度设计还不够完善，存在薄弱环节。破解领导干部监督难点，需要把对一把手的监督作为党内监督重点中的重点。党内监督抓住领导干部这个“牛鼻子”，有利于从制度顶层角度优化党内监督体制机制，避免位高权重导致不敢监督、不能监督、不会监督。要抓住“关键少数”，破解一把手监督难题。当然，在坚持重点论的同时，也要坚持两点论。现实中“小官巨贪”现象也较为常见。党内监督应当坚持辩证的思维和方法，将普遍监督与重点监督有机结合，在实现监督无死角、全覆盖的同时，构建和完善将领导干部作为重点监督对象的党内监督体制。

二、党内监督的结构网络体系及其内在逻辑关联

（一）党内监督结构网络体系的基本要素

作为超大规模政党，截至2023年12月31日，中国共产党拥有9918.5万名党员，517.6万个基层党组织，3199个党的各级地方委员会。[①] 由于党

① 《中国共产党党内统计公报》，载共产党员网，https://www.12371.cn/2024/06/30/ARTI1719715269079269.shtml，最后访问日期：2024年7月1日。

内监督的主体是各级党组织和全体党员，党内监督需要将数量众多的党组织和全体党员纳入进来，明确各个监督主体的监督责任，明晰相关监督主体间的职责关系。党内监督既要实现监督对象的全覆盖，又要保证监督实效不打折扣，这些都对党内监督体系的设计提出了更高的要求。我们党历来重视党内监督体系设计，尤其注重党内监督各主体间协同配合，保障监督职责得到切实履行。就党员监督而言，党的七大通过的党章明确规定了党员具有批评和建议的权利。2020 年中共中央印发的《中国共产党党员权利保障条例》第十一条则正式规定党员具有党内监督权。

作为落实全面从严治党的主体，党委（党组）在党内监督中承担主体责任和领导职责。正如习近平总书记指出，“党内监督是全党的任务，第一位的是党委监督”。[①] 强化党委（党组）主体责任是构建和完善党内监督体系的重要内容。此外，党的其他组织如党的工作部门以及党的基层组织在党内监督网络体系也承担着相应监督职责。因此，尽管党内监督各个主体在党内组织体系中的职责权限不尽相同，但能以监督责任为纽带，形成复杂的党内监督网络体系。这种将各级党委（党组）、纪检机关、党的工作部门、党的基层组织和广大党员等不同主体整合进来，侧重主体职责及其相互关系的网络体系，称为党内监督结构网络体系。《中国共产党党内监督条例》第九条规定基本勾勒出党内监督结构网络体系的基本架构，即“建立健全党中央统一领导，党委（党组）全面监督，纪律检查机关专责监督，党的工作部门职能监督，党的基层组织日常监督，党员民主监督的党内监督体系”。

1. 党内监督的领导体制。党内监督要坚持和加强党中央集中统一领导。2003 年《中国共产党党内监督条例（试行）》中坚持党中央的领导的规定散见于各章节，2016 年《中国共产党党内监督条例》就党内监督坚持党中央集中统一领导单设一章，专门予以规定，从而进一步突出了党内监督领导体制的重要性。这里的党中央是指有关党的中央组织。按照党章规定，党

---

① 习近平：《在第十八届中央纪律检查委员会第六次全体会议上的讲话》，载《人民日报》2016 年 5 月 3 日，第 2 版。

的中央组织包括党的全国代表大会、中央委员会、中央纪律检查委员会、中央政治局和中央政治局常务委员会、中央委员会总书记和中央军事委员会等。根据《中国共产党党内监督条例》第十条规定，具有全面领导党内监督工作权限的中央组织是党的中央委员会、中央政治局和中央政治局常务委员会。按照“由谁产生，对谁负责”的要求和民主集中制原则，中央政治局每年须向中央委员会全体会议报告工作，接受其监督，中央委员会全体会议部署党内监督重大任务。中央委员会全体会议每年至少举行一次，由于会议召开频率较低，党内监督具体领导职责由中央政治局和中央政治局常务委员会承担。

为此，《中国共产党党内监督条例》第十一条明确规定了中央政治局和中央政治局常务委员会领导党内监督的具体事项，包括：（1）定期研究部署在全党开展学习教育活动，以整风精神查找问题、纠正偏差。（2）听取和审议全党落实中央八项规定精神情况汇报，加强作风建设情况监督检查。（3）听取中央纪律检查委员会常务委员会工作汇报。（4）听取中央巡视情况汇报，在一届任期内实现中央巡视全覆盖。（5）每年召开民主生活会，进行对照检查和党性分析，研究加强自身建设措施。

党中央集中统一领导需要通过中央委员会、中央政治局、中央政治局常务委员会的组成人员来具体实施，为此，《中国共产党党内监督条例》第十二条、第十三条对中央委员会成员、中央政治局委员履行党内监督领导职责作了具体要求，如中央政治局委员应当加强对直接分管部门、地方、领域的党组织和领导班子成员的监督，定期同有关地方和部门主要负责人就其履行全面从严治党责任、廉洁自律等情况进行谈话。

2. 党委（党组）全面监督及其巡视监督。党委领导本地区工作，党组在本单位发挥领导作用，党委（党组）是党的组织体系中非常重要的组成部分。党的全方位的领导要求与党委（党组）的领导地位，决定了党委（党组）在党内监督结构网络体系中具有重要位置。《中国共产党党内监督条例》第十五条规定，党委（党组）在党内监督中负主体责任，这是党内法规首次明确党委（党组）在党内监督体系中的角色定位。党内监督第一位的是党委（党组）监督，这是党委（党组）落实全面从严治党主体责任的重要定位。为此，《中国共产党党内监督条例》用了十一个条款专门就党委（党组）监督的领导体制、工作分工、监督内容作了详细规定。就党委（党组）监督职责来看，党委（党组）监督对象和监督内容是全方位的。第一，党委（党组）对本地区本部门本单位党内监督工作实施领导，组织实施各项监督制度，抓好督促检查，并对下一级党组织主要负责人重点加强监督。第二，对同级纪委和所辖范围内纪律检查工作进行领导，定期（每年）听取纪委工作汇报，检查纪委监督执纪问责工作情况。第三，对党委常委会委员（党组成员）、党委委员，同级纪委、党的工作部门和直接领导的党组织领导班子及其成员进行监督，定期听取和审议人大常委会、政府等所领导党组的工作汇报，对党委工作部门进行监督。第四，按照党章互相监督的规定和精神，对上级党委、纪委工作提出意见和建议，开展监督。

巡视巡察是各级党委落实党内监督主体责任的重要方式。巡视本质是上级党组织对下级党组织履行党的领导职能责任的政治监督。[①] 中共中央2024 年印发了修订的《中国共产党巡视工作条例》。该条例要求省级党委应当建立巡视制度，市县两级党委应当建立巡察制度，并对巡视机构、巡视内容、巡视方式、工作程序等巡视工作的重要方面作了详细规定。党的十八大以来，各地区和各部门党委（党组）已经开展了多轮巡视巡察工作，通过巡察巡视掌握的问题线索，查处了一大批腐败分子，巡视工作在党委（党组）落实党内监督主体责任中发挥了重要作用。除巡视手段外，民主生活会、党内谈话制度、干部考核制度、述责述廉制度、领导干部个人有关事项报告制度、领导干部插手干预重大事项记录制度等也都是党委（党组）履行党内监督主体责任的重要制度安排。

---

① 赵乐际：《赵乐际在十九届中央第六轮巡视工作动员部署会上强调　把“严”的主基调长期坚持下去　推进新时代巡视工作高质量发展》，载《人民日报》2020 年 9 月 28 日，第 1 版。

主动投案的财政局局长[①]

“没有睡过一天好觉，实在扛不住了，只好向组织自首。”在恐慌中煎熬了10多天后，贵州省毕节市大方县某镇财政分局局长刘某来到县纪委监委，主动交代了自己的违纪违法问题。刘某的投案，源于贵州健全巡视巡察上下联动监督网，集中开展省市县专项巡视巡察所形成的强大震慑。

在十二届贵州省委第三轮巡视毕节市期间，省委巡视组对大方县开展扶贫领域专项巡视。

“大方县乡镇这么多，巡视组不一定巡到我这里。”面对当时的形势，刘某心存幻想，认为巡视组再怎么认真也不会查到自己的头上。然而，就在他自以为能“躲过风头”时，毕节市及大方县也同步派出巡察组，对全县贫困乡镇开展联动巡察。

“扶贫搬迁筹资款为何存在个人账户上？登记的扶贫搬迁款为何和实际金额有出入？”在某镇财政分局，巡察组紧紧盯住该镇扶贫资金往来账目不放，一笔一笔资金地查，一个一个细节地问。

看到巡察组“动真格”，刘某顿时忐忑不安、惶恐不已，意识到自己“借鸡生蛋”，挪用扶贫搬迁筹资款投放高利贷的违纪违法问题瞒不住了。在经过一段时间的思想斗争后，他最终选择到县纪委监委自首。

3. 纪律检查机关专责监督及其派驻监督。2017年党的十九大通过的党章修正案首次对党的纪律检查委员会的性质作了明确规定，即党的各级纪律检查委员会是党内监督的专责机关，依照党章和《中国共产党党内监督条例》等党内法规，加强对所辖范围内党组织和领导干部就遵守党章党规党纪、贯彻执行党的路线方针政策情况的监督检查，承担监督、执纪、问责职责。其一，就纪委监督对象来看，纪委监督的对象比较广泛，既包括党组织如同级党委、党的工作部门、下一级党组织，也包括党员领导干部

① 《监督故事》，载中国纪检监察杂志网，zgjjjc.ccdi.gov.cn/bqml/bqxx/202004/t20200402_214642.html，最后访问日期：2024年5月14日。

如常委会委员、同级党委直接管理的干部、直接领导的干部等。其中，纪委对同级党委委员尤其是常委会委员进行监督既是党章和其他党内法规的明确规定，[①] 也是纪检监察体制改革中的重要方面。党的十八届四中全会通过的《中共中央关于全面深化改革若干重大问题的决定》规定，纪委要加强对同级党委特别是常委会成员的监督，更好发挥党内监督专责机关作用。党内监督没有禁区、没有例外，党内监督必须无死角、全覆盖，纪委加强对同级党委尤其是常委会成员的监督是党内监督的内在要求。当然，由于纪委要接受同级党委的领导，既要接受其领导，又要对其进行监督，这对纪委监督提出了更高要求。其二，就纪委落实党内监督职责要求来看，纪委必须把维护党的政治纪律和政治规矩放在首位。“现代政党都是有政治纪律要求的，没有政治上的规矩不能称其为政党。”[②] 党的政治纪律是党的全部纪律的基础，一旦政治纪律出了问题，党的执政基础和领导地位就会受到削弱，党组织的凝聚力也会受到破坏。纪委落实党内监督职责只有抓住政治纪律这个基础，把政治纪律和政治规矩摆在突出位置，对违反政治纪律和政治规矩的党组织和党员该批评的批评，该提醒的提醒，该问责的问责，才能将党章和其他党内法规对纪委监督职能的要求落到实处，进而维护党的政治纪律的严肃性和权威性，维护党中央权威和集中统一领导。

在纪委实施党内监督的多种手段当中，派驻监督是纪委落实党内监督职责的重要举措。一方面，派驻纪检组和被监督单位是监督与被监督关系。派驻纪检组是被监督单位上级纪委派出的专门监督机构，作为上级纪委监督的“探头”，纪检组加强对被监督单位领导班子及其成员、其他领导干部的监督，担负监督执纪问责职责。其具体职责包括至少每半年会同被监督单位党组织专题研究一次党风廉政建设和反腐败工作；派驻纪检组负责人有权参加或列席被监督单位领导班子会议以及研究“三重一大”事项等会议，加强对被监督单位的重点监督；经常和被监督单位党组（党委）书记交换意见、通

① 党章第四十五条、第四十六条对纪委监督同级党委和党委委员作出了具体规定。

② 中共中央文献研究室：《十八大以来重要文献选编》（上），中央文献出版社 2014 年版，第 133 页。

报问题，加强对被监督单位的日常监督。另一方面，派出机关和派驻纪检组是领导与被领导的关系。派出机关也即上级纪委对派驻纪检组进行领导、管理和监督，全面加强派驻纪检组建设，及时研究解决派驻纪检组工作中遇到的重大问题。派驻纪检组对派出机关负责，接受其直接领导，向其负责并请示报告工作，协助和配合相关职能部门履行监督职责，发挥“派”的权威和“驻”的优势。

4. 党的工作部门的职能监督。2016 年《中国共产党党内监督条例》首次明确了党的工作部门的监督责任，即党的工作部门在其职责范围内加强党内监督工作，包括既要加强对本部门本单位的内部监督，又要强化对本系统的日常监督，这是完善党内监督体系的重要创新。在此之前，党的工作部门在党内监督网络结构体系中的地位和职责并没有统一认识和明确规定。在实践中，一些党的工作部门存在监督责任缺位问题。如有的部门认为党内监督是纪委的事，是纪委的“一亩三分地”，因此，忽视了自身肩负的监督职责。党的工作部门如党委办公厅、组织部、宣传部、统战部、政法委等是党委的办事机构和职能部门，是党的各项方针政策的参与制定者和贯彻执行者，负有推进全面从严治党、对党员干部进行教育管理监督的政治责任，理应在党内监督体系中具有重要位置和责任担当。

作为党委履行全面从严治党主体责任的重要载体，党的工作部门处在党务工作第一线，熟悉本单位本系统业务知识和工作流程，承担着全面从严治党具体执行责任，因此党的工作部门要明确监督职责，采取有效措施，落实部门监督职责。《中国共产党党内监督条例》规定了党的工作部门分两类监督任务：部门内部监督和系统日常监督。一方面，党的工作部门要对本部门各级党组织和党员干部遵守党章和其他党内法规、贯彻落实党的理论和路线方针政策、坚持民主集中制、严明政治纪律和政治规矩、落实中央八项规定精神、执行干部选拔任用工作规定、正确行使权力和廉洁自律等情况进行严格监督，管好自己的“责任田”。另一方面，根据工作需要和管理权限，党的工作部门对本系统相关单位党组织及其负责人遵守党章党规党纪、履行管党治党主体责任、正确行使权力和廉洁自律等情况进行监督。发现问题及时处置，决不能一谈到监督就只想到纪委或推给纪委。此外，《中国共产党政法工作条例》《党政领导干部考核工作条例》《党政领导干部选拔任用工作条例》等党内法规也都规定了党的工作部门如组织部、政法委的监督职责，尤其就党的工作部门在干部任免管理、督促检查等重要方面作了详细规定。

用人失察就要追究责任①

四川省达县（现四川省达州市达川区）法院新提拔17天的副院长袁某某在成都某宾馆嫖娼，被成都警方现场抓获并拘留。有关部门调查认为，任用袁某某是严重的失察失误。对此，四川省委责成达州市委对因错误任用干部、超职数配备干部以及对干部疏于管理监督的相关责任人进行了严肃处理：给予原达县县委常委、组织部部长冉某成党内严重警告处分，免去其县委常委、组织部部长职务；对原县委书记、副书记、政法委书记及原法院院长等相关责任人员给予党内通报批评，并通过媒体向社会公开。据悉，这是多年来该省第一次对组织部部长进行处理，因而震动特别大，群众的评价特别高。

“为政之要，惟在得人。”党的干部是党的事业的骨干。党委工作部门如组织部必须严格遵守《党政领导干部选拔任用工作条例》等党内法规，严把民主推荐、酝酿、组织考察、集体决定等关口，在用人失察失误上严格实行连带责任追究制，将负有举荐、考察、任用、监督责任，却失察、失职甚至与其同流合污的有关责任人查清楚，按有关法规、纪律追究其责任，从制度上确保干部选拔任用工作的健康发展，从根本上防止选人用人上的不正之风。

5. 党的基层组织日常监督。党的基层组织是发挥党领导核心作用的组织

① 《用人失察就要追究责任》，载秦风网，http://www.qinfeng.gov.cn/info/1259/44487.htm，最后访问日期：2024年3月1日。

基础，是党在社会基层组织中的战斗堡垒，也是党内监督结构网络体系的重要底层设计。党的基层组织包括党的支部委员会、党总支部委员会和基层委员会，这些党组织既是党员组织关系所在的基本单位，也是党员过组织生活的基本单位。由于党的基层组织同党员距离最近，因而能够对党员进行直接的、经常性的、密切性的日常监督。只有基层党组织将对党员的监督严抓、细抓、长抓、实抓，党员才能切实感到党内监督的严肃性、威慑性。就监督内容而言，党章和《中国共产党党内监督条例》等党内法规就党的基层组织的监督职责、监督内容等作了一般规定。如党章规定，党的基层组织具有对党员进行教育、管理、监督和服务的义务。《中国共产党党内监督条例》《中国共产党党员教育管理工作条例》等党内法规也都规定，党的基层组织应当监督党员是否遵守党的纪律，是否履行党员义务，是否严格遵守国家法律法规等。根据党的基层组织所在单位、行业、地域等不同，其他党内法规也相应作了更为细致的规定，如《中国共产党国有企业基层组织工作条例（试行）》第十二条第五项规定，党在国有企业的党支部（党总支）等党的基层党组织监督党员、干部和企业其他工作人员严格遵守国家法律法规、企业财经人事制度，维护国家、集体和群众的利益。《中国共产党农村工作条例》第二十八条规定，农村基层党组织书记是本地区乡村振兴工作第一责任人，其履行职责情况应当接受上级党委如乡党委的督查考核。

就监督方式而言，基层党组织可利用多种方式对党员进行监督、教育和管理。其一，严格党的组织生活，落实“三会一课”等组织生活制度，通过开展批评和自我批评，使广大党员深刻剖析自己，达到监督党员是否切实履行党员义务这一目的。其二，了解党员对党的工作和党的领导干部的批评和意见，定期向上级党组织反映情况，提出意见和建议。这既是监督党员是否履责的重要形式，也是保障党员监督权利得以实现的重要形式。其三，对违反纪律的党员、干部及时教育或者处理，问题严重的应当向上级党组织报告。此外，基层党组织具有党员纪律处分权限。根据党章第四十二条的规定，对违反党的纪律的党员，经支部大会讨论决定并报党的基层委员会批准后，党的基层组织可对党员给予相应党纪处分（涉及的问题比较重要或复杂，或给党员开除党籍的处分除外)。

6. 党员民主监督。党员具有党内监督权利，这一权利既是党章赋予党员的权利，也是《中国共产党党内监督条例》《中国共产党党员权利保障条例》等党内法规明确规定的。党员民主监督既是党员的权利，也是党员的义务。[①]党员是党组织的细胞，党的目标和任务归根结底需要党员来贯彻执行，党的一切活动都离不开党员的参与、支持和拥护，党内监督也不例外，党内监督结构网络体系必须将党员监督纳入进来，充分发挥党员监督“以小见大”作用。并且，党员监督是一种自下而上的监督，是落实党内民主的重要手段，是一种民主监督。为此，《中国共产党党内监督条例》对党员监督职责作了规定：一是党员对党的领导干部进行民主监督。党员对领导干部的思想、工作、作风等状况进行监督，及时发现领导干部存在的问题和不足，及时向党组织反映群众意见和诉求，使党员干部始终处在党内监督网络之中。二是在党的会议上有根据地批评党的任何组织和任何党员，揭露和纠正工作中存在的缺点和问题。这一规定同党章相关内容高度一致。党章第四条规定，党员有权参加党的有关会议，这些会议包括党员大会、党支部会议以及按照其他规定参加党的有关会议等。在会议上党员可以口头或者书面方式对党组织和其他党员工作、生活中存在的缺点错误提出批评，督促党组织和其他党员改进工作方式、提升守规意识。三是党员参加民主评议领导干部活动，《中国共产党党员权利保障条例》第十一条、《中国共产党党内监督条例》第三十六条对此均予以了规定。通过党员民主评议领导干部这一党内重要组织活动，党员可以对领导干部的错误言论进行批评，勇于指出领导干部工作、生活中的缺点错误，行使民主监督权利。

需要指出的是，党员监督的一种重要形式是党代表监督。党代表是通过党内民主程序将党员中的优秀分子选举出来参加党的权力机关的代表。党代表可以有组织、有计划地参加党代表全体会议及闭会期间的活动，发挥参与决策、监督、示范和桥梁等作用。党代表任期制已被写入党章，这对完善党

---

① 刘书林主编:《党的领导与民主监督》，中央编译出版社 2008 年版，第 128 页。

内监督体系具有重要意义。2003年《中国共产党党内监督条例（试行）》对党代表的党内监督曾作了规定，但2016年《中国共产党党内监督条例》则将相关表述删去。这主要是因为：一是实践中党代表的监督对象、监督内容、监督程序、反映方式和途径等具体制度措施仍需要进一步完善，党代表监督和党的代表大会监督之间的关系有待厘清。二是党代表监督可被理解为党员监督的范畴，是特定党员行使党内监督权利和履行党内监督义务的重要形式。

（二）党内监督结构网络体系各要素间的逻辑关联

1. 党中央集中统一领导党内监督，其组成人员也接受监督。党内监督是一项复杂的系统性工程，涉及党的方方面面。作为党内监督的重要组成内容，党内监督网络体系的结构必须设计合理，如此才能使党内监督发挥最大效能。由于党内监督是党的建设的重要内容，我们党在党的建设方面有很多成功经验，其中最重要的经验就是党的各项事业建设必须坚持民主集中制和党中央集中统一领导，党中央集中统一领导是党的各项事业不断取得成功的坚强保障。并且，民主集中制和党中央集中统一领导在根本上是一致的。党中央集中统一领导是民主集中制的最高要求，而民主集中制又是党内监督的核心内容，因此，党内监督必须坚持党中央集中统一领导。只有坚持党中央集中统一领导，从顶层设计着手，才能谋篇布局、统筹规划，才能提升党的创造力、凝聚力和战斗力，进而将党内监督工作实效推向新的高度。

从主体角度来看，党内监督结构网络体系坚持党中央集中统一领导，主要表现在：一是党的中央组织对其他主体进行监督和领导。一方面，党的中央组织如中央政治局通过听取工作汇报、开展巡视、部署重大任务等，对所领导的党委（党组）进行领导。另一方面，党内监督中涉及的重大方针政策、党的建设中重大原则、只能由党中央领导和决策的重大事项，其他党组组织应当按照《中国共产党重大事项请示报告条例》的要求，及时向党中央请示报告。二是党的中央组织对其组成成员进行监督和领导。中央委员会成员发现其他成员有违反党章、破坏党的纪律、危害党的团结统一的行为，应当坚决抵制，并及时向党中央报告。三是党的中央组织的成员对其他主体进行监督和领导。中央政治局委员负有对其直接分管部门、地方、领域的党组织和领导班子成员进行监督的职责。四是中央委员、中央政治局委员自身要接受其他主体的监督。党的高级干部所处的位置和拥有的权力决定了他们在管好班子、带好队伍方面起着关键作用，“加强党的建设必须抓好领导干部特别是高级干部，而抓好中央委员会、中央政治局、中央政治局常委会的组成人员是关键”。[①] 中央委员、中央政治局委员既要接受其他中央委员、中央政治局委员的监督，也要接受中央纪律检查委员的监督，自觉接受所在党组织和其他党员的监督。

2. 党委（党组）接受党内其他主体的监督。党委（党组）全面领导本地区本单位各项工作，因此党委（党组）在党内监督中肩负主体责任，对其所领导的党组织及其成员进行全面监督。同时，党委（党组）及其成员也要接受党内其他主体的监督，具体表现为如下四个方面：

一是党委（党组）要接受上级党组织的监督，包括上级党委和上级纪委。上级党组织主要负责人对下级党组织主要负责人进行监督，通过谈话提醒等方式，及时发现问题、纠正错误。另外，按照《中国共产党党组工作条例》规定，党组要接受批准其成立的党组织的领导，并接受其监督。

二是党委（党组）及其成员要接受同级纪委及其派驻纪检组的监督。党委接受同级纪委监督，从党章和《中国共产党党内监督条例》的规定来看，纪委对同级党委的监督主要侧重对党委成员进行监督。如党章第四十六条着重规定了党的各级纪律检查委员会在履行监督职责过程中，对违反党的纪律的同级党的委员会委员和常委不同的处理方法。《中国共产党党内监督条例》第二十六条第一项也规定，纪委对同级党委特别是常委会委员履行职责、行使权力情况进行监督。另外，纪委监委一般向非党组织派出纪检监察组，纪

① 习近平：《关于〈关于新形势下党内政治生活的若干准则〉和〈中国共产党党内监督条例〉的说明》，载《人民日报》2016 年 11 月 3 日，第 2 版。

检监察组可以对非党组织中的党组织如党组的履职情况进行监督。派驻纪检监察组组长一般会担任党组成员，参与党组重大决策，重点对党组所在单位的重大项目安排、重要人事任免、重大资金使用等重要事项进行监督。

三是党委（党组）认真听取下级党委（党组）对其提出的意见和建议，接受下级党委（党组）的监督。党章第十条第四项规定，党的上级组织要经常听取下级组织和党员群众的意见，及时解决他们提出的问题。上下级组织之间要互通情报、互相支持和互相监督。因此，若下级党组织认为上级党组织的决定有问题，可以向上级党组织提出意见和建议，上级党组织应认真研究考虑并及时回复，但下级党组织决不得以“监督”为由拒不执行上级党组织的决定。

四是党委（党组）应当接受党员监督。这里的党员既包括党委（党组）成员、党的工作部门中的党员，也包括普通党员。为保证党员民主监督权利得到真正落实，使各级党委（党组）职责落实和权力行使能够得到有效监督，充分调动全党积极性、创造性，各级党委（党组）已经着手推进党务信息公开建设，以信息公开倒逼权力规范运行，实现权力在阳光下运行。《中国共产党党务公开条例（试行）》第十条规定，党务信息公开内容包括党委（党组）学习贯彻党中央和上级组织决策部署、本地区经济社会发展部署安排、重大改革事项、重大民生措施等重大决策和推进落实情况等。各级党委（党组）应积极探索党务信息公开的途径和方式，让党员对党内事务信息有更多的了解，尊重和保障党员对党委（党组）监督的权利，保障党员民主监督能够发挥最大功能。

3. 党的领导机关及其成员接受党内选举监督。党章第十条第二项规定，党的各级领导机关，除它们派出的代表机关和在非党组织中设立的党组外，都由选举产生。这里所指的党的领导机关，既包括党的全国代表大会和它所产生的中央委员会、中央纪律检查委员会，也包括党的地方各级代表大会和它所产生的委员会，以及党的地方纪律检查委员会。党的领导机关及其成员的权力是党员和党代表授予的，按照“由谁产生，对谁负责，由谁监督”的权力授予逻辑，党内权力授予的基本框架体现为“党员（选举、授权）→代表大会（选举、授权）→党委全委会或纪委全委会（选举、授权）→党委常委会和纪委全委会”。这一权力授予链条既体现了党员对党内选举的认可，也反映了党的领导机关及其成员的承诺与使命，因此，党内民主选举产生的党代表和党的领导机关及其成员应当按照党章的要求忠职履责，接受广大党员的监督与质询。[①] 党的领导机关及其成员接受党内选举监督是发展党内民主的应有之义。党内选举监督对党的领导机关及其成员的权力进行监督，督促党的领导机关及其成员在行使权力时必须反映民意、体现民意，其权力行使方式必须在党规国法范围内进行，党内选举监督由此成为党的领导机关及其成员践行党内民主的重要体现。

党的领导机关及其成员接受党内选举监督体现在如下两个方面：一方面，作为党的领导机关的组成人员，党的各级代表大会的代表由差额选举产生，党代表要接受选举单位的监督。《中国共产党地方组织选举工作条例》第八条规定了党的地方各级代表大会代表的基本条件，同时，这些条件也是选举单位对党代表的监督内容，具体包括：党代表是否“认真贯彻执行党的基本理论、基本路线、基本方略”，是否自觉增强“四个意识”、坚定“四个自信”、做到“两个维护”，是否“牢记党的初心和使命，密切联系党员和人民群众，发挥模范带头作用”，是否“遵守党章党规党纪和宪法法律法规，按照党性原则办事，具有履行代表职责的能力”。选举单位认为其选出的党代表不再符合代表资格的，可按照相应程序提出终止代表资格建议。《中国共产党全国代表大会和地方各级代表大会代表任期制暂行条例》第二十八条规定，党代表资格终止应由所在选举单位或者基层党组织提出，并由同级党代表大会选举产生的党的委员会决定，报上级党的委员会备案。另一方面，作为党的地方领导机关，党的各级委员会向同级党代表大会负责并报告工作，接受其监督。党的领导机关成员接受选举监督的逻辑在于：党的各级委员会委员、候补委员和纪律检查委员会委员由党代表大会选举产生，党的

① 李创、牟文谦：《党内民主选举四十年的主要成就、现实困境与机制完善》，载《理论导刊》2019 年第 4 期。

地方各级委员会和纪律检查委员会常务委员会委员和书记、副书记由党的委员会和纪律检查委员会全体会议选举产生。按照权力授予的逻辑，党的地方委员会及其成员同样需要接受党内选举监督。《中国共产党地方委员会工作条例》第二十七条规定，党的地方委员会应当有计划地邀请同级党代表大会代表列席全会或者常委会会议等重要会议，适当增加列席的人员数量和频次。各级党的领导机关通过定期组织党代表大会代表进行专题调研，组织党代表开展提案提议，充分听取意见建议，保障党代表对党的委员会的监督渠道畅通。

党委换届推行“四保四不”履职承诺①

浙江省绍兴市河桥区稽东镇在党委换届试点中，探索推行党代表履职“四保四不”承诺，把好代表准入门槛，强化代表履职意识，从源头上保障新当选的镇党代表具有较高素质。“四保四不”承诺即“保证执行党代会决议，保证履行代表职责，保证发挥示范带动作用，保证带头服务中心、服务群众；不搭建违法违章建筑，不阻挠党委政府中心工作推进，不做有违村规民约、社会公德、职业道德的事情，不以任何形式干扰村级治理”。

晒出承诺书　把好入口关

“我们事先对有可能成为代表候选人的人员进行了深入细致的摸排，对7位有治安处罚、违纪处分记录的同志事先积极介入，进行组织谈话，7位同志均自愿退出。”稽东镇党委书记俞园娟表示，这次选举产生的代表，结构性也比上届更为合理。

提高积极性　履职更务实

新一届党代表签订纪律承诺、履职承诺和辞职承诺等“三项承诺”，倒逼党代表切实发挥作用。根据职责，这些镇党代表还要至少开展1次调研活动，列席1次重要会议，走访1遍所在选举单位全体党员，向所在选举单位

① 《浙江省绍兴柯桥区稽东镇党委换届推行“四保四不”履职承诺》，载共产党员网，http://news.12371.cn/2016/09/22/ARTI1474512279173572.shtml，最后访问日期：2024年5月30日。

进行1次述职，安排1次党员群众接访，参加1次学习培训。

做给村民看　带动村民干

在稽东镇，新当选的镇党代表发挥表率作用，带动全镇推进“三改一拆”“五水共治”“四边三化”等中心工作。“‘四保四不’从党代表履职出发，让老百姓一看就明白，时刻提醒党代表在党员群众中起好示范带头作用。稽东镇在党委换届试点中，严把代表素质和履职能力关口，取得较好实效，为下一步在面上推开夯实了基础。”柯桥区委组织部有关负责人说。

4. 纪委受上级纪委和同级党委双重领导和监督。作为党内监督的专责机关，党的各级纪律检查委员会是党内监督结构网络体系中的重要组织，纪委能否有效发挥专责监督作用，直接影响着党内监督的权威性和实效性。在纪委运行体制机制中，最重要的是纪委的领导体制。《中国共产党党内监督条例》要求纪委履行党内监督职责时要落实双重领导体制，即坚持同级党委和上级纪委的双重领导。纪委履行党内监督职责必须坚持党的领导。发挥党领导核心作用的直接载体是党的各级地方委员会，纪委作为党内监督的专责机关，应当坚持同级党委的领导，如此也为纪委更好发挥党内监督作用提供领导保障和条件支持。并且，纪委监督落实双重领导体制也是党的纪律检查体制改革的基本经验和重要成就。1977年，党的十一大通过的党章修正案决定恢复设置党的纪律检查委员会，并规定纪委由同级党委选举产生。1978年，党的十一届三中全会选举产生中央纪律检查委员会，并决定党的各级纪律检查委员会坚持同级党委和上级纪委双重领导体制。因此，党的纪律检查委员会坚持双重领导体制是历史实践和现实因素共同作用的结果。

但是，在中国复杂的“条块关系”中，对于纪委在坚持双重领导体制中是以同级党委领导为主还是以上级纪委领导为主，既存在着不同认识，也存在着不同的实践。党的十八大之前，“党委统一领导、纪委组织协调”的职责定位使纪委在履行监督职责时更多以同级党委领导为主。[①] 尽管这

① 滕明政：《十八大以来党内监督理论与实践研究综述》，载《理论与改革》2017年第6期。

一机制存在很多优势，但也存在一些弊端，如同级纪委既要接受同级党委的领导，又要对其监督，导致纪委在履行监督职责时往往顾忌太多，担心对同级党委成员尤其常委会委员监督不当会影响党内团结，进而造成纪委在监督领域、监督程度、监督方式等方面拿捏不准，纪委对同级党委的监督未能发挥应有作用。实践中，党委成员违法违纪案件很少是同级纪委查处的。

鉴于此，党的十八届三中全会提出，“推动党的纪律检查机关工作双重领导体制具体化、程序化、制度化，强化上级纪委对下级纪委的领导”。① 党的十八届三中全会提出纪委查办腐败案件以上级纪委领导为主，是党的纪律检查机关回归监督执纪问责这一本职的基本要求，凸显了党的纪律检查机关在反腐败斗争和全面从严治党中的重要作用。此后，党的纪律检查体制改革开始向强化上级领导和监督的方向推进。主要表现为：一是注意同级党委领导和上级纪委领导的区别。如下级纪委在执纪审查工作时应以上级纪委领导为主，线索处置、立案审查等在向同级党委报告的同时应当向上级纪委报告。二是纪委人事层面强化上级纪委领导。如下级纪委书记应由上级纪委提名考察。三是强化上级纪委对下级纪委反腐败的领导作用。如下级纪委发现同级党委主要领导干部的问题，可以直接向上级纪委报告。四是保障上级纪委及时掌握下级纪委履行职责情况，督促下级纪委更好地履行监督职责。如下级纪委定期向上级纪委汇报工作和进行述职。

当然，强化上级纪委对下级纪委的领导，并不意味着不要同级党委领导，更不意味着纪委双重领导体制中上级纪委领导与同级党委领导是相互冲突的。在纪委双重领导体制中，同级党委领导与上级纪委领导是并行不悖的，二者均服务于坚持和加强党的领导这一根本目的。纪委执纪审查以上级纪委领导为主并不意味着纪委的权力不受约束，也不意味着同级党委在纪委领导体制中的角色被矮化。相反，纪委监督以上级纪委领导为主对上级纪委和同级党委均提出了更高的要求。它要求上级纪委和同级党委应摆脱

---

① 《中共中央关于全面深化改革若干重大问题的决定》，人民出版社2013年版，第36页。

原有制度的惯性，注重从微观层面创新和优化监督和领导工作机制。强化上级纪委的领导是为理顺纪委的领导关系和权力结构，并与改革后的监察领导体制保持一致，如此有利于破解各级纪委对同级党委不敢监督、不愿意监督、不能监督的难题，充分发挥纪委监督的应有活力和专业优势。因此，纪委坚持双重领导体制的根本目的是为坚持党的领导，落实全面从严治党这一重大战略。

理论探讨：党的纪律检查机关能否实行系统垂直领导体制？

按照党的组织原则及有关党的组织法规的规定，党的各级领导机关，除它们派出的代表机关和在非党组织中的党组外，均由选举产生。由于各级党委和纪委均由同级党的代表大会选举产生，因此有学者认为，党委和纪委应该是两个独立的权力系统，二者在理论上不存在领导与被领导的关系。[①] 鉴于党内监督实践中，纪委既要接受党委领导，又要对其监督，同级监督产生的尴尬窘境，使得改革和完善纪检监察的领导体制成为当下迫切需要。关于纪检监察体制改革的理论构想，有学者认为纪委应在人、财、物方面试行垂直领导体制。[②] 也有学者认为，应逐渐结束纪委双重领导体制，建立与各级党委平行的纪律检查委员会体制。[③]

事实上，包括纪检监察体制改革在内的政治体制改革，是一项复杂的政治议程，牵一发而动全身。从纪检监察体制改革的历程来看，纪检监察机关的独立性越来越大。但是，纪检监察机关实行垂直领导体制恐怕还不现实。在制度变迁过程中，历史制度主义提出一个非常有名的观点即“路径依赖”观点。意思就是制度的起源会对制度以后的变迁产生深远影响。制度在回报率递增机制作用下，加之政治权威的影响，以及政治权力非对称性特征，会形成制度自我强化的路径。也就是说，纪检监察体制改革受多种因素影响。

---

① 罗重一、张楠：《改革和完善党内监督机制的若干思考》，载《理论探讨》2014 年第 5 期。

② 文丰安：《论党内监督工作的历史经验、问题呈现及发展策略》，载《重庆工商大学学报（社会科学版）》2017 年第 1 期。

③ 许耀桐：《党内监督论》，载《中共天津市委党校学报》2016 年第 3 期。

其一，党的纪律检查机关应当接受党的领导，这是纪检监察体制改革的底线。那么，如何实现对党内监督专责机关的领导，使其不成为不受约束的机关呢？那就是由同级党委对其进行领导，这是纪检监察体制自其产生之初就确立的重要准则。其二，党委领导本地区工作，在本地区具有最高政治权威，纪委履行监督职责应当获得党委的支持。如果地方各级纪委不接受同级党委的领导，而是实行垂直管理体制，则会在本地区形成两个政治权威的表象。这样的政治体制既不利于党委的领导，同时也可能会出现纪委监督工作得不到党委支持的困境。其三，党委和纪委权力是非对称性的，要想使纪委脱离同级党委的领导体制，改革难度非常大。其四，在纪委监委合署办公的当下，纪检监察机关的监督权相当大，很有必要对监督权进行制约。单靠纪检监察机关自我监督远远不够，还需要借助其他监督形式。由于党的代表大会并不经常召开，对纪委的监督十分有限，因而还是由同级党委领导和监督纪委比较符合实际。

5. 党的基层组织接受党委（党组）及其工作部门的监督。党的根本组织原则是民主集中制，民主集中制的基本原则之一是“党员个人服从党的组织，少数服从多数，下级组织服从上级组织，全党各个组织和全体党员服从党的全国代表大会和中央委员会”。党的基层组织位于党的组织体系的底层，自然应当服从上级党组织的领导，接受上级党组织的监督，也即党委（党组）领导和监督。根据《中国共产党基层组织选举工作条例》第三十六条规定，上级党的委员会及其组织部门、党的纪律检查委员会应对基层党组织选举工作进行监督，并将政治纪律、组织纪律、换届工作纪律等情况纳入巡视巡察监督工作内容。《中国共产党国有企业基层组织工作条例（试行）》第三十二条则分别规定中央企业对其直属企业、中管金融企业对本系统的党建工作的领导体制，第三十四条则要求国有企业党组织应当每年年初向上级党组织全面报告党建工作情况。此外，被派驻在国有企业的纪检监察机构代表上级纪委监委对企业党委（党组）实行监督，督促推动国有企业党委（党组）落实全面从严治党主体责任。由于国有企业党组织的工作原则包括坚持加强党的领导和完善公司治理相统一，把党的领导融入公司治理各环节，因此，与此相适应，派驻纪检监察组对国有企业基层党组织的监督内容包括党组织在公司治理结构中的运行机制、运行程序等，督促党组织将党的领导和公司依法治理有机统一。根据《中国共产党党和国家机关基层组织工作条例》第三十三条、第三十四条的规定，各级党委领导机关基层党组织工作，党的机关工作委员会统一领导、单位党组（党委）具体领导和管理机关党建工作，党的机关工作委员会指导督促各单位党组（党委）落实机关党建主体责任。由此可见，根据基层党组织所在单位的性质不同，党委（党组）对其领导和监督内容也各有侧重。

在这里需要指出的是，机关基层党组织接受党的机关工作委员会的领导和监督，同时也要接受党委（党组）的领导和监督。作为党委派出机构，机关工作委员会领导国家机关党建工作，指导和督促党组履行落实机关党建主体责任情况。而党的十九大在其通过的党章中增添党组"加强对本单位党的建设的领导，履行全面从严治党责任""讨论和决定基层党组织设置调整和发展党员、处分党员等重要事项"的表述。如此，机关基层党组织在党建层面同时受党组和党的机关工作委员会的领导。这样的制度安排需要厘清党组同其他相关主体职权边界，确保党组、机关工作委员会领导机关党建事务时不至于产生职责交叉现象。为此，要明确党组与机关工作委员会、机关基层党组织在机关党建工作中的职权边界，探索制定机关工作委员会、部门党组、机关党委和机关党支部党建责任清单，厘清各方责任，推动形成既各负其责又密切配合的党建格局。在党组被赋予领导机关党建工作职责后，机关工作委员会履行领导机关党建职责的定位需要改变。机关工作委员会职责定位应当向统筹指导角色转变，从宏观层面分类指导直属机关各部门和直属事业单位党建工作。

6. 党员接受基层党组织、党的纪律检查机关等其他监督主体的监督。作为党的肌体的细胞，党员是党一切活动的直接主体，直接影响着党的各项建设的质量。党的各级组织能否发挥应有活力，关键一点在于党员队伍建设能否适应全面从严治党的需求。马克思指出，“一分钟也不忽略教育工人”。[①] 对广大党员进行教育和管理是党的建设中最为基础性、经常性的任务。党员既可以监督其他一切组织和党员，同时也要接受其他监督主体的监督。相关主体通过监督等手段不断维护党的肌体健康，不断保持党员队伍先进性、纯洁性，不断把全面从严治党要求落实到每名党员身上。

具体而言，对党员的监督可分为以下四种情形。其一，按照《中国共产党党内监督条例》第三十五条规定，党员首先应当接受其所在党组织的监督。这是因为，相比于其他监督主体，基层党组织对党员监督、教育和管理具有距离优势。《中国共产党党员教育管理工作条例》第六章第二十七条至第三十一条则详细规定了党的基层组织对党员进行日常监督的方式和内容，具体包括：监督党员遵守党章党规党纪特别是政治纪律和政治规矩情况，遵守宪法法律法规和道德规范情况，参加组织生活情况，履行党员义务、联系服务群众、发挥先锋模范作用情况等。根据监督情况，党组织可采取提醒谈话、批评教育、限期改正、劝其退党或除名 4 种处置方式。其二，党员接受其他党员的监督。根据《中国共产党党内监督条例》第三十六条第四项规定，党员可以向党负责地揭发、检举任何党员违纪违法的事实。因此，任何党员都应当接受其他党员的监督。作为党内监督的重点，党员领导干部更需要接受党员监督。根据《中国共产党党内监督条例》第十二条的规定，中央委员会成员发现其他成员有违反党章、破坏党的纪律、危害党的团结统一的行为的，应当坚决抵制，并及时向党中央报告。这种监督既属于党的中央组织的监督，也是党员监督的一种形式。其三，党员接受党的各级纪律检查委员会的监督。党的纪律是全体党员必须遵守的行为规则，作为党内监督专责机关，党的各级纪律检查委员会及其派出的纪检组应对全体党员执行党的纪律情况进行监督，并根据党员违反党的纪律情况，作出关于维护党纪的决定。当然，由于纪委监督具有严肃性、威慑性和复杂性，纪委对党员的监督应该根据党员级别不同、违反党纪程度不同采取不同的处置方式。如按照党章规

---

① 《马克思恩格斯选集》（第一卷），人民出版社 1995 年版，第 306 页。

定，纪委对党委委员和常委违犯党的纪律行为，应当分别采取不同的处置措施。其四，党员接受党委（党组）的监督。党委（党组）领导本地区本单位一切工作，按照党章和《中国共产党党组工作条例》《党组讨论和决定党员处分事项工作程序规定（试行）》等党内法规的规定，党委（党组）均有职责加强党员队伍建设，讨论和决定发展党员、处分党员等重要事项。因此，党委（党组）对其所领导的党员具有监督义务。

综上所述，党内监督结构网络体系将党内各个主体全部纳入监督体系之中，使组织监督与党员民主监督相互嵌套，形成庞大而严密的党内监督结构网络体系。在这一网络体系中，每一个组织、每一个党员个体既是监督者，也是被监督者，党内各级组织和全体党员成为党内监督结构网络体系的重要节点，从而形成了监督主体全面覆盖、监督领域无禁区的监督结构框架。

当然，强调党内监督结构网络体系，并不意味着可以忽视党外监督，包括法律监督、社会监督、舆论监督、民主监督在内的各种党外监督是完善的中国特色社会主义监督体系的重要组成部分，党内监督与党外监督共同构成了具有中国特色的监督体系。正如 2022 年 10 月，习近平总书记在党的二十大报告中指出："健全党统一领导、全面覆盖、权威高效的监督体系，完善权力监督制约机制，以党内监督为主导，促进各类监督贯通协调，让权力在阳光下运行。"[①] 党内监督同其他监督协同配合不但有利于形成监督合力，将权力置于严密监督之下，而且也有利于"推动党内监督同国家机关监督、民主监督、司法监督、群众监督、舆论监督有效贯通，健全和完善监督体系"。[②]

不过，就党内监督和党外监督的作用来看，党内监督在整个监督体系中处于主要地位。习近平总书记在十八届中央纪委六次全会上指出："对我们

① 习近平：《高举中国特色社会主义伟大旗帜 为全面建设社会主义现代化国家而团结奋斗》，载《人民日报》2022 年 10 月 26 日，第 1 版。

② 赵乐际：《忠实履行党章和宪法赋予的职责 努力实现新时代纪检监察工作高质量发展——在中国共产党第十九届中央纪律检查委员会第三次全体会议上的工作报告》，载《人民日报》2019 年 2 月 21 日，第 4 版。

党来说，外部监督是必要的，但从根本上讲，还在于强化自身监督。”[①]强调党内监督在党和国家监督体系中的核心地位，既体现了中国共产党作为执政党和领导党的高度自觉，也表明了党要管党、全面从严治党的坚定决心。并且，党内监督与党外监督并不是非此即彼的关系，二者存在多种层面的关联。其一，党的地位决定了党内监督和党外监督均要坚持党的领导。以舆论监督为例，新闻媒体要坚持党管媒体这一重要原则，同党中央保持高度一致，坚决维护中央权威。同时，党既要依靠舆论对自身建设进行监督，又要善于加强对舆论的领导和引导，使舆论监督服务于党的各项领导事业。其二，党内监督与党外监督应当衔接和协调。党内监督与党外监督应按照《中国共产党党内监督条例》《中国共产党纪律处分条例》等党内法规的要求，既坚持“纪在法前”“纪严于法”，善于运用“四种形态”，也应注意防止“以纪代法”“以纪代刑”。对于涉嫌违法犯罪的党员干部，要及时立案审查，及时移送司法机关，不能片面强调和追求“立案审查”的极少数，防止法律的尊严和权威被破坏。区分和完善“党纪处分在前”和“刑事责任追究在前”两种类型纪法衔接保障机制，有利于实现党内监督和法律监督有序衔接。其三，中国独特的政治与行政“双轨一体”[②]的党政复合结构使很多监督方式既属于党外监督也属于党内监督。如很多领导干部既是党员领导干部，也是国家政权机关领导成员。按照《审计法》等国家法律和《党政主要领导干部和国有企事业单位主要领导人员经济责任审计规定》等有关党内法规的规定，这些人员应当接受审计监督，对其进行经济责任审计既是审计监督的要求，也是党内监督的重要内容。

三、党内监督的制度网络体系及其内在逻辑关联

正如上文所指出，党内监督是一个复杂的网络体系。网络体系一般是由节

---

① 习近平：《在第十八届中央纪律检查委员会第六次全体会议上的讲话》，载《人民日报》2016年5月3日，第2版。

② 王浦劬、汤彬：《当代中国治理的党政结构与功能机制分析》，载《中国社会科学》2019年第9期。

点和连线组成。在党内监督网络体系构造中，既有若干监督主体构成了网络体系中的重要节点，也有联结监督主体的制度规范，这些制度规范构成了网络体系的若干连线。党内监督主体的功能定位及其相互关系勾勒出党内监督结构网络体系，而网络体系中的连线则将监督主体的功能作用及其相互关系固定化、规范化、制度化，为党内监督各主体履行监督职责提供了制度依据和制度保障，制度建设成为开展党内监督的基本前提。[①]党内监督网络体系主要是由监督主体和制度规范组成，党内监督制度规范是党内监督网络体系的重要组成部分，了解党内监督体系构造有必要了解党内监督相关制度规范。

（一）党内监督制度网络体系的基本要素

在对党内监督结构网络体系的介绍中，也提及一些党内监督的制度规范，只不过比较零散。这些制度规范中有的是专门的党内监督制度规范，如《中国共产党党内监督条例》，有的则是某一条款涉及党内监督事项，如《中国共产党基层组织选举工作条例》。事实上，这些制度规范之间存在着内在关联，并以党章为核心，以监督为内容，围绕全面从严治党这一目标形成了党内监督制度网络体系。由于党内监督是党的自我监督，是管党治党的重要内容，党内法规和党内规范性文件是全面从严治党的重要制度遵循，尤其党内法规是党的规章制度中规范化程度最高的制度形态，是管党治党最为核心的制度形式。[②]因此，本部分对党内监督制度网络体系的介绍主要围绕党内法规与规范性文件展开。

1. 党内监督的根本制度：《中国共产党章程》。在党内监督相关党内法规与规范性文件中，党章是最根本的党内法规，具有最高效力，因此，党章是党内监督制度网络体系中的根本制度规范，在党内监督制度网络体系中处于核心位置。党章历来重视党内监督，党章中关于党内监督的制度规定，既为党内监督实践提供了理论指导，也反映了党内监督的客观实践，因而

---

① 蔡文华：《党内监督制度体系的存在形态及其优化路径》，载《理论探索》2017 年第 5 期。

② 魏治勋：《党内法规特征的多元向度》，载《东方法学》2021 年第 1 期。

梳理不同历史时期党章关于党内监督的制度规定，可直观清晰展现出党内监督历史变迁情况。

党的七大通过的党章是中国共产党独立自主制定的第一部党章，七大党章将“党的监督机关”单设一个章节予以专门规定。该章节对党的监督机关的产生方式、任务职权、领导体制等作了基本规定，如中央监察委员会由中央全体会议选举产生，党的地方监察委员会由同级党委全体会议选举产生，并需要经上级组织批准。从七大党章开始，历届党章均沿袭了党的纪律检查机关制度规定单独成章的惯例，表明了中国共产党高度重视党内监督机关制度建设。当然，理论反映实践，党章关于党内监督的制度规定随着党内监督实践日益完善。以党内监督机关职责任务表述为例，党的七大党章规定党的监察委员的任务是决定或取消对党员的处分，受理党员的控诉。党的八大通过的党章则规定，党的各级监察委员会的任务除决定和取消对于党员的处分、受理党员的控诉和申诉外，还要经常检查和处理党员违反党的章程、党的纪律、共产主义道德和国家法律、法令的案件。由此可见，伴随党内监督实践发展，党章关于党内监督机关职责内容的表述不断完善。不过，由于“文化大革命”时期党的监督工作受到严重破坏，党的九大和十大通过的党章删去了关于党内监督机关的相关规定。

“文化大革命”结束后，1977 年党的十一大通过的党章修正案规定，恢复设立党内监督机关即纪律检查委员会，1978 年党的十一届三中全会恢复成立中央纪律检查委员会。根据党的十一届三中全会以来党内监督实践，党的十二大通过的党章对党内监督体制机制作了较大修改，这些修改为以后党的纪律检查体制改革奠定了基本格调和框架。此次党章修正案详细规定了党的各级纪律检查机关领导成员的产生方式，并首次规定了党的纪律检查机关的双重领导体制，此外还增添了派驻监督以及纪委在履职过程中对同级党委进行监督等内容。直到党的十八大前，党章关于党内专责监督机关的制度规定基本保持一致，只是略有修改。党的十八大以来，伴随纪检监察体制改革深入推进，尤其是党的纪律检查机关同国家监察机关合署办公，国家监察委员会的领导体制与党的纪律检查体制改革相互协同配合，这些实践经验需要被写入党章之中，由党章予以规范。为此，党的十九大通过的党章修正案首次对党的纪律检查委员会性质、定位和职责作了明确界定，即党的各级纪律检查委员会是党内监督专责机关，履行监督、执纪、问责职责。根据党的十八大以来纪律检查体制改革的成功探索，党章首次提到要强化上级纪委对下级纪委领导，并实行党内巡视制度。

总的看来，党章不断完善着党内监督制度规范，对党内监督的规定愈加精细化。这主要表现在以下三个方面：其一，党章中关于党的纪律检查机关职责和任务的规定更加充实。相比之前的党章内容，党的十九大党章赋予纪委协助党委推进全面从严治党、加强党风建设和组织协调反腐败工作等职责，这些表述既明确了纪委的使命，也突出了纪委在党内监督结构网络体系中的积极作用。其二，党章将党的十八大以来纪检体制改革中的成功经验予以制度化、规范化，为纪律检查机关正确履职提供了制度保障。如党章规定，纪检机关在监督过程中可以采取谈话提醒、约谈函询等处置方式，这些方式是纪委在履职过程中的有益探索，此前党章对这些处置方式并未明确规定。谈话、约谈是重要的思想政治工作，更是党内监督的重要方式，党章将这些方式加以明确规定，体现了对党内监督方式的高度重视。其三，除对党的纪律检查机关的监督工作进行详细规定外，党章也明确了其他监督主体的监督职责与功能。如历次党章均赋予党员有根据地对党组织和其他党员工作批评的权利，这是党员发挥党内监督的重要方面。此外，党的十九大通过的党章在其第十四条规定，党的中央和省、自治区、直辖市委员会实行巡视制度。“巡视是党章赋予的重要职责，是加强党的建设的重要举措，是从严治党、维护党纪的重要手段，是加强党内监督的重要形式。”① 作为党内监督的重要形式，巡视对推进全面从严治党具有重要意义。党章将巡视制度纳入进来，及时吸收和总结巡视工作重要成果和实践经验，有利于提高巡视在党内监督中的作用。

---

① 中共中央纪律检查委员会、中共中央文献研究室编：《习近平关于党风廉政建设和反腐败斗争论述摘编》，中央文献出版社、中国方正出版社 2015 年版，第 107 页。

2. 党内监督的基本制度规范:《中国共产党党内监督条例》。在党内监督制度网络体系中，直接影响并指导党内监督具体实践的党内法规无疑是《中国共产党党内监督条例》。该条例对党内监督的领导体制、监督主体、监督内容、监督对象、监督方式等重要问题作出具体规定，支撑起党内监督制度网络体系的基本架构，是实施党内监督活动的根本遵循，也是党内监督制度网络体系中的基本制度规范。

在此之前，对党内监督活动起直接指导作用的党内法规是2003年中共中央印发的《中国共产党党内监督条例（试行）》。该条例共五章四十七条，是第一个党内监督的专门党内法规，初步勾勒了党内监督结构网络体系，对加强党内监督发挥了积极作用。但是，党内监督体制机制仍然存在不少漏洞。就体制设计而言，党委（党组）履行主体责任缺乏硬性规定，导致管党治党宽、松、软；一些党员领导干部党的观念淡漠、纪律松弛。就运行机制而言，对“一把手”有效监督的措施不多；发现问题、纠正偏差的机制尚未完全建立；等等。这些问题严重影响了党内监督的应有功效，也使得原有条例监督制度操作性和实效性不强等问题逐渐显现出来。[①] 党的十八大以来，全面从严治党成为党治国理政的重要战略部署。伴随新形势的发展变化，为解决党内监督体制机制中存在的突出问题，明确监督主体责任，完善党内监督制度，推动党要管党由宽、松、软走向严、紧、硬，修改《中国共产党党内监督条例（试行）》成为加强党的建设、推进全面从严治党向纵深发展的迫切需要。

因此，新旧党内监督条例之间存在着一些差异，这主要表现在：其一，新条例构建了严密完整的党内监督体系。《中国共产党党内监督条例》既强调自上而下的组织监督，改进自下而上的党员民主监督，注重发挥纪委与同级党委的同级相互监督作用，同时也强调要坚持党内监督同外部监督相结合，规范党内监督与其他监督方式的关系，从而建构起结构完整、内容完善的党内监督体系。其二，实现监督主体全面覆盖。有领导权力就有监督责

① 《中央纪委有关负责同志就〈中国共产党党内监督条例〉答记者问》，载共产党员网，http://news.12371.cn/2016/11/13/ARTI1478989712653449.shtml，最后访问日期：2024年5月30日。

任，有领导权力就应该接受监督。新条例特别强调党委（党组）在党内监督中应负主体责任，明确党委（党组）书记是第一责任人。同时，相比于旧条例，新条例专章规定“党的中央组织的监督”，对中央委员、中央政治局委员的监督职责和接受监督作了详细规定，真正实现党内监督没有禁区、没有例外。其三，党内监督体制更加规范、合理。《中国共产党党内监督条例》将监督主体与其监督职责、监督方式统合起来。根据监督主体的权力大小不同、职责任务不同，新条例设计了相应的具体监督措施，实现监督主体、监督职责与监督措施三者之间有机统一。其四，党内监督方式更加注重务实管用，监督方法更加多样。根据党的十八大以来党内监督的有效实践，《中国共产党党内监督条例》将日常管理监督、纪律挺在前面、监督执纪“四种形态”等监督方法上升为制度规定，为各级监督主体履行监督职责提供了方法指导。其五，将问责贯穿于党内监督全过程。党委（党组）、纪委（纪检组）对不履行或者不正确履行党内监督职责的党组织和党员，严肃追责，以问责倒逼党内监督各主体更好地履行党内监督责任。

当然，2016 年通过的《中国共产党党内监督条例》是在守正创新的基础上对原条例进行修改的，二者之间仍然有很多共同内容和特征。新条例是对旧条例的继承和发展，二者不是替代关系。[①] 如两部条例均强调党内监督要抓住“关键少数”，监督重点对象是党的领导机关和领导干部特别是主要领导干部。更为重要的是，两部条例均强调党内监督应坚持党的领导，坚持和加强党的领导是两部监督条例的基本立场和基本方向。总之，作为党内监督的专门党内法规，《中国共产党党内监督条例》以问题为导向，着力解决党内监督重点、难点问题，既突出了监督主体的监督责任，也为其正确履行监督职责提供了制度保障。该条例以制度化形态实现了对权力的规制，构建起了较为完善的党内监督体系，为党内监督活动有效开展提供了直接指导。因此，《中国共产党党内监督条例》是党内监督制度网络体系中的最基本制度规范，

① 齐卫平：《全面从严治党制度化的重大成果——新〈中国共产党党内监督条例〉解析》，载《理论探讨》2017 年第 1 期。

强化党内监督实效必须紧抓《中国共产党党内监督条例》的执行与落实工作。

3. 党内监督的主要制度规范:《中国共产党巡视工作条例》等。《中国共产党党内监督条例》锚定了党内监督结构体系的基本架构，但是党内监督活动如何具体开展和操作，需要借助更为具体的制度规范。除党章和《中国共产党党内监督条例》外，党内法规制度体系中对党内监督活动进行规定的还有其他准则、条例、规定、办法、细则等各个层次的党内法规，包括《关于新形势下党内政治生活的若干准则》《中国共产党巡视工作条例》《中国共产党问责条例》《中国共产党党务公开条例（试行）》等。这些党内法规和规范性文件都涉及党内监督：有的是直接针对党内监督活动来制定和实施的，如《中国共产党巡视工作条例》；有的虽不是专门对党内监督活动进行规范，但其中若干条款涉及党内监督内容，如《中国共产党党务公开条例（试行）》。这些党内法规和规范性文件丰富了党内监督的内涵，为党内监督活动具体开展提供了切实可行的制度支撑。因此，这些党内法规和规范性文件可以作为党内监督制度网络体系的主要制度规范。

以党内法规制度体系中的“准则”为例，就效力位阶来看，党内法规制度体系中，党章的效力最高，准则次之。1980 年，党的十一届五中全会通过的《关于党内政治生活的若干准则》专门规定了党内监督内容，根据其中第十一条的要求，任何党员在党纪国法面前人人平等，作为人民的公仆，党的领导干部必须接受党和群众的监督，不准搞特权。该准则还要求，落实党内监督必须采取自下而上和自上而下相结合、党内和党外相结合的方法，以加强党组织和群众对党的领导干部和党员的监督。这部党内法规出台于改革开放之初，当时正处于计划经济向市场经济转轨时期，社会环境变化带来的价值观冲击，以及党风廉政建设制度的不健全，导致当时出现了部分党员干部官僚主义严重、失职渎职等问题。该党内法规对健全党内政治生活，推进党的建设，指导党内监督活动发挥了重要作用，其主要原则和规定仍然适用。2016 年，党的十八届六中全会审议通过《关于新形势下党内政治生活的若干准则》，同《关于党内政治生活的若干准则》一脉相承，是加强党的建设、规范党内政治生活所必须遵循的两部重要党内法规。新准则在其第十一部分再次强调了监督的重要性，即“监督是权力正确运行的根本保证，是加强和规范党内政治生活的重要举措”。因此，必须加强对权力运行的制约和监督。新准则对监督机制、监督环境、监督重点、监督渠道、处置方式、监督合力等党内监督重要方面提出了新要求。

在党内监督主要制度规范中，直接以党内监督为制度内核的则是《中国共产党巡视工作条例》《中国共产党问责条例》等党内法规。巡视是有关党组织进行党内监督的重要方式，《中国共产党巡视工作条例》所规定的巡视制度以党内监督为制度主轴，是党内监督战略性制度安排，彰显中国特色社会主义民主监督优势。[①] 按照《中国共产党巡视工作条例》第六条、第四十七条规定，承担巡视巡察工作主体责任的是开展巡视巡察工作的党组织，如中央和省、自治区、直辖市党委等，这些党组织也承担着党内监督主体责任。巡视工作领导小组组长由同级党的纪律检查委员会书记担任，巡视工作机构设在同级党的纪律检查委员会，这一组织机构设置有利于借助和发挥纪委这一专责监督机关的监督优势。此外，巡视对象和巡视内容与党内监督对象和监督内容高度一致，巡视方式也是党内监督方式的具体体现，可以说，巡视就是党内监督的具体化，就是为了更好地实现党内监督。尽管巡视由党章明确加以规定，巡视的权威来自党章，但如何进行巡视工作，则需要紧紧围绕党内监督来进行，如此才能更好地发挥巡视这一全面从严治党利剑的作用。另外，《中国共产党问责条例》也是落实党内监督的重要制度举措。党内监督不能只监督没有后续，提醒千遍，不如问责一次。对于失职失责和违反党纪的党员和党组织，相关主体可以进行问责和给予纪律处分。根据《中国共产党问责条例》第四条规定，有问责权限的主体同样具有监督责任。如党委（党组）履行全面从严治党主体责任，在党内监督体系中承担主体责任，有权利和义务追究失职失责党组织和党员领导干部的主体责任、监督责任、领导责任。

---

① 王岐山：《巡视是党内监督战略性制度安排　彰显中国特色社会主义民主监督优势》，载《人民日报》2017年7月17日，第2版。

除党内法规外，党内规范性文件也是指导和规范党内监督活动的重要制度形式。《中共中央关于全面推进依法治国若干重大问题的决定》等中共中央通过的很多重要文件也涉及党内监督内容。[①] 这些党内规范性文件一般会对党内监督体制机制作较为宏观的规定，对关于党内监督的党内法规起着指导作用。因此，党内规范性文件也是党内监督制度网络体系的主要制度规范。

4. 蕴含党内监督的具体制度规范:《党政领导干部考核工作条例》等。在党内法规制度体系中，大多数党内法规是针对党内某一活动、某一领域来制定的，如基层选举、请示报告、统战工作、干部考核、党组工作等。党内监督没有禁区、没有例外，这些活动在决策、实施等过程中也要接受党组织和党员的监督，因此，对这些活动进行规范的党内法规蕴含着党内监督的条款。正是这些具体制度规范，直接将党内监督落实于党内活动的方方面面、各个角落，因此，这些党内法规构成了党内监督制度网络体系的具体制度规范。

干部考核既是推动党中央决策部署贯彻落实的重要举措，也是激励干部担当作为的重要抓手。为保障党政干部选拔工作严格依照党的组织路线，敦促干部考核的内容指标、考核方式方法、考核结果运用符合《党政领导干部考核工作条例》规定，《党政领导干部考核工作条例》在第十章“纪律与监督”章节中，既规定了考核工作应当接受党内监督和党外监督，也明确了党委（党组）、纪检监察机关、组织（人事）部门在考核工作中的监督责任。并且，为保障干部考核中党内监督规范开展，根据《党政领导干部选拔任用工作条例》《中国共产党党内监督条例》等党内法规，中共中央办公厅还专门印发了《干部选拔任用工作监督检查和责任追究办法》。该办法对监督检查重点内容、监督检查工作机制、任前事项报告、“一报告两评议”、专项检查、离任检查、问题核查、责任追究等干部考核的关键内容作了非常具体的

---

① 如《中共中央关于全面推进依法治国若干重大问题的决定》明确要求，“加强党内监督、人大监督、民主监督、行政监督、司法监督、审计监督、社会监督、舆论监督制度建设，努力形成科学有效的权力运行制约和监督体系，增强监督合力和实效”。

规定，规范了干部选拔任用中的监督检查和责任追究工作。其他党内法规对党内监督的规定形式与此类似。如《中国共产党地方组织选举工作条例》的制定目的在于完善党内选举制度，加强党的地方组织建设，提高党的执政能力和领导水平。该条例主要对党代表、委员会委员、常务委员会委员和书记、副书记的产生方式、选举活动实施以及呈报审批等作了详细规定。为保障选举工作正常进行，防止出现拉帮结派、违规用人、干扰换届等违规违纪行为，需要发挥党内监督这一手段，并将监督贯穿选举工作的始终。为此，《中国共产党地方组织选举工作条例》对选举工作的党内监督以单独章节形式进行了规定。该条例第四十三条、第四十四条分别要求各级党委、纪委应将地方党组织选举工作执行情况纳入巡视巡察工作内容，党的地方各级代表大会的选举若违反党章，上一级党委在调查核实后应当作出选举无效和采取相应措施的决定。通过明确党内选举工作中相关主体监督责任，保障了党内选举工作正常、规范开展。又如，为保障和加强党对统一战线的领导，提升党的统一战线工作科学化、规范化、制度化水平，《中国共产党统一战线工作条例》以保障和监督为单独章节对统一战线工作领域的党内监督作了规定。其五十八条规定，各级党委（党组）应当加强对统一战线工作的监督检查，将执行情况纳入领导班子、领导干部目标管理和考核体系，并纳入政治巡视巡察、监督执纪问责范围。

就条文框架来看，这些党内法规关于党内监督的规定有一些共同特点：其一，将党内监督有关规定置于整个条例结尾，表明党内监督是保障该活动正常开展的重要措施。其二，在党内监督有关规定中，直接明确相关主体责任，确保该领域党内监督工作有章可循、有规可依、精准有效、失责必究。

5. 党内监督的配套制度规范：各地区各部门党委、党组等党的组织制定的实施细则、办法。根据《中国共产党党内法规制定条例》第十四条规定，上位党内法规明确要求制定配套党内法规的，应当及时制定。所谓配套立规是指，“党内法规制定主体根据《中国共产党党内法规制定条例》以及上位党内法规条文的有关规定，为保证上位党内法规的有效实施，制定旨在细化上位党内法规内容的下位党内法规等一系列活动”。[①]党内法规配套立规的目的是保证上位党内法规有效实施，对其中原则性规范或概括性规定通过制定下位党内法规的方式来进行细化。《中国共产党党内法规制定条例》对党内法规配套立规的主体作了限定，这些主体包括中央纪律检查委员会、党中央工作机关以及省、自治区、直辖市党委等。由于党内法规制定主体之间层级幅度较小，上位党内法规主要是指中央党内法规，包括《中国共产党巡视工作条例》《中国共产党问责条例》等有关党内监督法规。省、自治区、直辖市党委根据这些党内法规制定的实施细则、办法，构成了党内监督的配套法规。这些配套法规既是上位党内监督法规有效实施的重要保障，其完善与否直接关系着上位法规能否妥善地执行适用，同时也是衡量党内监督法规体系是否完善的重要标志。

以《中国共产党党务公开条例（试行）》为例，其中第二十五条要求中央纪律检查委员会、中央各部门、各省（自治区、直辖市）党委等具有党内法规制定权限的主体应当根据本条例制定具体的实施细则或办法。“应当”意味着必须，此后一些省（自治区、直辖市）党委随即出台配套党内法规，如《北京市党务公开实施细则（试行）》《海南省党务公开实施细则（试行）》等。这些实施细则是根据党章和《中国共产党党务公开条例（试行）》的内容，结合本地区实际而制定的实施细则，内容要比《中国共产党党务公开条例（试行）》更为具体、细致。此外，中央部委和地方党委还根据其他中央党内监督法规，结合本部门本地区实际情况进行了配套立规。如四川省委根据《中国共产党问责条例》印发了《四川省贯彻〈中国共产党问责条例〉实施办法》。相比于《中国共产党问责条例》规定的11种问责情形，《四川省贯彻〈中国共产党问责条例〉实施办法》则将问责情形细化为22种，并对问责方式及适用、问责程序作了具体规定。

一般来看，很多党内监督法规含有配套性条款，如一些条例中规定其他主体“应当”或“可以”根据本法规，结合本地区本部门实际情况制定实施

---

① 王立峰、李洪川：《党内法规配套立规的基本标准探析——基于制度文本与制度实践的双重维度》，载《理论与改革》2020年第5期。

细则、办法，这一规定意味着，上位党内监督法规制定主体已经授权其他立规主体可以制定配套措施，通过发挥配套立规主体的自身优势，及时有效解释、细化并准确适用上位党内监督法规中的概括性条款。内容详细的下位党内法规不但确保了中央党内监督法规在其实施过程中更具操作性，也保证了党内监督法规制度体系的完整性与权威性。当然，这些配套党内法规应当重点考虑规范权力关系与规范权力运行。党内法规建设的侧重点是围绕党内权力秩序做文章，[①]尤其是权力监督领域，对党政领导干部这个关键少数群体的权力规范使用进行重点配套，如对《党政主要领导干部和国有企事业单位主要领导人员经济责任审计规定》[②]《领导干部报告个人有关事项规定》《领导干部个人有关事项报告查核结果处理办法》等进行重点配套立规。这一做法既是保障上位党内监督法规有效实施的重要手段，也是构建完善的党内监督制度网络体系的重要内容。

除配套党内法规外，党内监督制度规范中还存在配套规范性文件。一些党组织如市级、县级党委等虽没有党内法规制定权限，但为贯彻落实上位党内监督法规的实施，会根据相关党内监督法规的有关规定，结合本地区本行业监督实际情况，制定党内监督规范性文件。如中国银行根据《中国共产党党内监督条例》规定和精神，结合银行业务经营实际和风险控制重点领域，制定下发《关于加强一级分行和综合经营公司党委同级相互监督的指导意见》等。地方或行业主动出台配套实施细则或办法凸显了地方的积极性与创造性，这些实施细则或办法虽不是党内法规，但可以是党内规范性文件，也可以是具体方案或实施意见。这些文件是由本地区本行业肩负党内监督职责的权威机关制定，在本地区本行业具有规范效力，同其他党内法规相辅相

① 肖金明:《论通过党内法治推进党内治理——兼论党内法治与国家治理现代化的逻辑关联》，载《山东大学学报（哲学社会科学版）》2014年第5期。

② 一般来说，上位党内法规要先于下位党内法规出台，但《党政主要领导干部和国有企业领导人员经济责任审计规定实施细则》出台于2014年，而《党政主要领导干部和国有企事业单位主要领导人员经济责任审计规定》则出台于2019年，从而出现了上位党内法规晚于下位党内法规出台的情况。因此，《党政主要领导干部和国有企业领导人员经济责任审计规定实施细则》很多方面需要根据《党政主要领导干部和国有企事业单位主要领导人员经济责任审计规定》及时进行修改。

成，因而这些规范性文件是党内监督制度网络体系的重要构成。当然，需要指出的是，不具备党内法规制定权限的主体可以根据上位党内法规制定配套措施，但其文件形式最好不要采取党内法规体例形式。

（二）党内监督制度网络体系各要素的内在关联

通过上述介绍不难发现，同党内监督结构网络体系类似，党内监督制度网络体系也是一个要素众多、结构严密的体系。如果将众多制度规范视为党内监督网络体系中的若干连线，那么这些连线之间也有着内在关联。科学、合理的制度安排需要注意制度之间可能存在的多种关系，并将这些制度有机连接起来，而“连接制度的根本目的在于形成完善的具有特定整体功能的网络结构”。[①] 为避免党内监督出现盲点和漏洞，党内监督制度建设要求横向到边、纵向到底。按照这样的制度设计思路，党内监督制度之间的关系包括横向关系和纵向关系。在横向层面，党内监督制度之间应当尽可能覆盖党内生活各个方面，不应当存在党内监督制度漏洞。并且，同一层级制度之间如条例与条例之间、细则与细则之间不互相冲突、抵触。纵向层面，党内监督制度应涵盖党的各个组织结构，不存在不受监督的党员和党组织。并且，不同层级的党内监督制度应当遵从效力位阶原则，相互衔接和协调。党内监督制度网络体系中的制度规范包括党章、准则、条例、规定、办法、规则、细则等，这些党内监督制度规范在内容方面逐步细化。

1. 党章是党内监督制度网络体系的根本与核心。党章在党内法规制度体系中处于核心地位，是根本的党内法规。因此，党章自然是党内监督法规和党内监督规范性文件的根本大法，在党内监督制度网络体系中处于绝对引领地位，具有最高效力。其他党内监督制度的制定与执行必须以党章为根本，不能逾越党章赋予的权限和划定的边界。

党章在党内监督制度网络体系中的作用，以及对其他党内监督制度的引领作用具体体现为如下四个方面：其一，党章规定了党内监督制度的核心原

---

① 时晓虹、耿刚德、李怀：《“路径依赖”理论新解》，载《经济学家》2014年第6期。

则，即民主集中制。党章规定，党是按照民主集中原则组织起来的统一体。因此，民主集中制是党的根本组织原则和领导制度，也是加强党内监督制度建设的根本原则。其他党内监督制度在其制定与执行过程中，必须严格依照民主集中制原则的要求，坚持“党员个人服从党的组织，少数服从多数，下级组织服从上级组织，全党各个组织和全体党员服从党的全国代表大会和中央委员会”。此外，党内监督制度的内容既要强化党组织和领导干部自上而下的监督责任，也要充分发挥同级监督和民主监督的作用，实现权力与责任的统一、民主与集中的统一。其二，党章规定了党内监督制度制定权限的基本架构。党章是党内根本大法，它着重规定了中国共产党的组织架构及其各自权限。党的组织是由党的中央组织、地方组织和基层组织三部分构成，不同的党组织拥有不同的权限。党的组织架构是开展党内监督的基本架构，也是党内监督制度制定工作的基本框架。依照《中国共产党党内法规制定条例》第九条第一款第四项规定，党的领导和党的建设各方面的基本制度应当由党的中央组织制定。党内监督属于党的建设的重要内容，《中国共产党党内监督条例》这一基本制度只能由中共中央制定。省、自治区、直辖市党委为贯彻执行《中国共产党党内监督条例》，有权制定党内监督配套规定。其三，党章具有最高效力，其他党内监督制度不得同党章产生冲突和抵触。依照《中国共产党党内法规制定条例》第二十七条和《中国共产党党内法规和规范性文件备案审查规定》第十一条要求，党内监督法规草案应由党的法规工作机构进行前置审核和备案审查，其审查的重要内容就是是否同党章相抵触。若存在问题，法规工作机构经批准可以向起草部门和单位提出修改意见。党内监督法规或规范性文件制定出台以后，应由制定机关向上级党组织报备审查。审查机关审查的重要内容就是该法规是否同党章相抵触。对于违背党章的，审查机关应当不予备案通过。其四，党章是其他党内监督制度内容的“根”与“魂”，其他党内监督内容的最终渊源应当是党章。《中国共产党党内监督条例》《中国共产党问责条例》《中国共产党巡视工作条例》等党内监督法规，在其总则第一条均明确表示，“根据《中国共产党章程》，制定本条例”。这一表述既表明了该法规尊崇党章，以党章为依据，同时也赋予了该法规合法性权威。其他党内监督法规对党组织权限的规定、对党员义务的规定，必须能够从党章中找到相应出处，否则这些规定无法得到党章的支持。

2.《中国共产党党内监督条例》是其他党内监督制度运转的基本依据。如果将党内监督制度网络体系比喻成为一棵大树，党章是这棵大树的根，那么《中国共产党党内监督条例》就是这棵大树的主干。《中国共产党党内监督条例》以党章为根本遵循，其内容是对党章、准则的细化。党章、准则以外的其他党内监督制度，在其制定与执行时均需要参考《中国共产党党内监督条例》，其是这些党内监督制度的基本依据。

《中国共产党党内监督条例》同其他党内监督制度规范的内在关联体现在如下三个方面：其一，《中国共产党党内监督条例》对党章、准则关于党内监督的表述予以具体化。依照党章和准则的有关规定，《中国共产党党内监督条例》明确规定了党的中央组织、党委（党组）、党的纪律检查委员会、党的基层组织和党员等监督主体的监督职责，明确提出构建党内监督体系，初步勾勒出党内监督的体系框架。《中国共产党党内监督条例》是对党内监督结构体系规定最为详细的党内法规。其二，《中国共产党党内监督条例》对同一层次的党内法规具有引导作用。《中国共产党党内监督条例》对党内监督的任务和内容有着明确界定，出台时间晚于该条例的党内法规，要与该法规保持衔接和协调。如 2016 年出台的《中国共产党党内监督条例》首次明确提出巡视全覆盖，2017 年修订的《中国共产党巡视工作条例》对此作了回应。尽管《中国共产党党内监督条例》只是对巡视工作作了原则规定，而《中国共产党巡视工作条例》对党内巡视工作作了详细规定，但后者所规定的巡视主体、巡视内容、巡视程序要符合和体现《中国共产党党内监督条例》的规定和精神，从而保障同一层次党内监督法规之间的协同，助推党内监督制度规范体系臻于完善。其三，《中国共产党党内监督条例》效力要高于党内监督制度中的规定、办法、规则、细则等。根据《中国共产党党内法规制定条例》第三十一条第二项规定，中央党内法规的效力高于中央纪律检查委员会以及党中央工作机关和省、自治区、直辖市党委制定的党内法规。

《中国共产党党内监督条例》属于中央党内法规，中央纪律检查委员会、党中央工作机关和省、自治区、直辖市党委制定的规定、办法、规则、细则等不能同《中国共产党党内监督条例》相冲突和抵触。并且，这些党内法规和规范性文件的内容应当围绕《中国共产党党内监督条例》所界定的党内监督模式运行，如《中国共产党党内监督条例》强调党内监督要抓“关键少数”，党内监督制度中的规定、规则、细则等在其制定与执行中也要重点突出“关键少数”在党内监督的职权和义务。

3. 党内监督主要制度细化党章和《中国共产党党内监督条例》中的概括性规定。作为党内监督制度体系中的根本性制度规范，党章关于党内监督的很多规定具有高度概括性。要想使党章真正落地，维护党章在党内监督制度体系中的权威性，则需要对党章中的概括性规定进行细化，并回应《中国共产党党内监督条例》中的某些要求。那些对党内监督某一事项进行详细规定的党内监督法规，是贯彻落实党章关于党内监督要求的主要手段，也是保障《中国共产党党内监督条例》得以落实的主要制度。

正如上文所列举的，这些党内监督主要制度规范包括《中国共产党巡视工作条例》《中国共产党问责条例》《中国共产党党务公开条例（试行）》等。这些制度规范的共同特征是以党章为根本依据，围绕加强党内监督，对某一事项进行了详细规定。党章第十条第四项规定，“党的各级组织要按规定实行党务公开，使党员对党内事务有更多的了解和参与”。实行党务信息公开的目的之一，就是使上下级组织之间、组织与党员之间能够互相监督，加强对权力运行的制约和监督，让党员群众监督权力，让权力在阳光下运行。但对于如何实施党务信息公开，作为综合性、根本性的党内法规，党章没有必要予以专门规定，只是提出原则性规定。为规范和加强党务公开工作，保障党员党内监督权，需要出台一部专门党内法规，作为党务公开工作的基本遵循，如此才能“有利于推进党务公开工作制度化、规范化、程序化”。[①] 因此，

① 《推进党务公开 让权力在阳光下运行——中央办公厅有关负责人就〈中国共产党党务公开条例（试行）〉答记者问》，载共产党员网，http://news.12371.cn/2017/12/25/ARTI1514199195439194.shtml，最后访问日期：2024 年 5 月 8 日。

《中国共产党党务公开条例（试行）》成为细化党章关于党务公开规定的党内法规，也是以党务公开实现党内监督的主干基础党内法规。为实现党内监督与社会监督相结合，《中国共产党党内监督条例》第三十九条规定，各级党组织和党的领导干部通过利用互联网技术和信息化手段，推进党务公开、拓宽监督渠道。为此，《中国共产党党务公开条例（试行）》对党务公开的公开方式、公开载体等作了详细规定，以回应《中国共产党党内监督条例》相关规定。党内监督主要制度规范对党章和《中国共产党党内监督条例》中的某一规定进行细化，成为联结党章和《中国共产党党内监督条例》的重要纽带。这些制度规范往往是对某一领域进行全面规定，在中央党内法规层面以条例居多，其在党内监督制度网络体系中的作用不可或缺。

另外，蕴含党内监督条款的党内监督基本制度规范，其所规定的监督内容也是依据党章和《中国共产党党内监督条例》，是党章和《中国共产党党内监督条例》相关规定在某一工作领域的具体展开，尤其与《中国共产党党内监督条例》所规定的监督职责较为密切，党内监督基本制度规范同《中国共产党党内监督条例》的关联类似于党内监督主要制度规范与《中国共产党党内监督条例》的关联，因此，对党内监督基本制度规范同其他制度规范的逻辑关联，本部分不再赘述。

4. 配套制度规范是贯彻落实上位党内法规的重要手段。尽管党内法规尤其是党内监督法规不断出台，但在适用领域仍然存在很多问题。有的党内法规规定过于抽象，“往往需要相关配套性党内法规予以细化，使之具有可操作性、实用性”。[①] 因此，及时制定可操作性、有针对性的配套细则或办法成为保障党内监督法规有效实施的重要手段，这些配套制度是党内监督制度网络体系的重要组成部分。

配套制度规范对其他党内监督法规的作用表现为如下两个方面：其一，对上位党内监督法规的某些概括性规定进行细化，保障上位党内监督法规有

① 周叶中：《关于中国共产党党内法规体系化的思考》，载《武汉大学学报（哲学社会科学版）》2017 年第 5 期。

效落实。以党内法规中的重要形式——条例为例，根据《中国共产党党内法规制定条例》第五条规定，“条例对党的某一领域重要关系或者某一方面重要工作作出全面规定”。但要使条例面面俱到并不容易。在“宜粗不宜细”的立规原则下，《中国共产党党内监督条例》本身就含有概括性规定，如《中国共产党党内监督条例》要求纪律检查机关健全内控机制，但对于如何健全内控机制，该条例没有具体规定。这就需要相关主体出台配套措施来回应《中国共产党党内监督条例》关于内控机制的规定，以确保纪律检查机关完善自我监督机制。为此，2017 年中共中央办公厅印发了《中国共产党纪律检查机关监督执纪工作规则》，出台该制度的重要目的就是构建和完善纪律检查机关内控机制，明确和细化相关主体监督职责。其二，回应党内监督法规中的配套性条款，保障党内监督法规在本地区本部门更具可行性。很多党内监督法规留有配套性条款，如《中国共产党党务公开条例（试行）》第二十五条规定，中央纪律检查委员会、中央各部门，各省、自治区、直辖市党委应当根据本条例制定实施细则。留有配套性条款的目的，在于通过授权其他主体制定相应配套制度，发挥这些主体的自身优势，提高党内法规的操作性、可行性与实用性，使党内监督法规的有关规定和精神得到真正贯彻。在遵循效力位阶原则的前提下，其他主体坚持因地制宜的标准，结合自身实际特色，以问题为导向，对党内监督法规中的有关规定进行细化，使之更具针对性、实效性，保障党内监督制度不折不扣得以执行。

当然，除党内监督法规之间需要衔接和协调外，党内监督法规同国家法律之间也需要衔接和协调。对某些群体的监督既属于党内监督，也属于法律监督，如上文指出的对党政主要领导干部和国有企事业单位主要领导人员进行的经济责任审计，就属于党内监督和国家审计监督的混合监督，《党政主要领导干部和国有企事业单位主要领导人员经济责任审计规定》《党政主要领导干部和国有企业领导人员经济责任审计规定实施细则》同《审计法》衔接和协调。不过，由于本部分主要是对党内监督法规之间的内在关联展开论述，《审计法》属于国家法律，党内法规与国家法律属于两套不同的规范体系，党内监督法规同国家法律衔接和协调不属于党内监督制度网络体系各要素内在关联的主要内容，故在此不予赘述。

总之，党内监督网络体系构造包括以主体为核心的党内监督结构网络体系和以制度规范为核心的党内监督制度网络体系，这两大网络体系的内部构造相对复杂，分别包括若干主体和制度规范。就党内监督结构网络体系而言，这些主体依附于中国共产党的组织结构，“共同为党内监督提供了严密的组织基础”，[①] 形成了以党中央集中统一领导为核心，党委（党组）全面监督，纪律检查机关专责监督，党的工作部门职能监督，党的基层组织日常监督，党员民主监督的党内监督结构网络体系。就党内监督制度网络体系而言，这些制度规范按照效力位阶原则，形成了以党章为根本，以《中国共产党党内监督条例》为基本，以其他党内法规和规范性文件为主要构成的党内监督制度网络体系。

作为党内监督体系的两大构成，党内监督的结构网络体系与制度网络体系也存在内在关联。邓小平同志曾指出：“制度好可以使坏人无法任意横行，制度不好可以使好人无法充分做好事，甚至会走向反面。”[②] 制度具有全局性、根本性地位，党内监督网络体系首先要将党内监督制度网络体系设计好，确保党内监督法规于法周延、于事有效。当然，制度和主体之间的关系应当辩证来看。在党内监督体系中，主体的功能定位与履职程序需要制度予以规范，而党内监督众多制度规范不能是空架子，这些制度归根结底还是需要党内监督主体来执行，因此，需要特别注意党内法规的执行力建设，正如习近平总书记指出，“不能让制度成为纸老虎、稻草人”。[③] 而重视党内监督制度制定与执行工作的基本条件，是要理顺党内监督主体职责及其相互关系。此外，党内监督结构网络体系和党内监督制度网络体系还存在一些共同特征，如坚持和加强党的全面领导，服务于全面从严治党这一重大战略等。

---

① 曹雪松：《党内监督优势与实现路径》，载《中国特色社会主义研究》2016 年第 4 期。

② 《邓小平文选》（第二卷），人民出版社 1994 年版，第 333 页。

③ 习近平：《习近平谈治国理政》（第一卷），外文出版社 2018 年版，第 395 页。

第三章

党内监督的基本方式

根据《中国共产党党内监督条例》以及其他有关党内监督的党内法规、党内规范性文件的相关规定，党内监督的基本方式包括巡视巡察制度、民主生活会制度、党内谈话制度、述责述廉制度、考察考核制度、领导干部个人有关事项报告制度、党的领导干部插手干预重大事项记录制度、同级监督制度、党务公开制度、信访举报制度、约谈函询制度、揭发检举制度等。根据监督主体和对象之间关系的不同，党内监督可归类为自上而下、平行和自下而上三种指向的监督方式。

一、自上而下的监督方式

上级监督下级是最管用、最有效的，这是由民主集中制的根本组织原则决定的，也是被实践反复证明的。巡视巡察制度、党内谈话制度、考察考核制度、领导干部有关个人事项报告制度、党的领导干部插手干预重大事项记录制度等均属于自上而下的党内监督方式。

（一）巡视巡察制度

巡视是党内监督的战略性制度安排，是指党的中央和省、自治区、直辖市委员会通过建立专职巡视机构，按照有关规定，在一届任期内对所管理的地方、部门、企事业单位党组织进行监督的制度。中央有关部委、中央国家机关部门党组（党委）可以设立巡视机构，对所管理的党组织进行巡视监督。巡察是党的市（地、州、盟）和县（市、区、旗）委员会通过设立巡察机构，对所管理的党组织进行巡察监督。党的十八大以来，在推进巡视全覆盖的同时，积极开展对市、县巡察工作的探索，建立市县党委巡察制度，推进全面从严治党向基层延伸。

1. 巡视巡察制度的规范依据

党章和《中国共产党党内监督条例》《中国共产党巡视工作条例》《被巡视党组织配合中央巡视工作规定》以及《关于中央部委、中央国家机关部门党组（党委）开展巡视工作的指导意见（试行）》《关于市县党委建立巡察制度的意见》等党内法规和党内规范性文件对巡视巡察工作作了系统化、制度化安排。

党的十八届六中全会审议通过的《中国共产党党内监督条例》明确提出“巡视是党内监督的重要方式”，对中央和国家机关开展巡视工作提出原则要求。随着巡视巡察实践发展，党中央两次修改巡视工作条例，将政治巡视、一届任期内巡视全覆盖、中央和国家机关巡视、市县巡察等实践创新成果固化上升为制度成果。作为巡视巡察制度的专门性党内法规，《中国共产党巡视工作条例》明确规定“党的中央和省、自治区、直辖市委员会实行巡视制度”，“中央有关部委、中央国家机关部门党组（党委）和中管金融企业、中管企业、中管高校等党委（党组）根据工作需要，开展巡视工作，设立巡视机构”，“党的市（地、州、盟）和县（市、区、旗）委员会建立巡察制度，设立巡察机构”，逐步实现巡视巡察上下有机联动。配套制度的颁布与出台，对于推动被巡视党组织切实履行配合巡视工作的责任，全面从严治党向基层延伸，构建巡视巡察监督立体网络格局具有重要意义。党的十九大对巡视巡察工作提出新部署新要求，党章将巡视巡察制度的重要性提升到新的高度，并且要求党的中央和省、自治区、直辖市委员会在一届任期内，对所管理的地方、部门、企事业单位党组织实现巡视全覆盖。2019 年 6 月，中共中央办公厅又印发了《关于中央部委、中央国家机关部门党组（党委）开展巡视工作的指导意见（试行）》，对规范中央部委、中央国家机关部门党组（党委）内部巡视工作提出明确要求，对于规范和加强中央和国家机关巡视工作，推动完善党和国家监督体系具有十分重要的意义。[①]

2. 巡视巡察制度的工作特点

巡视巡察制度是全面从严治党的利器，采取巡视全覆盖的工作布局、组织监督与民主监督相结合的工作路径，灵活创新的工作方式，形成了巨大的制度优势。

党的十八大以来，中央按照“一体化”的思路进行巡视制度布局，全力推动巡视监督走向“全国一盘棋”。在巡视范围上，不仅将党委、权力机关、行政机关、人民政协、审判机关、检察机关、国有企业、事业单位以及人民团体等主体纳入，涵盖“党政经法社”五大系统，实现部门巡视全覆盖；同时借助部分中央部委和中央国家机关党组（党委）巡视、军队巡视巡察和市县巡察实现纵向层面的巡视对象全覆盖，从而构建“横到边、纵到底”的巡视巡察立体监督网络。[②]在巡视形式上，常规巡视与专项巡视联动，提升巡视质量。派出巡视组的党组织可以根据工作需要，针对所辖地方、部门、企事业单位的重点人、重点事、重点问题或者巡视整改情况，开展机动灵活的专项巡视。

根据监督主体与监督对象的关系，巡视巡察制度属于自上而下的监督方式，其监督权威来源于党员个人服从党的组织、下级组织服从上级组织，但是根据巡视巡察制度的工作路径，其是自上而下的组织监督和自下而上的民主监督相结合的方式。巡视组在进驻前公布巡视对象，多方面收集问题线索；进驻后公开信箱邮箱和举报电话，接待群众来访；巡视结束后公开反馈意见和被巡视党组织整改情况，充分体现出党内监督的严肃性和主动接受群众监督的自觉性。

① 《中央巡视工作领导小组办公室主要负责人就〈关于中央部委、中央国家机关部门党组（党委）开展巡视工作的指导意见（试行）〉答记者问》，载中央纪委国家监委网站，https://www.ccdi.gov.cn/toutiao/201906/t20190617_195601.html，最后访问日期：2024 年 5 月 31 日。

② 田启战：《新时代中国共产党巡视制度的出场逻辑——基于制度有效性视角》，载《湖湘论坛》2020 年第 6 期。

巡视方式的灵活性与多元性赋予巡视巡察制度新的活力和性能。党的十八大以来，巡视工作的组织方式不断深化创新，特别是二十届中央首轮巡视统筹安排常规巡视、机动巡视和“回头看”，三种方式同时运用、同向发力，增强了巡视震慑力、穿透力。2024年修订的《中国共产党巡视工作条例》，及时把实践证明行之有效的做法固化上升为法规制度，其中第二十条规定，“开展巡视工作的党组织根据工作需要，采取常规巡视、专项巡视、机动巡视、‘回头看’等方式组织开展巡视监督，必要时可以提级巡视”。实践中，要把《中国共产党巡视工作条例》规定的组织方式贯通起来、穿插使用，打好“组合拳”，使巡视的形式更加灵活、成效更加明显。

3. 巡视巡察制度的有机联动

党的十九大报告强调：“健全党和国家监督体系……深化政治巡视，坚持发现问题、形成震慑不动摇，建立巡视巡察上下联动的监督网。”《中国共产党巡视工作条例》对巡视、巡察分别作了详细的规定。巡视制度只能由党的中央和省级委员会，以及中央各部委、中央国家机关党组（党委）等设立和实施；巡察制度则只能由党的市、县两级委员会设立和实施。中共中央办公厅印发的《关于市县党委建立巡察制度的意见》以及《关于中央部委、中央国家机关部门党组（党委）开展巡视工作的指导意见（试行）》进一步就市县巡察工作、中央和国家机关巡视工作进行细化。“中央—省—市—县”一体化巡视巡察监督体系架构已基本成型，党内监督的视线范围进一步拓宽，巡视巡察协同互动的整体性治理效能初步显现。[①] 党的十九大之前的巡视全覆盖主要是指对中央、省级党委部门的巡视全覆盖，而对地方党委部门的巡视全覆盖则尚未实现。推进市县巡察制度是实现巡视全覆盖的关键一步，将真正实现巡视范围“横到边、纵到底”的总要求，把巡视利剑直插基层，打通党内监督的“最后一公里”。

---

① 张学龙：《整体性治理视角下的党内巡视巡察联动研究》，载《理论与改革》2019年第6期。

（二）党内谈话制度

我们党高度重视发挥党内谈话制度在党内监督中的作用，将其作为开展党内监督的重要方法。根据谈话目的和内容的不同，谈话可以分为入职谈话、调查谈话、考察谈话、任职谈话、廉政谈话、日常谈话、巡视谈话、提醒谈话、诫勉谈话、约谈等。根据《中国共产党党内监督条例》第二十一条的规定，党内谈话制度是党委（党组）开展的提醒谈话和诫勉谈话，但本章在以党内监督为目的的意义上使用党内谈话制度，原因主要包括以下两个方面：一方面，党内监督法规并不特指《中国共产党党内监督条例》一部党内法规，而是由《中国共产党党内监督条例》及相关党内法规组成的制度体系。《中国共产党纪律检查机关监督执纪工作规则》《中国共产党党和国家机关基层组织工作条例》《党委（党组）落实全面从严治党主体责任规定》等党内法规虽未明确规定党内谈话制度，但包含约谈函询、谈话提醒、约谈提醒等监督谈话具体制度。另一方面，将党内谈话制度限缩为提醒谈话和诫勉谈话，不能与党内谈话制度在党内监督中发挥的重要作用相匹配。提醒谈话与诫勉谈话的适用主体、适用时间、适用问题具有特定性，而党内监督是无死角、全覆盖的，需要通过不同的谈话形式来实现。基于本章主要围绕党内监督的方式方法展开，是将党内谈话制度作为党内监督的基本方式，而不对监督谈话性质之外的谈话形式展开论述。

1. 党内谈话制度的规范依据

我们党非常注重运用谈话开展工作，并且与时俱进、改革创新，不断丰富谈话的内涵和方式。1998 年中共中央印发的《中国共产党党和国家机关基层组织工作条例》（已修改）规定“对于群众意见较大的党员干部，要及时谈话提醒”。2003 年中共中央印发的《中国共产党党内监督条例（试行）》（已修改）将“谈话和诫勉”作为 10 项监督制度之一。2005 年中央办公厅印发的《关于对党员领导干部进行诫勉谈话和函询的暂行办法》对诫勉谈话制度作了具体规定。2008 年中央办公厅转发的《中央组织部关于进一步加强和改进领导班子思想政治建设的意见》对党内谈话制度作了集中规定，强调了党内谈话制度在领导班子思想政治建设中的作用。

党的十八大以来，党内谈话制度在党内监督中发挥重要作用，多部党内法规均对此作了规定。《中国共产党党内监督条例》规定党委（党组）应“坚持党内谈话制度，认真开展提醒谈话、诫勉谈话”，纪律检查委员会“接到对干部一般性违纪问题的反映，应当及时找本人核实，谈话提醒、约谈函询，让干部把问题讲清楚”。《中国共产党纪律检查委员会工作条例》规定：“党员、干部有作风纪律方面的苗头性、倾向性问题或者轻微违纪问题，或者有一般违纪问题但具备免予处分情形的，运用监督执纪第一种形态，按照规定进行谈话提醒、批评教育、责令检查等，或者予以诫勉。”“对于信访举报反映、监督执纪中发现以及巡视巡察机构和其他单位移交的问题线索，应当实行集中管理，采取谈话函询、初步核实、暂存待查、予以了结等方式分类处置，做到件件有着落。”《中国共产党纪律检查机关监督执纪工作规则》专章规定了谈话函询制度，并明确规定，“纪检监察机关应当结合被监督对象的职责，加强对行使权力情况的日常监督……发现苗头性、倾向性问题或者轻微违纪问题，应当及时约谈提醒、批评教育、责令检查、诫勉谈话，提高监督的针对性和实效性”。“纪检监察机关应当结合问题线索所涉及地区、部门、单位总体情况，综合分析，按照谈话函询、初步核实、暂存待查、予以了结 4 类方式进行处置。”“问题轻微，不需要追究纪律责任的，采取谈话提醒、批评教育、责令检查、诫勉谈话等方式处理。”《中国共产党党和国家机关基层组织工作条例》规定“受理处置党员群众检举举报，开展谈话提醒、约谈函询”是机关党的纪律检查委员会的职责。《中国共产党问责条例》规定“以谈话或者书面方式进行诫勉”是党内问责的一种方式。《党委（党组）落实全面从严治党主体责任规定》规定，“党委（党组）书记对领导班子其他成员、下一级党委（党组）书记，领导班子其他成员对分管部门和单位党组织书记，发现存在政治、思想、工作、生活、作风、纪律等方面苗头性、倾向性问题的，应当及时进行提醒谈话”。中共中央办公厅印发的《关于防止干部“带病提拔”的意见》，中共中央组织部印发的《关于组织人事部门对领导干部提醒、函询和诫勉的实施细则》等党内规范性文件均对党内谈话制度作出各有侧重的规定。

2. 党内谈话制度的种类

根据上述党内法规的相关规定，党内谈话制度采用提醒谈话、诫勉谈话、谈话提醒、约谈函询、谈话函询等概念加以表述，需要进一步厘清各概念之间的联系与区别，明确党内谈话制度的种类。

根据《中国共产党党内监督条例》《党委（党组）落实全面从严治党主体责任规定》的规定，提醒谈话是指党组织领导班子成员在日常管理监督中，发现领导干部存在思想、作风、纪律等方面苗头性、倾向性问题的，及时对其开展党内谈话。提醒谈话属于党委（党组）履行的党内谈话制度，主要适用于在思想、作风、纪律等方面出现苗头性、倾向性问题的党员干部，一般尚未构成违纪违法的情形。作为践行党内谈话制度的预防性谈话措施，提醒谈话没有规定必须记入个人档案资料中，实践中一般只要求对提醒谈话内容做好记录、建档立卷，对被谈话人的影响主要是预防提醒教育作用。①

与之相似的概念是谈话提醒。根据《中国共产党党内监督条例》《中国共产党纪律检查机关监督执纪工作规则》《中国共产党党和国家机关基层组织工作条例》的相关规定，谈话提醒是指纪委监委在接到对干部一般性违纪问题的反映时采取的一种线索处置方式。谈话提醒是纪委监委履行党内监督职责、运用监督执纪“四种形态”，尤其是“第一种形态”的有效形式，通过谈话提醒及时纠正轻微问题，有利于把纪律和规矩挺在前面，防止党员干部从小错走向违纪违法。谈话提醒涉及的轻微问题有关材料应当存入党员领导干部的廉政档案。

根据《中国共产党纪律检查机关监督执纪工作规则》，谈话函询是纪检监察机关对问题线索进行综合分析后，采取处置问题线索的方式之一。谈话函询包含谈话和函询两种方式。谈话应当由纪检监察机关相关负责人或

---

① 张宏燕：《提醒谈话和谈话提醒有何不同》，载《中国纪检监察报》2020年11月25日，第8版。

者承办部门负责人进行，可以由被谈话人所在党委（党组）、纪委监委（纪检监察组、纪检监察工委）有关负责人陪同；经批准也可以委托被谈话人所在党委（党组）主要负责人进行。纪检监察机关进行函询应当以办公厅（室）名义发函给被反映人，并抄送其所在党委（党组）和派驻纪检监察组主要负责人。谈话和函询也不是仅使用一次就结束，如果谈话函询对象对反映问题的某些方面未作出明确说明或者说明不到位，可以责令其作出补充说明。与谈话提醒不同的是，谈话函询中的谈话是一种过程性谈话，而谈话提醒可以作为谈话函询工作结束后，对问题轻微，不需要追究党纪责任的情形作出的处理。

约谈函询在《中国共产党党内监督条例》和《中国共产党党和国家机关基层组织工作条例》中是同谈话提醒并列出现的，是对所反映的干部、党员一般性违纪问题的线索处置方式。根据《中国共产党党内监督条例》的规定，“党内监督必须把纪律挺在前面，运用监督执纪‘四种形态’，经常开展批评和自我批评、约谈函询，让‘红红脸、出出汗’成为常态”。“派出机关应当加强对派驻纪检组工作的领导，定期约谈被监督单位党组织主要负责人、派驻纪检组组长，督促其落实管党治党责任。”此处的“约谈”与约谈函询语境中的“约谈”并不表达同一种语义，主要是指党的上级机关为了解情况、督促履职、推进整改而对党的下级机关主要负责人进行的谈话。约谈是一种日常监督方式，通过谈话督促被谈话人履职尽责、廉洁自律。

根据《中国共产党党内监督条例》《中国共产党问责条例》《中国共产党纪律检查机关监督执纪工作规则》以及2005年中央纪委、中央组织部《关于对党员领导干部进行诫勉谈话和函询的暂行办法》的规定，诫勉谈话是指党组织对有轻微违纪问题，但根据有关规定免予党纪政纪处分的党员领导干部进行的谈话。诫勉谈话的主体可以是上级党委（党组）负责人，也可以是上级纪检机关、组织人事部门负责人，还可以是被谈话人所在单位党委（党组)负责人，要根据被谈话人的职务层次和具体岗位确定适当的谈话人。[1]《中国共产党问责条例》将诫勉谈话作为对党的领导干部问责的方式，适用失职失责、情节较轻但免予党纪政务处分的情形。诫勉谈话是一种结果性谈话，谈话后由本人作出说明或者检讨，经所在党组织主要负责人签字后报上级纪委和组织部门，同时可能对晋职晋级、提拔使用、评先评优等事项产生影响。比如，中共中央办公厅和国务院办公厅修订印发的《领导干部报告个人有关事项规定》明确，受到诫勉处理的，半年内不得提拔或者进一步使用。

3. 谈话提醒在党内法规与有关国家法律中的衔接

谈话提醒是党内监督的重要方式之一，同时也是国家监督的重要方式。《公务员法》第五十七条第二款规定："对公务员监督发现问题的，应当区分不同情况，予以谈话提醒、批评教育、责令检查、诫勉、组织调整、处分。"《监察法》第四十五条第一项规定，监察机关"对有职务违法行为但情节较轻的公职人员，按照管理权限，直接或者委托有关机关、人员，进行谈话提醒、批评教育、责令检查，或者予以诫勉"。《公职人员政务处分法》进一步对该条的规定予以细化。根据上述国家法律的相关规定，在国家监督中谈话提醒是监察机关就公职人员违法行为情节轻微，免予或不予政务处分的处理方式。国家法律中的规定与《中国共产党纪律检查机关监督执纪工作规则》中的规定类似，因此，在适用对象、情节轻微的认定、证据采用标准、处理方式的选择等问题上需要进一步衔接。

（三）考察考核制度

考察考核历来是监督、评价和选用干部的重要方式。党的十七大报告明确提出："完善体现科学发展观和正确政绩观要求的干部考核评价体系……增强民主推荐、民主测评的科学性和真实性……坚持正确用人导向，按照德才兼备、注重实绩、群众公认原则选拔干部，提高选人用人公信度。"党的

---

① 陈振:《完善党内谈话制度的体系性思考》，载《理论建设》2017 年第 3 期。

十八大以来，习近平总书记对干部考核工作提出了一系列新理念新思想新要求，为进一步做好干部考核工作指明了方向，提供了根本遵循。

1. 考察考核制度的规范依据

我们党历来高度重视、不断完善干部考察考核工作，形成了一系列制度要求。1928 年《中国共产党组织决议案草案》提出考核评价党员干部的标准，1949 年印发了《关于干部鉴定工作的规定》。改革开放以后，干部考察考核制度不断健全完善。1979 年中共中央组织部印发的《关于实行干部考核制度的意见》，阐述了建立干部考核制度的重要意义，提出“德才兼备”的原则，并明确从德、能、勤、绩四个方面进行考核。1994 年党的十四届四中全会通过的《中共中央关于加强党的建设的几个重大问题的决定》，提出根据考核结果实施升降奖惩，使干部能上能下形成制度。1998 年中共中央组织部印发的《党政领导干部考核工作暂行规定》进一步明确考核的对象和内容为党政领导班子和领导干部政治业务素质和履行职责的情况，考核目的为加强领导班子和领导干部的管理与监督、激励与约束。为贯彻落实党的十七大“完善体现科学发展观和正确政绩观要求的干部考核评价体系”的要求，2009 年 6 月 29 日，中央政治局会议审议并通过《关于建立促进科学发展的党政领导班子和领导干部考核评价机制的意见》，强调要完善考核内容、改进考核方式、扩大考核民主、强化考核结果运用。同年 7 月，中共中央组织部印发包含《党政领导班子和领导干部年度考核办法（试行）》在内的三个办法，体现了中央对干部考核工作的新部署，这一干部考核评价新模式的启动，是进一步提高全党干部工作科学化、民主化、制度化水平的重要标志。

党的十八大以来，原有的干部考察考核工作制度已经不能完全适应新时代的要求，2014 年修订印发的《党政领导干部选拔任用工作条例》等党内法规，以及各省区市出台的有关文件、具体办法，对干部考察考核作了较为详尽的制度安排。2016 年《中国共产党党内监督条例》明确要求“严格执行干部考察考核制度”，全面考察德、能、勤、绩、廉的表现，将此条例第五条所规定的八项党内监督内容作为考察考核重要方面。2019 年中共中央办公厅印发的《党政领导干部考核工作条例》对干部“干什么”“怎么干”有了新的更高要求，干部考核“考什么”“怎么考”从制度层面作出新调整。

2. 考察考核的内容

干部考察工作是干部选拔任用的基础环节，在干部选任工作中起着承上启下的作用，直接关系到选人用人的质量。干部考核是评价、管理干部的重要方式，分为平时考核、年度考核、专项考核、任期考核。根据《中国共产党党内监督条例》《党政领导干部选拔任用工作条例》《党政领导干部考核工作条例》等党内法规的规定，干部考察与考核的内容基本相同，包含“德、能、勤、绩、廉”五个方面。

“德”指的是政治品质和道德品行，着重考察增强“四个意识”、坚定“四个自信”、做到“两个维护”、遵守政治纪律和政治规矩等情况，注重了解政治忠诚、政治定力、政治担当、政治能力、政治自律等方面的情况。加强对工作时间之外表现的考察，全方位、立体化地从生活、社交等其他渠道了解干部德的表现，注重对社会公德、职业道德、家庭美德、个人品德等方面的考察。政治标准是干部考察考核工作的首要标准，在正向考察考核中要加大对德的考核力度，细化、量化德的考核内容，将政治品质和道德品行细化为具体的考核指标，进行量化测评。[①] 在负向考察考核中强调全面从严治党、忠诚干净担当，对政治上不合格的实行“一票否决”。“能”指的是专业素养，重点考察考核领导干部履职尽责特别是应对突发事件、群体性事件过程中的政治能力、专业素养和组织领导能力等情况。“勤”指的是精神状态和工作作风，深入了解为民服务、求真务实、勤勉敬业、敢于担当、奋发有为等情况。“绩”指的是工作实绩，全面考核领导干部坚持正确政绩观，履职尽责、完成日常工作、承担急难险重任务、处理复杂问题、应对重大考验的情况和实际成效。考察党政工作部门领导干部，应当把履行党的建设职责、制定和执行政策、推动改革创新、营造良好发展环境、提供优质公共服务、维护社会公平正义等作为考察评价的重要内容。考核党

① 方振邦、陈曦：《党政领导干部选拔任用》，中国人民大学出版社 2019 年版，第 146 页。

委（党组）书记的工作实绩，首先看抓党建工作的成效，考核领导班子其他党员领导干部的工作实绩应当加大抓党建工作的权重。“廉”指的是廉洁自律，全面考核领导干部落实党风廉政建设“一岗双责”政治责任，遵守廉洁自律准则，带头落实中央八项规定及其实施细则精神，秉公用权，树立良好家风，严格要求亲属和身边工作人员，反对“四风”和特权思想、特权现象等情况。

3. 考察考核结果运用

考察考核结果是领导班子建设和领导干部选拔任用、培养教育、管理监督、激励约束、问责追责的重要依据。考察考核结果可以采取个别谈话、工作通报、会议讲评等方式，实事求是地向领导班子和领导干部反馈，根据考察考核结果激励和约束领导班子和领导干部。

领导班子和领导干部经考核认定作出重大贡献的，及时通报表扬或者按照有关规定嘉奖、记功、授予荣誉称号。领导干部年度考核连续三年为优秀等次的，同等条件下优先使用。领导干部年度考核结果为基本称职等次的，应当对其进行诫勉，限期改进。领导干部年度考核结果为不称职等次的，按照规定程序降低一个职务或者职级层次任职。经考核认定领导干部不适宜担任现职的，根据有关规定作出调整。依据考核结果加强干部教育培养，按照“缺什么补什么”的原则，对领导干部进行调学调训、安排实践锻炼，补齐能力素质短板。对有潜力的优秀年轻干部加强针对性培养。考核中发现领导班子和领导干部存在问题的，区分不同情形，予以谈话提醒直至组织处理；发现违纪违法问题线索，移送纪检监察、司法机关处理。

（四）领导干部个人有关事项报告制度

领导干部向组织如实报告个人有关事项和其他重要情况，是接受组织监督的重要方式，是对党忠诚的重要体现。习近平总书记对领导干部个人有关事项报告制度高度重视，多次主持中央政治局常委会会议、中央全面深化改革领导小组（委员会）会议进行专题研究，多次作出重要指示，在有关会议上发表重要讲话。党的十八大以来，中央坚持思想建党和制度治党有机结合，将执行和完善报告制度纳入全面从严治党战略部署加以推进。

1. 领导干部个人有关事项报告制度的规范依据

1997 年，中共中央办公厅、国务院办公厅就印发了《关于领导干部报告个人重大事项的规定》，2003 年中共中央印发的《中国共产党党内监督条例（试行）》在“重要情况通报和报告”制度中规定，“各级党员领导干部应当向党组织如实报告个人重大事项，自觉接受监督”。为落实此项要求，2006 年中共中央办公厅、国务院办公厅修订印发《关于党员领导干部报告个人有关事项的规定》，2010 年再次修订为《关于领导干部报告个人有关事项的规定》，将报告的主体由党员领导干部扩大为领导干部，报告事项的范围也作了扩大，要求报告本人婚姻变化和配偶、子女移居国（境）外、从业、收入、房产、投资等事项，并对如何报告、向谁报告，以及对报告情况的监督等作出明确规定。但在执行中，由于有的领导干部对于向组织报告个人“家事、家产”等规定的认识不足、执行不力，有的党组织对不如实报告的查处不严等原因，导致领导干部个人有关事项报告制度执行不到位，原有的规定在某些方面已不能很好适应实践发展的需要，对遇到的新情况新问题需要通过完善制度来解决。比如，随着经济社会的发展，就业从业形式多样化，投资渠道多元化，从防范利益冲突、促进领导干部廉洁用权廉洁齐家的角度，亟待对报告的家事、家产有关事项予以进一步明晰和完善。

党的十八大以来，随着反腐败力度的不断增强，党中央对领导干部“瞒报个人有关事项”问题日益重视，查处力度不断增强。党的十八届三中全会通过的《中共中央关于全面深化改革若干重大问题的决定》提出，要完善领导干部报告个人有关事项方面的法律法规。根据党的十八届六中全会通过的《关于新形势下党内政治生活的若干准则》的规定，领导干部要严格执行领导干部个人有关事项报告制度，离开岗位或工作所在地要事先向组织请示报告，配偶子女从业行为要严格规范。对无正当理由不按时报告、不如实报告或隐瞒不报的，要严肃处理。[①]《中国共产党党内监督条例》第二十四条也对领导干部个人有关事项报告制度作了原则性规定，并要求有关部门加强抽查核实。对故意虚报瞒报个人重大事项、篡改伪造个人档案资料的，一律严肃查处。为进一步细化领导干部有关个人事项报告制度的报告主体、报告内容、报告程序以及抽查核实等规定，在总结十八大以来的实践经验和创新做法的基础上，中共中央办公厅、国务院办公厅于 2017 年印发了新修订的《领导干部报告个人有关事项规定》和新制定的《领导干部个人有关事项报告查核结果处理办法》。

2. 领导干部有关个人事项的抽查核实

抽查核实是指组织人事部门对抽查到的领导干部个人有关事项报告材料的真实性和完整性进行核实的工作。2014 年中共中央组织部印发的《领导干部个人有关事项报告抽查核实办法（试行）》，明确了抽查核实工作的原则、项目、对象范围、方法、结果处理和纪律要求等，在全国范围内正式启动了领导干部个人有关事项报告抽查核实，并建立抽查核实机制。2015 年全面实行“凡提必核”，凡是拟提拔为副处级以上干部人选、后备干部人选以及转任重要岗位人选等，都要进行重点查核，同时组织部门将随机抽查的比例由 3%—5% 提升到 10%。2016 年以来，既对新提名的考察对象和后备干部人选进行“凡提必核”，又对拟进一步使用的人选重点进行查核，有效发挥报告制度在换届提名人选上的把关作用。既报又查、扩大抽查比例、“凡提必核”，十八大以来报告个人有关事项越来越严，抽查核实之弦绷得越来越紧。2017 年 4 月，中共中央组织部负责人就修订出台《领导干部报告个人有关事项规定》和新制定的《领导干部个人有关事项查核结果处理办法》答记者问

① 《关于新形势下党内政治生活的若干准则》有两处提及领导干部个人有关事项报告制度。一是“领导干部必须强化组织观念，工作中重大问题和个人有关事项必须按规定按程序向组织请示报告，离开岗位或工作所在地要事先向组织请示报告”。这是从领导干部自身出发，强调工作中的个人事项。二是“严格执行领导干部个人有关事项报告制度，进一步规范领导干部配偶子女从业行为。禁止利用职权或影响力为家属亲友谋求特殊照顾，禁止领导干部家属亲友插手领导干部职权范围内的工作、插手人事安排。各级领导班子和领导干部对来自领导干部家属亲友的违规干预行为要坚决抵制，并将有关情况报告党组织”。

时指出，仅党的十八大以来，全国因查实个人有关事项报告不实等问题被予以暂缓任用、取消提拔或后备干部资格者就高达9100多人，因报告不明等问题遭到查处的更是高达近12.48万人，有力强化了对干部的日常管理监督，有效防止了“带病提拔”。①

领导干部有关个人事项抽查核实包括先抽查和后核实两个环节，而抽查方式包括随机抽查和重点抽查。除每年按一定比例集中开展一次随机抽查外，还要有针对性地开展重点核实，主要是根据工作需要，对拟提拔的考察对象、拟列入后备干部人选对象、巡视工作中需要核实的对象，以及群众举报反映的对象等进行核实。中共中央办公厅印发的《关于防止干部“带病提拔”的意见》要求，“个人有关事项报告‘凡提必核’”。中共中央印发的《党政领导干部选拔任用工作条例》规定，组织人事部门应严格审核党政领导干部拟任人选的个人有关事项报告，并将核查结论形成书面考察材料，纳入考察文书档案。对于个人有关事项报告未查核或者经查核存疑尚未查清的，不得提交会议讨论。以上党内法规和规范性文件进一步就拟提拔的考察对象、拟列入后备干部人选对象的重点核查工作提供了规范依据。根据相关党内法规的规定，抽查核实领导干部个人有关事项报告情况是纪检监察机关、巡视机构等党组织开展工作的重要方式。《中国共产党巡视工作条例》规定，巡视组可以抽查核实领导干部报告个人有关事项的情况。《中国共产党纪律检查机关监督执纪工作规则》规定，纪检监察机关核查组经批准可以调取个人有关事项报告。《中国共产党问责条例》规定，领导干部报告个人有关事项制度执行不力的，应当予以问责。

《领导干部个人有关事项报告查核结果处理办法》对抽查核实结果的处理作了细致的规定。一方面，明确了认定漏报、瞒报需要掌握的基本原则、具体情形和处理依据。比如，在认定漏报情形时，其用语一般是“少报告”；在认定瞒报情形时，用语一般是“未报告”。另一方面，规定了领导干部因

① 《深入推进领导干部个人有关事项报告制度〈党内监督条例〉充分释放从严管党治吏制度优势——中组部负责人就修订出台〈规定〉和新制定〈办法〉答记者问》，载《人民日报》2017年4月20日，第4版。

不如实报告个人有关事项受到组织处理和纪律处分的影响期，为更加有效地强化查核结果运用提供了遵循。[①] 受到诫勉处理的，半年内不得提拔或者进一步使用；受到取消考察对象（后备干部人选）资格处理的，一年内不得提拔或者进一步使用；受到调离岗位、改任非领导职务、免职处理的，一年内不得提拔；受到降职处理的，两年内不得提拔；受到纪律处分的，依照《中国共产党纪律处分条例》等规定执行。

（五）党的领导干部插手干预重大事项记录制度

《中国共产党党内监督条例》第二十五条明确规定，“建立健全党的领导干部插手干预重大事项记录制度”，是监督和制约领导干部权力行使的重要制度安排。党章规定，“党必须在宪法和法律的范围内活动。党必须保证国家的立法、司法、行政、监察机关，经济、文化组织和人民团体积极主动地、独立负责地、协调一致地工作”，党的各级领导干部要“正确行使人民赋予的权力，坚持原则，依法办事”。《中国共产党党内监督条例》所规定的“发现利用职务便利违规干预干部选拔任用、工程建设、执纪执法、司法活动等问题，应当及时向上级党组织报告”，是对党章要求的进一步细化，使之更加明确、清晰、可操作。领导干部手中的权力是党和人民赋予的，要正确行使权力，依法用权、秉公用权、廉洁用权。建立健全领导干部插手干预重大事项记录制度，保证权力行使全程留痕，促进权力行使公开透明，把权力运行全过程置于党组织和干部群众监督之下。

1. 党的领导干部插手干预重大事项记录制度的规范依据

党的十八届四中全会通过的《中共中央关于全面推进依法治国若干重大问题的决定》要求，建立领导干部干预司法活动、插手具体案件处理的记录、通报和责任追究制度。为落实十八届四中全会要求，防止领导干部干预司法活动、插手具体案件处理，2015 年中共中央办公厅、国务院办公厅印

---

① 《深入推进领导干部个人有关事项报告制度〈党内监督条例〉充分释放从严管党治吏制度优势——中组部负责人就修订出台〈规定〉和新制定〈办法〉答记者问》，载《人民日报》2017 年 4 月 20 日，第 4 版。

发《领导干部干预司法活动、插手具体案件处理的记录、通报和责任追究规定》，确保司法机关依法独立公正行使职权。2016年年初，在十八届中央纪委六次全会上，习近平总书记提出要建立领导干部插手重大事项记录制度，对违规过问下级有关事项如实登记和问责。《关于新形势下党内政治生活的若干准则》确认并细化了《中国共产党党内监督条例》规定的干部选拔任用、执纪执法、司法活动三类重大事项。“领导干部不得干预曾经工作生活过的地方、曾经工作过的单位和不属于自己分管领域的干部选拔任用工作。”“对涉及违纪违法行为的举报，对党员反映的问题，任何党组织和领导干部都不准隐瞒不报、拖延不办。涉及所反映问题的领导干部应该回避，不准干预或插手组织调查。”“党的各级组织和领导干部必须在宪法法律范围内活动，增强法治意识、弘扬法治精神，自觉按法定权限、规则、程序办事，决不能以言代法、以权压法、徇私枉法，决不能违规干预司法。”上述党的政策文件及党内法规集中规定了党的领导干部插手干预重大事项记录制度，除此之外，还散见于《党政领导干部选拔任用工作条例》《中国共产党政法工作条例》《中国共产党纪律检查机关监督执纪工作规则》《关于开展工程建设领域突出问题专项治理工作的意见》等相关党内法规与规范性文件中，这与重大事项的范围息息相关。

2. 重大事项的范围

根据《中国共产党党内监督条例》的规定，干部选拔任用、工程建设、执纪执法、司法活动等工作均由相关部门依法依规组织开展。对这些工作不负领导职责的党员领导干部，非因履行职责需要，而是利用职务便利违规干预相关工作，就是违背党章以及《中国共产党党内监督条例》的相关要求。

《党政领导干部选拔任用工作条例》第五十九条规定：“不准利用职务便利私自干预下级或者原任职地区、系统和单位干部选拔任用工作。”领导干部选拔任用对于建设忠诚干净担当的高素质专业化干部队伍具有重要意义，领导干部插手干预人事安排、岗位调动、干部任免、职级晋升等事项，将严重破坏党内政治生态。中共中央办公厅、国务院办公厅印发的《关于开展工程建设领域突出问题专项治理工作的意见》要求，“重点查办国家工作人员特别是领导干部利用职权插手干预城乡规划审批、招标投标、土地审批和出让以谋取私利甚至索贿受贿的大案要案”。工程建设往往与土地出让、招标投标、安全生产、改善民生等密切相关，领导干部违规插手干预其中，极易滋生腐败，损害人民群众切身利益。2015 年，中共中央办公厅、国务院办公厅印发《领导干部干预司法活动、插手具体案件处理的记录、通报和责任追究规定》后，中央政法委、“两高三部”（最高人民法院、最高人民检察院、公安部、国家安全部和司法部）先后印发《司法机关内部人员过问案件的记录和责任追究规定》《关于进一步规范司法人员与当事人、律师、特殊关系人、中介组织接触交往行为的若干规定》，要求对于领导干部插手干预司法、内部人员过问案件，以及与当事人、律师等不当接触交往行为，司法人员都要主动记录报告，并进行通报和责任追究。严格执纪执法是推进依法治国、依规治党的必然要求，司法公正对社会公正具有重要的引领作用，领导干部干预执纪执法、插手司法活动，可能会导致“人情案”“关系案”乃至冤假错案，严重损害党的威信和法治权威，破坏社会公平正义底线。

各地、各部门先后制定相关规定，为重大事项范围的确定奠定了实践基础。比如，中国气象局党组和驻部纪检监察组联合印发《中国气象局领导干部插手干预重大事项记录报告有关规定（试行）》规定，重大事项是指气象部门选人用人进人、公共财政资金安排、项目（含基建、科研和业务项目）立项评审及招投标、执纪执法、行政审批、司法活动等重要事项。陕西省纪委监委印发《陕西省严禁领导干部违规插手干预工程建设、矿产开发、土地利用事项的规定》，将工程建设、矿产开发、土地利用事项所包含的具体情形纳入重大事项。

3. 领导干部违规干预重大事项的责任

领导干部插手干预重大事项记录制度并没有专门性党内法规予以规定，散见于党的监督法规以及与重大事项有关的党内法规中。《中国共产党纪律处分条例》是领导干部违规干预重大事项责任认定与处分方式的关键依据。该条例第八十四条、第一百四十一条、第一百四十二条分别规定了党员领导干部违反有关规定干预和插手干部选拔任用、市场经济活动、司法活动、执纪执法活动、公共财政资金分配、项目立项评审、功勋荣誉表彰奖励等重大事项的处分情形与方式。2010 年 5 月 7 日，中央纪委曾颁布《党员领导干部违反规定插手干预工程建设领域行为适用〈中国共产党纪律处分条例〉若干问题的解释》，进一步就党员领导干部插手干预工程建设领域重大事项的情形予以细化，并明确了给予党纪处分所应适用的《中国共产党纪律处分条例》有关条款。[①]《领导干部干预司法活动、插手具体案件处理的记录、通报和责任追究规定》规定了五种违法干预司法活动的情形，并且采取准用性规范的立规形式规定，“造成后果或者恶劣影响的，依照《中国共产党纪律处分条例》、《行政机关公务员处分条例》、《检察人员纪律处分条例（试行）》、《人民法院工作人员处分条例》、《中国人民解放军纪律条令》等规定给予纪律处分；造成冤假错案或者其他严重后果，构成犯罪的，依法追究刑事责任”。在领导干部违规干预重大事项的责任认定上，需要满足违反有关规定、插手干预重大事项、造成重大损失或不良影响三个基本条件，且《中国共产党纪律处分条例》是党纪处分的规范依据。

二、平行的监督方式

平行监督，就是指同一级别的组织、领导成员之间彼此相互进行的监察和督促活动。长期以来，党内监督和制约重视并依赖自上而下的监督方式，但因上级纪委对下级党委工作的了解有限，对其领导干部的了解也不够具体，监督难以更加富有成效。平行监督方式因监督主体与监督客体通常在工作性质、业务范围、思想状况、性格特点等方面了解较透，故监督起来更直接与准确。邓小平同志曾指出，领导干部的情况，“上级不是能天天看到的，下级也不是能天天看到的，同级的领导成员之间彼此是最熟悉的”。[②] 平行监督狭义上是指纪委对同级党委特别是常委会成员的监督，本书所要阐述的平

① 《中央纪委负责同志就颁布实施〈党员领导干部违反规定插手干预工程建设领域行为适用《中国共产党纪律处分条例》若干问题的解释〉答记者问》，载《中国监察》2010 年第 11 期。

② 《邓小平文选》（第一卷），人民出版社 1994 年版，第 310 页。

行监督不仅包括同级组织相互监督，还包含民主生活会制度、述责述廉制度等班子成员与党员相互监督的方式。

（一）同级监督制度

党的十八大以来，一系列完善党和国家监督体系的历史性探索，为破解各种监督困境创造了条件，提供了支撑，但是同级监督乏力，依然是制约全面从严治党、党内监督、反腐败斗争效力的“短板”。党的十九大报告指出，“强化自上而下的组织监督，改进自下而上的民主监督，发挥同级相互监督作用，加强对党员领导干部的日常管理监督”。党的十九届四中全会要求健全党和国家监督制度，破解对“一把手”监督和同级监督难题。以习近平同志为核心的党中央敢于担当，勇于创新，针对党内平行监督存在的问题，进行了一系列的制度变革。

1. 同级监督的顶层设计

同级监督难以发挥应有的作用，既与领导体制有关，也与制度安排有关。在领导体制上，党的十八大通过的党章规定，各级纪委由代表大会选举产生，但在同级党委的领导下工作。被领导者监督领导者必然使党内监督难以富有成效。在工作制度安排上，十八大党章规定，“各级纪律检查委员会发现同级党的委员会委员有违犯党的纪律的行为，可以先进行初步核实，如果需要立案检查的，应当报同级党的委员会批准，涉及常务委员的，经报告同级党的委员会后报上一级纪律检查委员会批准”。各级纪委要调查违纪党委委员、常务委员的情况，不仅先要经同级党委批准，而且要把处理案件的情况向同级党委报告，这无疑会给办案带来难以克服的困难。

党的十八届三中全会通过的《中共中央关于全面深化改革若干重大问题的决定》强调纪律检查机关作为党内监督专门机关的责任，各级纪委要“加强对同级党委特别是常委会成员的监督”。《中国共产党党内监督条例》进一步明确，党的各级纪律检查委员会要“加强对同级党委特别是常委会委员、党的工作部门和直接领导的党组织、党的领导干部履行职责、行使权力情况的监督”，并将“党内监督专门机关”修改为“党内监督专责机关”。加强党内监督不仅仅是纪律检查机关的权力，更是必须承担的责任。十九届中央纪委四次全会进一步就党内监督作出专门部署，强调要推动党委（党组）主体责任、书记第一责任人责任和纪委监委监督责任贯通联动、一体落实，重点完善对高级干部、各级主要领导干部监督制度和领导班子内部监督制度。

《中国共产党纪律检查委员会工作条例》进一步明确了纪律检查机关的政治定位，在党章规定各级纪委是“党内监督专责机关”的基础上，明确纪委是党推进全面从严治党，开展党风廉政建设和反腐败斗争的专门力量。党的纪律检查委员会应当强化政治监督，政治监督应当突出“关键少数”，重点加强对“一把手”、同级党委特别是常委会委员的监督。

2. 纪律检查机关双重领导体制改革

纪律检查机关领导体制改革大致经历了四个阶段：一是各级纪委在同级党委的领导下工作。七大、八大和十一大党章均作过相应规定。二是 1980 年中央批准地方纪委由同级党委、上级纪委双重领导，但是以同级党委领导为主。三是十二大党章规定纪委在同级党委和上级纪委双重领导下工作，不再沿用以同级党委领导为主的表述。四是党的十八届三中全会通过的决定将同级党委和上级纪委双重领导体制具体化。十二大党章虽然确立了纪律检查工作双重领导体制，但由于缺乏具体措施和程序保障，实践中仍然是以“同级党委领导为主”。党的十八届三中全会通过的《中共中央关于全面深化改革若干重大问题的决定》《中国共产党党内监督条例》，以及十九大党章、《中国共产党纪律检查委员会工作条例》，分别从领导体制、工作机制、干部选拔任用三个方面，推动党的纪律检查工作双重领导体制具体化、程序化、制度化，消除纪委监督办案的顾虑。

在纪律检查工作领导体制上，强化上级纪委对下级纪委的领导，真正贯彻落实各级纪委对同级党委特别是常委会成员的平行监督。《中国共产党纪律检查委员会工作条例》第六条第三款规定：“上级党的纪律检查委员会加强对下级纪律检查委员会的领导，对下级纪委的工作作出部署、提出要求。”《中国共产党党内监督条例》第二十六条第三项规定：“强化上级纪委对下级纪委的领导，纪委发现同级党委主要领导干部的问题，可以直接向上级纪委报告；下级纪委至少每半年向上级纪委报告1次工作，每年向上级纪委进行述职。”各级纪委在上级纪委的领导下开展工作，使其对同级党委特别是常委会成员的监督有了坚强的组织保障和强有力的支持。[①]

在工作机制上，执纪审查工作以上级纪委领导为主，线索处置和执纪审查情况在向同级党委报告的同时向上级纪委报告，不再需要同级党委会的批准。十九大党章第四十六条进一步区分涉及同级党的委员会委员与常务委员违反党的纪律的处理方式，对涉及同级党的委员会委员的，同时向同级党的委员会和上一级纪律检查委员会报告；对涉及常务委员的，报告上一级纪律检查委员会，由上一级纪律检查委员会进行初步核实，需要审查的，由上一级纪律检查委员会报它的同级党的委员会批准。[②]《中共中央关于全面深化改革若干重大问题的决定》还明确规定，“查办腐败案件以上级纪委领导为主”。

在干部选拔任用上，各级纪委书记、副书记的提名和考察以上级纪委会同组织部门为主，其他纪检干部的任免或调动应报上级纪检监察机关备案。纪委难以对同级班子成员，特别是“一把手”进行监督的重要原因在于，各级纪委在同级党委的领导下工作，各级纪委书记、副书记的提名和考察工作由同级党委负责。明确各级纪委书记、副书记的提名和考察以上级纪委会同组织部门为主，免除了各级纪委书记、副书记的后顾之忧，为双重领导体制的建立健全提供了强有力的组织保障。但值得注意的是,“提名”不等于指定。同时，凡是经上级纪委提名的“空降”书记、副书记，也要通过党内民主选举产生。对于不具备纪检干部规定条件或违反法定程序被选举为书记、副书记的，上级纪委有权提请该级党的委员会不予批准。

---

① 李景治:《党内制约监督制度的改革与完善》，载《学习论坛》2014年第3期。

② 党的十八大通过的党章第四十四条也区分了涉及同级党的委员会委员与常务委员的区分，但前者需要立案审查需要经过同级党的委员会批准，后者则需经过同级党的委员会上报上一级纪律检查委员会批准。在处理程序上与党的十九大通过的党章存在明显区别。

3. 各地开展同级监督的创新实践

有效破解对“一把手”监督和同级监督难题，是新时代全面从严治党的重大课题，各地积极探索破解对“一把手”监督和同级监督难题。部分省区市出台同级监督实施办法，根据管党治党具体情况，对纪委监督的工作重点、工作程序等内容进一步细化。比如，河北省石家庄市出台市纪委《关于对市委常委会及其成员进行党内监督的实施办法（试行）》规定，石家庄市纪委对市委常委会及其成员履行职责、行使权力情况进行监督，重点在遵守党章党规党纪、维护党中央集中统一领导、践行党的宗旨、坚持民主集中制原则、落实全面从严治党责任、加强作风建设、执行干部选拔任用工作规定、廉洁自律等方面进行监督。[①] 纪委将采取随机抽查、走访座谈、定期检查、填表报备、书面提醒、过程参与等方式对市委常委会及其成员进行监督。

各地积极开展下级党委书记向上级纪委全会述责述廉工作。2017 年 12 月，山东省委出台了《关于开展各级党委书记向上一级纪委全会述责述廉工作的意见》，构建全方位述责述廉体系，明确各级党委书记参加述责述廉，每年度安排一次，一届内全覆盖，并于 2018 年在市、县两级述责述廉工作的基础上，首次开展 17 市市委书记向省纪委全会述责述廉工作。浙江省推行管党治党“三位一体”等制度措施破解同级监督难题。宁波市江北区委在落实主体责任、“一岗双责”和监督责任过程中坚持“三位一体”、整体推进，建立健全了“一把手”分析研判制度等一系列管党治党制度措施，把同级监督纳入规范化轨道。云南省昆明市纪委实施《下级纪委书记向市纪委汇报同级党委领导班子成员廉洁自律情况的规定》，并将汇报纳入年度党风廉政建设责任目标考核，为基层纪委履行同级监督职责提供了政治保障、制度支持和良好的环境。各地的创新实践为进一步推进纪律检查工作制度化、具体化积累了经验，为开展同级监督提供了抓手。

---

① 史自强：《同级监督，不再羞答答》，载《人民日报》2017 年 11 月 21 日，第 4 版。

（二）民主生活会制度

民主生活会制度既是党的生活的重要内容，也是强化党内监督、提高依靠自身力量解决问题和矛盾能力的有效途径。坚持和完善民主生活会制度，是保证党的团结和集中统一、保持党的先进性和纯洁性的重要措施。党的十八大以来，中央政治局围绕不同主题召开民主生活会，以身作则、以上率下，带动各级领导班子认真开好民主生活会、不断提高民主生活会质量。以习近平同志为核心的党中央高度重视全面从严治党、制度治党、依规治党，对规范民主生活会工作、健全民主生活会制度提出许多新要求。

1. 民主生活会制度的确立历程

建党初期，我们党虽然有“民主集中制”的原则，但由于缺乏有效的实际经验，对党内民主生活尚未给予足够重视。遵义会议确立毛泽东同志的领导地位，党内民主生活制度逐步建立和发展。1938 年 10 月召开的党的六届六中全会指出，“必须在党内施行有关民主生活的教育”，做到“一方面，确实扩大党内的民主生活；又一方面，不至于走到极端民主化，走到破坏纪律的自由放任主义”。[①]1941 年，中央政治局通过了《中共中央关于增强党性的决定》，提出领导干部必须参加党的组织生活、听取党员群众的批评等一系列纠正错误、增强党性的办法。随着党内民主理论的不断深化，党内民主实践也在不断创新。1942 年，延安整风通过倡导和践行批评和自我批评的方式，使党内民主得到了极大发挥。延安整风为我们党建立民主生活会制度提供了鲜活实例。

中华人民共和国成立后，在党的一系列重要会议上，党内民主生活的基本原则得以确定。1955 年，中共中央组织部召开的第一次全国农村党的基层组织工作会议指出，党在农村的基层组织，必须加强集体领导，开展批评和自我批评，健全支部的民主生活。1962 年 1 月，扩大的中央工作会议

---

① 《民主生活会制度的产生、发展与完善》，载共产党员网，https://www.12371.cn/2015/02/10/ARTI1423557753602484.shtml，最后访问日期：2024 年 7 月 1 日。

总结“大跃进”运动以来的经验教训，对如何坚持和发展党内民主进行了反思。邓小平建议，在党委会里面，应该有那么一段时间交交心，真正造成一个好的批评和自我批评的空气。同等水平、共同工作的同志在一起交心，这个监督作用可能更好一些；刘少奇也建议，各级党的委员会一个月之内要有一次党内生活会。委员会开会，进行批评和自我批评。这是我们党第一次明确提出“党内生活会”的概念。[①] 党的十一届三中全会之后，中共中央十分重视党的制度建设，党员领导干部民主生活会逐步走上正常化和制度化轨道。

2. 民主生活会制度的规范依据

党的十一届五中全会通过的《关于党内政治生活的若干准则》明确要求，各级党委或常委都应定期召开民主生活会。民主生活会制度第一次在党内法规中被确定下来。1981 年 8 月，中共中央组织部下发《关于进一步健全县以上领导干部生活会制度的通知》，这是我党第一次以党内文件的形式将民主生活会的时间、范围、内容、意义、目标等制度纳入领导干部的政治生活和组织生活。[②]1990 年中共中央印发的《关于县以上党和国家机关党员领导干部民主生活会的若干规定》对推进民主生活会制度化发挥了重要作用。1992 年，党的十四大修订通过的党章规定，党员领导干部必须参加党委、党组的民主生活会，民主生活会制度被正式写入党章，从而成为党员领导干部政治生活和组织生活中任何其他工作不可替代的重要组成部分，成为各级领导班子进行党内监督的重要渠道和形式。

为提高民主生活会的质量，集中时间和精力解决领导班子存在的突出问题，中央纪委、中央组织部分别于 1997 年、2000 年印发了《关于提高县以上党和国家机关党员领导干部民主生活会质量的意见》《关于改进县以上党和国家机关党员领导干部民主生活会的若干意见》，以更好地发挥民主生

① 《民主生活会制度的由来》，载共产党员网，https://www.12371.cn/2018/12/26/ARTI1545813027960338.shtml，最后访问日期：2024 年 7 月 1 日。

② 《“三会一课”制度是如何形成与发展的》，载共产党员网，https://www.12371.cn/2019/06/05/ARTI1559726066704352.shtml，最后访问日期：2024 年 7 月 1 日。

活会的作用。2003 中央颁布的《中国共产党党内监督条例（试行）》将“民主生活会”作为重要的党内监督制度列专节作出规定，推动党员领导干部民主生活会制度的进一步健全和完善。十七大党章第八条明确规定：“每个党员，不论职务高低，都必须编入党的一个支部、小组或其他特定组织，参加党的组织生活，接受党内外群众的监督。党员领导干部还必须参加党委、党组的民主生活会。不允许有任何不参加党的组织生活、不接受党内外群众监督的特殊党员。”

党的十八大以来，党中央坚持党要管党、全面从严治党，进一步规范和严肃党内政治生活，高度重视党员领导干部民主生活会的制度化规范化建设。《中国共产党党内监督条例》第二十条明确规定：“严格党的组织生活制度，民主生活会应当经常化，遇到重要或者普遍性问题应当及时召开。民主生活会重在解决突出问题，领导干部应当在会上把群众反映、巡视反馈、组织约谈函询的问题说清楚、谈透彻，开展批评和自我批评，提出整改措施，接受组织监督。”《关于新形势下党内政治生活的若干准则》要求全体党员、干部要坚持民主生活会和组织生活会制度，中央政治局带头开好民主生活会。为贯彻落实《关于新形势下党内政治生活的若干准则》和《中国共产党党内监督条例》要求，中共中央印发了《县以上党和国家机关党员领导干部民主生活会若干规定》，对党员领导干部民主生活会作出全面规范，进一步提高了党员领导干部民主生活会制度化、规范化水平。2019 年《中共中央关于加强党的政治建设的意见》要求严肃党内政治生活，严格执行党的组织生活制度，认真召开民主生活会和组织生活会，建立健全民主生活会列席指导制度。

3. 民主生活会发挥党内监督作用的关键举措

《县以上党和国家机关党员领导干部民主生活会若干规定》突出批评和自我批评这个关键，明确要求民主生活会应当遵循“团结——批评——团结”的方针，参加民主生活会的党员领导干部应当严肃认真开展批评和自我批评，坚持实事求是，讲党性不讲私情、讲真理不讲面子，按照“照镜子、正衣冠、洗洗澡、治治病”的要求，严肃认真提意见，满腔热情帮同志，达到统一思想、增进团结、互相监督、共同提高的目的。批评和自我批评是民主生活会实现党内监督的重要方式。

批评与自我批评是毛泽东同志为代表的中国共产党人在马克思列宁主义政党理论基础上，总结党在实践中的经验，形成和发展起来的优良传统。批评是指对别人的缺点或错误提出意见，自我批评是指政党或个人对自己的缺点或错误进行的自我揭露和剖析。[①] 习近平总书记强调："批评和自我批评是解决党内矛盾的有力武器。"[②]《关于新形势下党内政治生活的若干准则》明确，"批评和自我批评是我们党强身治病、保持肌体健康的锐利武器，也是加强和规范党内政治生活的重要手段。必须坚持不懈把批评和自我批评这个武器用好"。《县以上党和国家机关党员领导干部民主生活会若干规定》六次规定了批评和自我批评，并要求自我批评应当联系实际、针对问题、触及思想，相互批评应当开诚布公地指出问题，防止以工作建议代替批评意见。

2016年1月，习近平总书记在十八届中央纪委六次全会上指出："在一些地方和部门，政治生活庸俗化、随意化、平淡化现象还大量存在，一些党组织和党员缺乏运用批评和自我批评的勇气……批评和自我批评存在的普遍性问题是，自我批评难，相互批评更难。"[③] 因此，建立开展批评与自我批评的常态化机制，才能切实保障民主生活会发挥实效。一是要落实党委（党组）履行组织开好民主生活会的领导责任，以及书记管党治党的主体责任，将执行民主生活会制度情况纳入领导班子及其成员履行全面从严治党责任考核内容，作为考核评价领导班子的重要依据。二是制定与完善具体而详细的、可以操作的制度性和程序性的规定。建立"敢批"的保障机制，消除批评者和被批评者的思想顾虑；建立"真批"的激励机制，通过机制建设激励批评者对照"三严三实"要求，知无不言，言无不尽；建立"善批"的养成机制，就是要加强政治学习，提高党性修养，使批评者会批评、能批评，批得实、

① 本书编写组编：《党内监督制度解析》，中国方正出版社2017年版，第136页。

② 《习近平总书记关于开展批评和自我批评重要论述摘录》，载共产党员网，https://news.12371.cn/2017/03/24/ARTI1490284945118173.shtml，最后访问日期：2024年5月30日。

③ 习近平：《在第十八届中央纪律检查委员会第六次全体会议上的讲话》，载《人民日报》2016年5月3日，第2版。

批得深；建立“常批”的长效机制，使批评成为一种良好的习惯养成。

（三）述责述廉制度

述责述廉是针对领导机关、领导干部进行监督的一项新措施，对加强和改进党内监督具有十分重要的意义。述责，述的是领导干部履行自身职责特别是管党治党责任的情况；述廉，述的是遵守《中国共产党廉洁自律准则》和执行廉洁纪律的情况。述责述廉制度体现了自上而下的组织监督、自下而上的民主监督以及同级之间相互监督相结合，但就述责述廉制度本身而言，重点是通过党的领导干部对执行政治纪律和政治规矩、履行管党治党责任、推进党风廉政建设和反腐败工作，以及执行廉洁纪律等情况的汇报，实现领导班子成员之间相互监督。故本书将其纳入平行监督方式的范畴。

1. 述责述廉制度的发展过程

述责述廉制度是述职述廉制度的创新发展。“述职述廉制度”第一次于2002年中国共产党第十六次全国代表大会上被提出，江泽民同志强调要加强对权力的制约和监督，并实行多种形式的领导干部述职述廉制度。2003年《中国共产党党内监督条例（试行）》将述职述廉制度作为十项党内监督之一，成为规范化的制度被固定下来。2004年十六届四中全会通过的《中共中央关于加强党的执政能力建设的决定》重申建立健全述职述廉制度的重要性。为贯彻落实这一制度，2005年中共中央办公厅印发《关于党员领导干部述职述廉的暂行规定》，对述职述廉的主体、时间、内容、监督保障等进行规范。述职述廉制度对党员领导干部的监督方面取得了一定的成效，如党员领导干部对公务用车、人情消费、办公用房等方面的陈述，有效遏制了党内不同程度的形式主义、官僚主义、享乐主义和奢靡之风等问题，积累了一定的成果和经验。同时，述职述廉报告模式化、政绩化等现象仍然存在，影响制度运行的实效。

有权必有责、有责要担当、失责要追究。随着全面从严治党的深入推进，述责述廉制度在党内得到了有效落实，红脸出汗紧弦和检验责任落实、推动工作开展的效果日益显现。《中国共产党党内监督条例》总结党的十八大以来管党治党的成功经验，对述职述廉制度作了发展和深化，规定“党的领导干部应当每年在党委常委会（或党组）扩大会议上述责述廉，接受评议”，将“述职述廉”修改为“述责述廉”，并对如何述责述廉提出明确要求。从述职述廉到述责述廉，变的不仅仅是制度的名称，在“述”的内容与时间上也发生了重大变化。述的内容从“职”到“责”，将重点从政绩转向责任担当，不能再罗列所有业务总结，虽然范围有所收缩，但重点更加突出，更具有针对性，能够增强对领导干部的监督实效。述的时间从“届中和换届前一年”到“每年进行一次”，这一改动使述责述廉制度趋于日常性和及时性，能够及时发现问题、解决问题。述的形式上从“结合民主生活会进行”扩大到“在党委常委会（或党组）扩大会议上进行”，参与人员更多、知悉范围更广，这种形式本身就是强化监督，让领导干部接受更广泛的监督。这一变化来源于基层的创新。比如，四川省雅安市以荥经县和汉源县为试点，积极探索县级党员领导干部向同级纪委全委会述责述廉。在基层实践中，述责述廉制度范围不断扩大、形式不断发展创新，以保证监督到底、整改到位。

2. 述责述廉制度的规范依据

述责述廉制度的规范依据主要是指《关于党员领导干部述职述廉的暂行规定》和《中国共产党党内监督条例》等规范述责述廉制度的主干性依据，以及包含述责述廉工作内容、保障述责述廉制度有效运转的其他党内法规。

《中国共产党问责条例》《中国共产党纪律处分条例》《中国共产党廉洁自律准则》等党内法规是保障述责述廉制度有效运行的党内法规。根据《中国共产党党内监督条例》的规定，“述责”的重点是执行政治纪律和政治规矩、履行管党治党责任、推进党风廉政建设和反腐败工作情况，这些都是全面从严治党主体责任的重要内容。《中国共产党问责条例》规定了 6 种问责情形，反过来讲这些内容也都是领导干部应当履行的职责，述责的内容应当参照《中国共产党问责条例》所规定的履职情形。党员领导干部廉洁从政道德行为规范，是我们党对党员领导干部实施有效监督的基本标准。“述廉”应对照《中国共产党廉洁自律准则》规定的“四个必须”“八条规范”，对照《中国共产党纪律处分条例》第八章规定的廉洁纪律，逐条报告执行这些规定的情况。

《中国共产党党组工作条例》等是蕴含述责述廉制度的具体规范，需要同《关于党员领导干部述职述廉的暂行规定》《中国共产党党内监督条例》等主干性规范依据衔接使用。《中国共产党党组工作条例》第四十条第一款规定："建立党组（党委）书记述责述廉制度。批准设立党组（党委）的党组织根据需要可以听取党组（党委）书记报告履职情况，加强对权力运行的监督制约。"《中国共产党工作机关条例（试行）》第二十四条规定："……领导班子成员应当如实向党组织报告个人有关事项、述职述廉述德，接受组织监督。"党组（党委）书记述责述廉、党的工作机关领导班子成员述职述廉述德的内容与程序等均需要以主干性党内法规为依据。

3. 述责述廉制度的重要环节

根据述责述廉制度的运行流程，可以分为述、问、评、用四个环节。"述"就是党员领导干部全面如实报告本人情况、存在的突出问题和改正措施。无论是述责还是述廉，都要大到履职尽责，小到家庭现状、个人事项，全部都要敢于摆出来、晒出来，主动接受监督。"问"就是询问、质询环节，参会人员可任意提问，而陈述者必须作答，未经刻意的安排，也没有事先的沟通。"评"就是在述、问后，参会人员将根据陈述者的书面或大会陈述、回答质询情况，对陈述者逐一评议。"用"就是对述责述廉结果的运用，将述责述廉报告载入廉洁档案，并在一定范围内公开，使得领导干部述责述廉的内容有据可查，并且将述责述廉报告内容以及民主评测结果作为领导干部考核及晋升的重要依据。在上述四个环节中，最能体现平行监督是质询和评议两个重要环节。

质询环节是参会人员根据事前调查掌握的情况，对述责述廉的对象进行口头或书面询问、质询，具有针对性。比如，在 2015 年黑龙江省大庆市述责述廉会议上，大庆市纪委委员采取走访、座谈、个别谈话等方式，核实述责述廉人员的报告内容，征求各方面意见，并与平时掌握的群众反映意见汇总梳理，对每名述责述廉人员形成 3 个至 5 个问题，在述责述廉会议上向其询问。[1] 在2017年山东省青岛市述责述廉会议上，通过向参会人员收集询问问题及意见建议，向信访举报、监督检查、纪检监察等部门了解述廉述责对象存在问题，市纪委委员共提出询问问题69个、意见建议90条。现场质询“尖锐”并且到位，领导干部就必须回答得更加仔细和认真，同时也更能让领导干部有“赶考”的感觉，使得述责述廉制度的运行成效得以发挥。[2]

接受评议是述责述廉制度的重要环节，是对更好述责述廉的一种检验和督促，是避免述责述廉流于形式的制度设计，是对监督制度的再监督，领导干部要自觉接受与会同志的评议。不少地方在实践中扩大了述责述廉的范围，参与人员增多，知悉范围更广，取得良好的效果，让领导干部们能够接受更广泛的监督。参与民主测评的人员应尽可能多地囊括领导干部的上级领导以及涉及领导干部的工作、生活、交友等圈子，这样才能做到全方位的真实的测评。

三、自下而上的监督方式

自下而上的民主监督是指中国共产党组织发动各级党组织、党员和广大人民群众对党自身进行的监督。党的八大明确提出自上而下的组织监督与自下而上的民主监督这对概念，并把它们作为党内监督的重要原则在党章中确定下来。民主监督处于党内监督的基础地位，离开自下而上的民主监督，党内监督就会失去群众基础和生机活力。《中国共产党党内监督条例》规定要改进自下而上的民主监督，并加强党员对党的领导干部的民主监督，及时向党组织反映群众意见和诉求。能够体现自下而上的党内监督的主要方式包含党务公开制度、检举揭发制度、评议领导干部制度、信访举报制度。前三种方式体现的是下级党组织、党员对上级党组织、党员领导干部的监督，后一种方式体现的是党内监督与群众监督相结合，群众监督具有广泛性、多元

① 《黑龙江省大庆市：市直一把手集中述责述廉》，载中央纪委国家监委网站，https://www.ccdi.gov.cn/gzdt/dfzf/201502/t20150215_152042.html，最后访问日期：2024年7月1日。

② 《青岛：23个市直部门负责人述廉述责 现场接受质询》，载中央纪委国家监委网站，https://www.ccdi.gov.cn/yaowenn/201608/t20160808_55730.html，最后访问日期：2024年7月1日。

性、直接性等特点，是最值得依赖的强大民主监督力量。

（一）自下而上监督的理论与规范依据

有一种狭隘的观点认为，只有上级组织监督下级组织，而下级组织是无权监督上级组织的，下级组织对上级组织的决策更多的只是服从和执行。从权力的层面来看，党员个人服从党的组织，下级组织服从上级组织，全党各个组织和全体党员服从党的全国代表大会和中央委员会。上级对下级是领导关系，下级对上级是服从关系，这是民主集中制的内涵之一。党内法规多处体现了这种绝对服从关系，如《关于新形势下党内政治生活的若干准则》规定，“领导干部要自觉服从组织分工安排，任何人都不能向组织讨价还价、不服从组织安排”。《中国共产党地方委员会工作条例》《中国共产党党组工作条例》分别规定党的地方委员会与党组要“坚决执行党中央决策部署以及上级党组织决定”。但从权利的层面来看，党员是党的主体和主人，直接或通过各级党代表选举产生各级相关党委和党委常委、书记、副书记。党的各级领导干部代表党员行使权力，党员有权利对权力的行使状况进行监督。党的上级组织是由下级组织通过其党员代表大会选举产生的，二者之间是委托和受托的关系，受托者要向委托者负责，接受监督。上级党委成员应当对下级党组织负责，下级党组织有权监督上级党组织。

党章以及《中国共产党党员权利保障条例》《中国共产党党内监督条例》明确规定了党员监督各级组织和领导干部的权利和义务。根据党章第三条和第四条的规定，党员有义务“切实开展批评和自我批评，勇于揭露和纠正违反党的原则的言行和工作中的缺点、错误，坚决同消极腐败现象作斗争”，同时党员也有权利“在党的会议上有根据地批评党的任何组织和任何党员，向党负责地揭发、检举党的任何组织和任何党员违法乱纪的事实，要求处分违法乱纪的党员，要求罢免或撤换不称职的干部”。“任何组织和任何党员”当然包含党的上级组织与领导干部，这是党员进行自下而上监督的党章依据。《中国共产党党员权利保障条例》明确规定，“党员有党内监督权，有权在党的会议上以口头或者书面方式有根据地批评党的任何组织和任何党员，揭露、要求纠正工作中存在的缺点和问题，在民主评议中指出领导干部和其他党员的缺点错误；有权向党组织反映对本人所在党组织、领导干部、其他党员的意见”。《中国共产党党内监督条例》规定，“党组织应当保障党员知情权和监督权，鼓励和支持党员在党内监督中发挥积极作用”。以上党内法规为党员实施检举揭发党员和党组织的违法违纪事实、民主评议领导干部等自下而上的监督提供了制度依据。

党章以及《中国共产党党内监督条例》为下级党组织监督上级党组织提供了规范依据。党章第十条规定，上下级组织之间要互通情报、互相支持和互相监督。这是党章对上下级组织关系最明确、最权威的规定，也是下级组织监督上级组织、开展自下而上监督的制度依据。①《中国共产党党内监督条例》进一步明确规定，党委(党组)“对上级党委、纪委工作提出意见和建议，开展监督”。同时《中国共产党地方委员会工作条例》《中国共产党党组工作条例》《党政领导干部选拔任用工作规定》等党内法规也对接受下级党组织以及党员群众监督作了明确规定。党的地方委员会向同级党代表大会负责并报告工作，应当自觉接受上级党委领导和工作监督，并接受上级和同级纪律检查机关监督，接受下级党组织和党员群众的监督，接受各民主党派和无党派人士的民主监督。党组（党委）及其成员执行条例情况，应当自觉接受纪检监察机关、本单位基层党组织和党员群众的监督，纳入巡视巡察范围和党员民主评议内容。下级机关和党员、干部、群众对干部选拔任用工作中的违规违纪行为，有权向上级党委（党组）及其组织（人事）部门、纪检监察机关举报、申诉，受理部门和机关应当按照有关规定查核处理。

（二）党务公开制度

知情权是行使监督权的前提，不知情就无法进行有效监督。党务公开是指党的组织将其实施党的领导活动、加强党的建设工作的有关事务，按规定在党内或者向党外公开。党的十九大要求“扩大党内基层民主，推进党务公

① 李景治:《党内监督尚需及时补短板》，载《党政研究》2017 年第 4 期。

开，畅通党员参与党内事务、监督党的组织和干部、向上级党组织提出意见和建议的渠道”。为进一步贯彻落实党的十九大精神，中共中央印发《中国共产党党务公开条例（试行）》，其目的在于“推动全面从严治党向纵深发展，加强和规范党务公开工作，发展党内民主，强化党内监督，使广大党员更好了解和参与党内事务”。党务公开保障全体党员平等享有党章规定的党员权利、履行党章规定的党员义务，体现党内民主监督的平等关系。

1. 党务公开制度的发展历程

中国共产党自成立以来就进行着党务公开的实践。1945 年 5 月，在党的七大上，毛泽东同志指出，“大家有意见，有气，就应该打开窗户，让他们把气出完，把意见都说出来”。[①]1962 年 1 月，在扩大的中央工作会议上，毛泽东同志指出，“要真正把问题敞开，让群众讲话，哪怕是骂自己的话，也要让人家讲”。[②] 此时期虽然未明确“党务公开”这一概念，但是将公开党内情况作为全面推进党内民主的重要方式。2003 年中共中央印发的《中国共产党党内监督条例（试行）》明确规定，“地方各级党的委员会全体会议作出的决议、决定，一般应当向下属党组织和党员通报，根据实际情况，以适当方式向社会公开”。这是我们党首次在党内法规中明确提及“公开”，并提出了党务公开的基本要求。2004 年 9 月，党的十六届四中全会通过的《中共中央关于加强党的执政能力建设的决定》首次明确提出“党务公开”的概念，[③] 认为发展党内民主“要认真贯彻党员权利保障条例，建立和完善党内情况通报制度、情况反映制度、重大决策征求意见制度，逐步推进党务公开，增强党组织工作的透明度，使党员更好地了解和参与党内事务”。2007 年党的十七大修改并通过的党章进一步规定：“党的各级组织要按规定实行党务公开，使党员对党内事务有更多的了解和参与。”党务公开正式写入党的根本大法。2009 年党的十七届四中全会通过的《中共中央关于加

---

① 《毛泽东文集》（第三卷），人民出版社 1996 年版，第 400 页。

② 中央文献研究室：《毛泽东关于领导方法和工作方法的论述》，载中国共产党新闻网，http://cpc.people.com.cn/n/2013/1012/c69120-23179263-2.html，最后访问日期：2024 年 7 月 1 日。

③ 梁菅：《党务公开的由来和发展》，载《秘书工作》2020 年第 11 期。

强和改进新形势下党的建设若干重大问题的决定》对党务公开的制度建设、原则和途径都作出了规定。

党的十八大以来，在以习近平同志为核心的党中央坚强领导和推动下，党务公开逐步走上制度化轨道。党的十八大报告明确提出，“推进权力运行公开化、规范化，完善党务公开、政务公开、司法公开和各领域办事公开制度”。十八大修改并通过的党章中再次规定“党的各级组织要按规定实行党务公开”。2013 年党中央发布的《中央党内法规制定工作五年规划纲要（2013—2017 年）》首次提出“研究制定《中国共产党党务公开条例》，健全党内情况通报制度，增强党内生活透明度”。此后一段时期，新制定以及修订的《关于新形势下党内政治生活的若干准则》《中国共产党党内监督条例》《中共中央关于加强党内法规制度建设的意见》等均对党务公开制度作了原则性规定。2017 年《中国共产党党务公开条例（试行）》的出台标志着党务公开建设沿着制度化轨道迈出了一大步。新时期党务公开与党内民主的发展密不可分，一方面，党务公开可以保障党员的知情权，畅通党员的党内参与渠道，从而将党内民主落到实处。另一方面，党内民主又进一步推动党务公开的发展，是党务公开发展的力量源泉。

2. 党务公开的内涵

党章关于党务公开的表述为：“党的各级组织要按规定实行党务公开，使党员对党内事务有更多的了解和参与。”《中国共产党党务公开条例（试行）》第二条将党务界定为党的组织实施党的领导活动、加强党的建设的有关事务。第十条进一步规定党的地方组织应当公开“本地区经济社会发展部署安排、重大改革事项、重大民生措施等重大决策和推进落实情况，以及重大突发事件应急处置情况”。上述应当公开的内容为党组织领导经济社会发展、涉及人民群众生产生活的党务。因此，《中国共产党党务公开条例（试行）》所指的党务不仅包含党内治理事务，而且包含党对各方面工作进行领导的事务。

党内法规所规范的是党的领导和党的建设活动。[①]党务公开的内容当然应由相应的党内法规来规范，但是有诸多党内法规与党内规范性文件、党政联合发文规定了政务公开、校务公开、院务公开等内容。比如，《中国共产党政法工作条例》直接将“党务政务公开范围”作概括性表述，并未区分哪些政法工作情况属于党务范畴，哪些属于政务范畴。《党政机关国内公务接待管理规定》等党内法规则直接将党务活动资金管理与公务活动资金管理进行统一规定，并规定资金、资产、资源使用等情况应向社会公开。政务公开指的是政府对各项工作内容及进程予以公开，主要依据是《政府信息公开条例》。政务指的是行政机关在履行行政管理职能过程中制作或者获取的，以一定形式记录、保存的信息。如中共中央办公厅、国务院办公厅印发的《脱贫攻坚责任制实施办法》第十九条规定：“县级政府应当建立扶贫项目库，整合财政涉农资金，建立健全扶贫资金项目信息公开制度，对扶贫资金管理监督负首要责任。”再如中共中央办公厅、国务院办公厅印发《防范和惩治统计造假、弄虚作假督察工作规定》规定：“统计督察情况应当以适当方式向社会公开。”扶贫项目资金、督察和审计情况即属于中共中央办公厅、国务院办公厅印发的《关于全面推进政务公开工作的意见》中规定的政务的范畴。[②]

《中小学校领导人员管理暂行办法》第三十七条第二款规定了校务公开：“推进校务公开，注意发挥教职工（代表）大会、家长委员会等组织在学校民主管理方面的作用，畅通师生员工参与讨论学校事务的途径，拓宽表达意见的渠道。”《公立医院领导人员管理暂行办法》第四十一条第二款规定了院务公开：“推进院务公开，注意发挥职工代表大会等组织在医院民主管理方面的作用，畅通职工群众参与讨论医院事务的途径，拓宽表达意见的渠道。”《科研事业单位领导人员管理暂行办法》规定了院（所）务公开。通过上述梳理可以发现，规定政务公开、院务公开、校务公开等规范大都属于党绝对

---

① 宋功德、张文显主编：《党内法规学》，高等教育出版社2020年版，第17页。

② 《关于全面推进政务公开工作的意见》规定，“公开民生资金等分配使用情况，重点围绕实施精准扶贫、精准脱贫，加大扶贫对象、扶贫资金分配、扶贫资金使用等信息公开力度，接受社会监督”，“各级政府及其工作部门都要做好督查和审计发现问题及整改落实情况的公开”。

领导的事项、党政共同管理的事项、党管干部事项，而且以党政联合发文居多。

3. 党务公开的内容和范围

《中国共产党党员权利保障条例》明确，党组织应当按照规定确定党务公开的内容、方式和范围，保障党员及时了解党内事务。党组织和领导干部不按照规定公开党内事务，侵犯党员知情权，应当依规依纪追究责任。其中，“按照规定确定党务公开的内容、方式和范围”指的是按照《中国共产党党务公开条例（试行）》以及其他党内法规中关于党务公开内容和范围的相关规定。

党务公开主体可以分为三类：一是党的中央组织、地方组织、基层组织，二是党的纪律检查机关，三是党的工作机关、党委派出机关、党委直属事业单位、党组等。这三类主体基本上涵盖了党的各级各类组织，有利于实现全党党务公开工作全覆盖、无死角。《中国共产党党务公开条例（试行）》第十条、第十一条根据各级党组织领导和建设活动的特点，分别规定了党的地方组织、基层组织应当公开的内容。第十二条根据党的纪律检查机关作为党内监督专责机关的定位，围绕纪律检查机关的监督执纪工作、党建工作，规定了七项应当公开的内容。第十三条则不再使用“应当公开”的表述，而是要求结合实际确定“应当重点公开”的内容。党的工作机关和党委直属事业单位应当重点公开落实党委决策部署、开展党的工作情况；党委派出机关应当重点公开代表党委领导本地区、本领域、本行业、本系统党的工作情况；党组应当重点公开在本单位发挥领导作用和落实党建工作责任制情况。

《中国共产党党务公开条例（试行）》以专门性党内法规的形式确定了党务公开的内容，并以“其他应当公开的党务”作为兜底性条款。通过对2012年以来出台的条例以及规定的梳理可以发现，其他党内法规中关于党务公开的规定与《中国共产党党务公开条例（试行）》相互补充、相互衔接。《中国共产党政法工作条例》第三十一条第三款规定：“政法单位党组（党委）应当依法依规将政法工作情况纳入党务政务公开范围，依法有序推进审判执行公开、检务公开、警务公开、司法行政公开、狱（所）务公开，完善政法单位之间监督制约机制，确保政法工作在依法有效监督和约束环境下推进。”《中国共产党农村基层组织工作条例》第十九条第三款规定：“村级重大事项决策实行‘四议两公开’，即村党组织提议、村‘两委’会议商议、党员大会审议、村民会议或者村民代表会议决议，决议公开、实施结果公开。”《中国共产党巡视工作条例》第三十二条规定：“巡视进驻、反馈、整改等情况，应当以适当方式公开，接受党员、干部和人民群众监督。”《中国共产党党内监督条例》第十七条和第二十三条分别规定，“党组织主要负责人个人有关事项应当在党内一定范围公开，主动接受监督”，“述责述廉报告应当载入廉洁档案，并在一定范围内公开”。

根据党组织的职责权限、党务与党员和群众的关联程度等，党务公开的范围可以分为向社会公开，在全党公开，在本地区、本部门、本单位公开，对特定党的组织、党员和群众公开。领导经济社会发展、涉及人民群众生产生活的党务，向社会公开；涉及党的建设重大问题或者党员义务权利，需要全体党员普遍知悉和遵守执行的党务，在全党公开；各地区、各部门、各单位的党务，在本地区、本部门、本单位公开；涉及特定党的组织、党员和群众切身利益的党务，对特定党的组织、党员和群众公开。比如，对于巡视进驻、反馈、整改的情况不仅与党组织、党员领导干部履职尽责情况有关，而且关乎社会发展和重大民生问题，故中共中央纪律检查委员会、中华人民共和国监察委员会网站设置“巡视巡察”专栏，对中央巡视、省区市巡视、市县巡察的情况向全社会公布。《公务员平时考核办法（试行）》规定，“评定为好等次的公务员，应当在本机关范围内公开”。党政机关主要负责人个人事项与经济社会发展、人民群众生产生活没有直接关联，公开与否对群众的影响不大，因此仅需要在党内或者本单位一定范围内公开。

（三）信访举报制度

信访举报工作是党依靠人民群众开展反腐败工作的重要途径，是纪检监察机关获取问题线索的重要来源，是党内监督和群众监督相结合的重要方式。《中国共产党党内监督条例》第二十九条将信访举报处理制度作为纪律检查委员会的监督方式之一，对纪律检查机关处理信访举报、做好问题线索处置提出了明确要求。信访举报制度不仅关注纪律检查机关在接收信访举报后的分析、处置、整改等后半程的工作，且包含人民群众通过多种方式向纪委信访部门申诉和控告等，其发挥作用的整体流程为：人民群众的申诉和控告情况反映到纪委信访部门，信访部门受理后，梳理线索并分类处置，督促信访举报比较集中的地方和部门查找分析原因并认真整改。

1. 信访举报制度的发展历程

根据《宪法》第四十一条的规定，申诉、控告和检举是公民的一项宪法权利。一般认为，公民为了更好地实现个人利益，把自己的一部分权利让渡给国家或者集体形成公共权力，与此同时，公民个人还保留了部分权利以制约和影响公共权力，举报权就属于保留的权利。[①] 公民行使举报权等保留权利，以权利制约权力，成为对公权力进行监督的有效方式。

我国信访制度的建立已有五十多年的历史，是人民群众监督党和政府工作的重要方式。经过 1982 年出台的《党政机关信访工作暂行条例（草案）》等制度探索，1995 年作为行政法规的《信访条例》得以出台，标志着信访工作的制度化取得重大突破。[②] 党的十八大以来，为贯彻落实全面从严治党的决策部署，深入推动反腐倡廉建设，党和国家在畅通信访举报渠道、建立健全信访工作机制、加强信访制度建设等方面作出诸多尝试和努力。2022 年，中共中央、国务院发布《信访工作条例》，围绕新时代信访工作的体制机制、职责任务、处理程序、监督体系等进行顶层设计，构建群众提出批评、建议、申诉、控告或者检举的通道，信访工作的规范化法治化制度化水平全面提升。《中国共产党纪律检查机关控告申诉工作条例》与《中国共产党纪律检查机关案件检查工作条例》颁布已有三十余年，但仍然是纪律检查机关处理检举、控告工作的重要制度依据。前者重点对纪律检查受理对党员、党组织的检举、控告和党员、党组织的申诉等实体性内容

① 李沫、黄健：《我国纪检监察反腐举报制度的法律重塑——基于对举报信访化的反思》，载《湖南社会科学》2019 年第 6 期。

② 刁杰成编著：《人民信访史略》，北京经济学院出版社 1996 年版，第 282 页。

进行了规定，比如明确了受理的范围、受理机关的职责和工作要求、当事人的权利和义务等。后者重点对纪律检查机关处理检举、控告的流程等程序性内容进行了规定，比如明确案件检查工作分为受理和初步核实、立案、调查、移送审理等几个步骤。为贯彻党的十九大和十九届二中、三中、四中全会精神，拓宽党内监督和群众监督相结合的监督渠道，保障检举控告人监督权利，维护党员、干部合法权益，中共中央办公厅印发《纪检监察机关处理检举控告工作规则》规范了纪检监察机关处理检举控告的接收、受理、办理、处置程序，并对检举控告情况的综合运用、诬告陷害行为的查处等内容作了专门性规定，促进监督执纪执法权正确行使。

2. 信访举报的范围

根据《中国共产党纪律检查机关控告申诉工作条例》和《纪检监察机关处理检举控告工作规则》的有关规定，各级纪检监察机关受理人民群众信访举报的范围是：对党员、党组织违反党章和其他党内法规，违反党的路线、方针、政策和决议，利用职权谋取私利和其他败坏党风行为的检举、控告；对党组织、党员违反政治纪律、组织纪律、廉洁纪律、群众纪律、工作纪律、生活纪律等党的纪律行为的检举、控告；对监察对象不依法履职，违反秉公用权、廉洁从政从业以及道德操守等规定，涉嫌贪污贿赂、滥用职权、玩忽职守、权力寻租、利益输送、徇私舞弊以及浪费国家资财等职务违法、职务犯罪行为的检举、控告。纪检监察机关对反映的以下事项，不予受理：已经或者依法应当通过诉讼、仲裁、行政裁决、行政复议等途径解决的；依照有关规定，属于其他机关或者单位职责范围的；仅列举出违纪或者职务违法、职务犯罪行为名称但无实质内容的。

3. 信访举报线索处置

线索处置是纪律审查的源头和基础，要加强对反映领导干部问题线索的规范处理。党的十八大以来，中央纪委推进理念和实践创新，开展问题线索大起底，加强线索集中管理，分类处置问题线索。2013 年，中央纪委下发《关于切实加强和规范反映领导干部问题线索管理工作的通知》，要求各级纪检监察机关对问题线索全面清理，执行拟立案、初核、暂存、留存和了结 5

类处置标准。2014 年，调整了线索分类处置标准，调整后仍为五类，即拟立案、初核、谈话函询、暂存和了结。2015 年 1 月 12 日，中国共产党第十八届中央纪律检查委员会第五次全体会议上的工作报告再次提到对问题线索的处置标准，“强化问题线索管理，按照拟立案、初核、谈话函询、暂存、了结五类标准分类处置，定期清理、规范管理”。[①]

信访举报工作是监督执纪问责的第一道程序，纪律检查机关是党内监督专责机关，要及时发现问题、及时纠正问题，根据《中国共产党党内监督条例》第二十九条的规定，纪律检查机关应认真做好问题线索分类处置，提出处置意见和建议。第三十一条规定，接到对干部一般性违纪问题的反映，应当及时找本人核实，谈话提醒、约谈函询，让干部把问题讲清楚。约谈被反映人，可以与其所在党组织主要负责人一同进行；被反映人对函询问题的说明，应当由其所在党组织主要负责人签字后报上级纪委。谈话记录和函询回复应当认真核实，存档备查。没有发现问题的应当了结澄清，对不如实说明情况的给予严肃处理。

2017 年，在梳理、总结实践创新成果的基础上，《中国共产党纪律检查机关监督执纪工作规则（试行）》专章规定了“线索处置”，明确信访举报是问题线索来源的四条主要渠道之一，[②]并且将线索处置方式分为谈话函询、初步核实、暂存待查、予以了结四类。党的十九大对坚定不移全面从严治党作出战略部署，党的纪律检查体制改革和国家监察体制改革持续深化，对纪检监察机关依规依纪依法履职尽责提出了新的更高的要求。2019 年中共中央办公厅印发的《中国共产党纪律检查机关监督执纪工作规则》规定，纪检监察机关应当加强对问题线索的集中管理、分类处置、定期清理。信访举报部门归口受理同级党委管理的党组织和党员、干部以及监察对象涉

---

① 《依法治国　依规治党　坚定不移推进党风廉政建设和反腐败斗争——在中国共产党第十八届中央纪律检查委员会第五次全体会议上的工作报告》，载共产党员网，http://news.12371.cn/2015/01/29/ARTI1422537103100628.shtml，最后访问日期：2024 年 3 月 14 日。

② 其余三条渠道分别为：纪检机关监督执纪过程中发现的问题线索，如被审查人和其他涉案人员检举、揭发的问题线索；巡视组移交的违纪问题线索；其他单位移交的问题线索，主要包括审计署审计要情反映，以及其他行政、司法机关移交的问题线索等。

嫌违纪或者职务违法、职务犯罪问题的信访举报，统一接收有关纪检监察机关、派驻或者派出机构以及其他单位移交的相关信访举报，移送本机关有关部门，深入分析信访形势，及时反映损害群众最关心、最直接、最现实的利益问题。

（四）检举揭发制度

检举、揭发、批评是我党实行党内监督的重要手段，开展民主监督是党员必须履行的监督义务，也是需要党员积极行使的权利。这一权利对于促进党员积极关心和维护党的利益，及时发现和处理重大问题，使党的路线、方针、政策得以顺利贯彻执行，使党的组织和党的干部受到自下而上的监督，保持党的先进性和纯洁性，增强党的战斗力，具有十分重要的意义。

1. 检举揭发制度的规范依据

“向党负责地揭发、检举党的任何组织和任何党员违法乱纪的事实”，是党章规定的党员权利。《信访工作条例》第三十条第一款明确规定，“对信访人提出的检举控告类事项，纪检监察机关或者有权处理的机关、单位应当依规依纪依法接收、受理、办理和反馈”。《中国共产党党内监督条例》第三十六条将党员“向党负责地揭发、检举党的任何组织和任何党员违纪违法的事实，坚决反对一切派别活动和小集团活动，同腐败现象作坚决斗争”，作为党员履行的监督义务之一。根据《中国共产党党内监督条例》的相关规定，信访举报的主体是人民群众，检举、揭发的主体是党员；信访举报的内容可以是党组织、党员违反党规党纪的行为，也可以是对党风廉政建设和纪检监察工作的意见、建议等。检举、揭发的内容是党组织、党员违纪违法的事实。《关于新形势下党内政治生活的若干准则》规定：“党员有权向党负责地揭发、检举党的任何组织和任何党员违纪违法的事实，提倡实名举报。党员有权在党的会议上有根据地批评党的任何组织和任何党员。”《中国共产党党员权利保障条例》对党员的党内监督权作了进一步规定，党员“有权在党的会议上以口头或者书面方式有根据地批评党的任何组织和任何党员，揭露、要求纠正工作中存在的缺点和问题”，“党员有权向党组织负责地揭发、检举党的任何组织和任何党员的违纪违法事实，提出处理、处分有违纪违法行为党组织和党员的要求。”因此，揭发、检举与提出批评意见所针对的现象存在差异。

2. 检举揭发的方式

党员进行批评、揭发、检举以及提出处理、处分要求，应当通过组织渠道，不得随意扩散传播、网络散布，不得夸大和歪曲事实，更不得捏造事实、诬告陷害。对于诬告陷害行为，党组织应当依规依纪严肃处理。对于经核查认定党员受到失实检举控告、确有必要澄清的，应当按照规定对检举控告失实的具体问题进行澄清，并在一定范围内澄清。《中国共产党党内监督条例》规定，党的基层组织应监督党员切实履行义务，保障党员权利不受侵犯，并及时了解党员、群众对党的工作和党的领导干部的批评和意见，定期向上级党组织反映情况，提出意见和建议。因此，“组织渠道”指的是通过党的会议，或者是基层党组织通过党的组织生活等途径了解后向上级党组织反映。与之不同的是，群众信访举报的途径与形式多种多样，除了传统的走访形式以外，还可以通过写检举信、控告信、申诉信，将检举、控告及申诉的问题通过书信的形式寄给纪检监察机关；也可以采取电话举报、来访举报或者网上举报的方式。

3. 党员监督权的保障措施

在赋予党员检举、揭发、批评等党内监督权的同时，《中国共产党党内监督条例》《中国共产党党员权利保障条例》《中国共产党纪律处分条例》等党内法规从制度设计上完善了保障措施。党章规定“严格禁止打击报复和诬告陷害”。《中国共产党党内监督条例》第四十三条规定：“党组织应当保障党员知情权和监督权，鼓励和支持党员在党内监督中发挥积极作用。提倡署真实姓名反映违纪事实，党组织应当为检举控告者严格保密，并以适当方式向其反馈办理情况。对干扰妨碍监督、打击报复监督者的，依纪严肃处理。”《中国共产党党员权利保障条例》第三十二条第二款规定：“党组织应当保障检举控告人的权益，对检举控告人的信息以及检举控告内容必须严格保密，严禁将检举控告材料转给被检举控告的组织和人员。提倡和鼓励实名检举控告，对实名检举控告优先办理、优先处置，告知受理情况、反馈处理结果；对于检举控告严重违纪违法问题经查证属实的，应当给予表扬。"《中国共产党纪律处分条例》将“对批评、检举、控告进行阻挠、压制，或者将批评、检举、控告材料私自扣压、销毁，或者故意将其泄露给他人”的行为定性为违反党的组织纪律的行为，并且规定对该类行为要按照本条例第八十八条的规定从重或者加重处分。

此外，《纪检监察机关处理检举控告工作规则》《中国共产党纪律检查机关控告申诉工作条例》等党内法规也对人民群众检举控告权规定了相应的保障措施，纪检监察机关提倡、鼓励实名检举控告，对实名检举控告优先办理、优先处置、给予答复。归纳起来，对党员、人民群众党内监督权的保障措施主要包含以下三种：一是鼓励措施。支持和鼓励举报、控告、揭发、检举人署真实姓名，并且对所检举控告问题查证属实的，给予表扬或者奖励。二是保密措施。对揭发、检举人以及揭发、检举的内容严格保密，严禁将检举控告材料转给被检举、控告的组织和人员。三是处分措施。严禁对揭发、检举人和控告人歧视、刁难和压制，严禁各种形式的打击报复。

第四章

党内激励的基本手段

党内激励机制是一项需要不断加以探索、完善和深化的复杂工程。从奖惩并举的角度看，党员不仅需要规范约束，也需要奖赏激励，两者相辅相成、缺一不可。党的十八大以来，在全面从严治党不断向纵深推进的同时，为避免出现领导干部不担当、不作为、慢作为等问题，党中央鲜明提出严管和厚爱结合、激励和约束并重的新要求，制定了关于表彰奖励、关怀帮扶、容错纠错等方面的一系列党内法规。《中国共产党党内功勋荣誉表彰条例》《中国共产党党内帮扶办法》《关于进一步激励广大干部新时代新担当新作为的意见》等党内法规和规范性文件，为党组织工作活动和党员行为提供强大示范引领和推动作用，充分调动和激发了干部队伍的积极性、主动性、创造性，激励广大干部在新时代担当新使命、展现新作为。本章在阐述党内激励的内涵、必要性、功能等基本理论的基础上，重点就表彰奖励、关怀帮扶、容错纠错三种正向激励手段进行论述。

一、党内激励的基本理论

党的十八大以来，随着全面从严治党的强力推进，干部“乱作为”现象得到很大遏制，但是干部队伍中能力不足“不能为”，动力不足“不想为”，担当不足“不敢为”的问题仍然存在。要充分发挥基层党组织的战斗堡垒作用和共产党员的先锋模范作用，就要对不作为、慢作为和乱作为的情况严肃问责，同时要建立健全容错纠错机制，激励广大党员干部敢担当、有作为。[①] 在深入推进从严管理干部的同时，如何积极构建推动干部勤勉干事、担当干事、激情干事的激励保障特别是容错纠错机制，成为摆在各级党组织面前的一个重大课题。2016 年 1 月 18 日，习近平总书记在省部级主要领导干部学习贯彻党的十八届五中全会精神专题研讨班上强调，为解决一些干部“为官不为”这一突出问题，要把严格管理干部和热情关心干部结合起来，推动广大干部心情舒畅、充满信心，积极作为、敢于担当，并且进一步明确要严格执行“三区分”。[②] 在这一背景下，党的十九大提出了“坚持严管和厚爱结合、激励和约束并重”“建立激励机制和容错纠错机制”，进一步激发广大党员干部干事创业的积极性。

（一）党内激励的内涵及功能

党内激励主要是指为了最大限度地调动党内激励对象的积极性和激发党内的生机活力，通过表彰表扬、关怀帮扶、容错纠错等方式发挥正向激励、推动作用的党内监督保障措施。根据功能作用，党的监督保障法规可以分为监督类党内法规、激励类党内法规、保障类党内法规。[③] 激励类党内法规不仅是给予党员、干部、党组织精神、物质、职务晋升等表彰奖励方面的党内法规，还包括在功能意义上可以激发党员、干部的积极性、主动性、创造性的一切手段与措施的党内法规。党内关怀帮扶制度对党员干部基于政治上激励、工作上支持、待遇上保障、心理上关怀，通过关心、引导、帮助等多种

---

① 樊莉莉:《全面从严治党与加强党内关怀激励》，载《党政论坛》2018 年第 1 期。

② “要把严格管理干部和热情关心干部结合起来，既要求干部自觉履行组织赋予的各项职责，严格按照党的原则、纪律、规矩办事，不滥用权力、违纪违法，又对干部政治上激励、工作上支持、待遇上保障、心理上关怀，让广大干部安心、安身、安业，推动广大干部心情舒畅、充满信心，积极作为、敢于担当。要把干部在推进改革中因缺乏经验、先行先试出现的失误和错误，同明知故犯的违纪违法行为区分开来；把上级尚无明确限制的探索性试验中的失误和错误，同上级明令禁止后依然我行我素的违纪违法行为区分开来；把为推动发展的无意过失，同为谋取私利的违纪违法行为区分开来，保护那些作风正派又敢作敢为、锐意进取的干部，最大限度调动广大干部的积极性、主动性、创造性，激励他们更好带领群众干事创业，确保如期全面建成小康社会，不断开创社会主义现代化建设新局面。”详见《习近平在省部级主要领导干部学习贯彻党的十八届五中全会精神专题研讨班上的讲话》，载《人民日报》2016 年 5 月 10 日，第 2 版。

③ 宋功德、张文显主编:《党内法规学》，高等教育出版社 2020 年版，第 234 页。

方式，实现激励、发展个体的效果。容错纠错制度通过保护担当者、宽容失误者、支持干事者，营造想干事、能干事、干成事的浓厚氛围，激励干部敢闯敢试。因此，表彰奖励、关怀帮扶、容错纠错等具体制度是党内激励的基本手段，三者通过不同的着力点共同实现党内激励效应。

为规范表彰奖励、关怀帮扶、容错纠错等党内激励手段，实现党内激励机制的良性运转，使之发挥最大效益，结合各级党组织推进党内激励制度建设的实践探索，形成了涵盖精神激励制度、物质激励制度、典型激励制度、情感激励制度、惩戒激励制度等基本面的党内激励制度体系。[①] 精神激励制度是指从党员渴望被组织承认和认可的需要出发，着力满足党员心理追求、精神追求的奖励措施及办法。主要方式包含：授予先进称号的荣誉激励、给予表扬的嘉奖激励、评定功绩的立功奖励等。物质激励制度是通过给予党员、干部一定物质形态的奖励以适度满足其对物质利益的渴求，进而在此基础上达到刺激其保持工作热情的奖励。典型激励制度就是激励党员、干部以先进典型为榜样，对照先进典型“比学赶超”干事创业的制度设计。情感激励制度是指党内激励主体加强与党员的情感沟通，尊重党员、关心党员、信任党员，以激发党员积极性的制度。惩戒激励制度是党内激励主体运用批评、惩处、降职或免职等手段，防止或抑制党员的不良行为，促使党员认识和改正错误，重新奋发进取的一种激励制度。在党内激励制度体系中，各制度之间往往不是并列的，存在主次之分。因此，在具体适用时，要结合具体情况，选择最有效的激励途径。

激励与约束相辅相成，缺一不可。“为中国人民谋幸福，为中华民族谋复兴”是中国共产党初心与使命的集中表达和高度凝练。历史和现实一再表明，中国共产党以实现共产主义作为最高奋斗目标，以实现和服务于最广大人民群众根本利益作为根本价值追求，具有使命型政党的特殊品质。[②] 但是，强调使命型政党的特殊性并不是否认中国共产党不具有一般意义上政治

① 张书林：《论党内激励制度的体系架构》，载《中共福建省委党校学报》2015 年第 5 期。

② 赵可金：《论社会主义现代化强国与使命型政党》，载《人民论坛·学术前沿》2021 年第 1 期。

组织的共性。“激励问题是所有组织有效运行的核心问题”，[①] 中国共产党作为现代化组织，同样需要党内激励以激发政党的活力与生命力。激励是政党发展的动力支撑。组织激励可以为中国共产党党内激励制度的逻辑分析提供理论基础，但组织激励并不能完全涵盖党内激励的内容和目标。从激励目标来看，组织激励强调通过找准影响组织成员的行为机制实现对成员行为有效性规范，从而实现组织利益最大化。党内激励的目的是“充分调动各级党组织和党员的积极性、创造性，更好地履行党员和组织义务，更好地服务人民群众”。[②] 这决定了党内激励的目标导向是伴随党的执政的目标调整而不断调适的，也决定了单纯的物质奖励并不完全适用于党内激励。从激励对象来看，组织激励对象是具有追求物质需要或精神需要自然属性的现实人。党内激励的对象是履行党员义务、服务人民群众的普通党员和党员干部，正如邓小平所强调，“从根本上说，我们共产党员不是为奖励而工作的。我们是为人民群众的利益而工作。当我们的工作是正确的努力的，因而我们得到了人民群众的信任的时候，这对于共产党员说来，就是最高的奖励”。[③] 从激励制度来看，组织激励对组织成员的某种符合组织期望的行为反复强化、不断增强，以组织惯例或者组织内部规章文件的形式规范化和相对固定化。党内激励必然是制度化的激励机制，即通过已有制度和创设新的制度对党组织、党员、领导干部进行科学管理和有效整顿。

根据作用方式的不同，党内激励制度可以划分为正向激励制度和负向激励制度，正向激励制度是党内激励制度的主要组成部分，负向激励是指党组织运用批评、惩处、降职或免职等手段对党员进行激励的各项制度的有机统一体，是对表彰、奖励和晋升等正向激励的有益补充。因此，党内激励制度的路径选择是以激励与规制相结合的方式展开，二者相互联系、相互影响，从而形成完善的党内激励制度，实现党内激励渠道的多元化。[④] 根据激励功

---

① 魏姝：《中国官员激励机制的发展与改革》，载《江苏行政学院学报》2013年第4期。

② 温敬元：《党内激励机制的制度设计阐释》，载《科学社会主义》2012年第2期。

③ 《邓小平文选》（第一卷），人民出版社1994年版，第250页。

④ 张平、赵昊杰：《论党内激励的逻辑要素及推进路径》，载《理论导刊》2018年第9期。

能发挥的形式不同，激励又可以分为显性激励与隐性激励。激励理论认为，显性激励是指在契约关系中，激励方以相关条款规定工作指标，并明确以奖金、物质报酬等为激励形式的激励机制；隐性激励则是未能明确写进契约，但又对激励相对方起实质激励作用的柔性报酬，如个人价值、声誉口碑的提升等。[①] 一方面，通过在实践中运用党内法规文本中的规定，获得现实上的奖励；另一方面，通过党内法规规定激励措施与手段，激发党员、干部依规依纪作为，以获得奖励的期望。因此，党内激励制度是通过显性激励与隐性激励相结合的方式发挥激发党员主动性、积极性、创造性的功能。

（二）党内激励的制度依据

党内法规制度是管党治党的重要依据，也是做好党内激励工作的根本遵循。在推进党的建设新的伟大工程中，只有建立起完善的党内激励关怀容错制度，厘清激励关怀容错的边界和效度，使党内激励工作有法可依、有据可循，运行在法规轨道上，才能有效激励广大党员进一步坚定理想信念，树立正确的行为动机，充分发挥积极性、主动性和创造性。党内激励的制度依据可以分为基本制度依据、主要制度依据、具体制度依据、配套性制度依据四类。

1. 基本制度依据

党内激励的基本制度依据为《关于新形势下党内政治生活的若干准则》《党政领导干部考核工作条例》等对表彰奖励、关怀帮扶、容错纠错党内激励制度进行概括性规范的党内法规。《关于新形势下党内政治生活的若干准则》要求，对干部必须既严格教育、严格管理、严格监督，又在政治上、思想上、工作上、生活上真诚关爱，建立容错纠错机制，宽容干部在工作中特别是改革创新中的失误，鼓励干部干事创业、大胆作为。《党政领导干部考核工作条例》在"考核结果确定"和"考核结果运用"章节中规定，要坚持

---

① 王勇：《激励法学视角下的党内关怀帮扶法规研究》，载《党内法规理论研究》2019 年第 2 期。

严管和厚爱结合、激励和约束并重，并把综合研判作为前置环节，经过综合分析形成明确的考核结果，区分优良中差，并按照“三个区分开来”的要求对干部容错纠错。强化考用结合，对把考核结果与选拔任用、培养教育、管理监督、激励约束、问责追责等结合起来作出细化规定，树立正确导向。基本制度依据的特点为：一是基本制度依据所主要规范的领域或工作内容并非党内激励制度，仅在对全体党员、干部或某一重要方面工作进行全面规范时对涉及的相关制度进行概括性规定。与之相区别的，主要制度依据则是直接以某一党内激励制度为主要内容。二是基本制度依据所涉及的党内激励制度在全党范围内适用，与之相区别的，具体制度依据限制于某一领域和范围，比如国有企业、党和国家机关基层组织等。

2. 主要制度依据

党内激励的主要制度依据为《中国共产党党内功勋荣誉表彰条例》《中国共产党党内关怀帮扶办法》《推进领导干部能上能下若干规定（试行）》《关于进一步激励广大干部新时代新担当新作为的意见》等对党内激励具体制度进行规范的党内法规及党内规范性文件。

党的十八大以来，习近平总书记多次对党和国家功勋荣誉表彰工作作出重要指示，强调要充分发挥党和国家功勋荣誉表彰的精神引领、典型示范作用，推动全社会形成见贤思齐、崇尚英雄、争做先锋的良好氛围。2017 年，由党和国家功勋荣誉表彰工作委员会制定的《中国共产党党内功勋荣誉表彰条例》《国家功勋荣誉表彰条例》《军队功勋荣誉表彰条例》《“共和国勋章”和国家荣誉称号授予办法》《“七一勋章”授予办法》《“八一勋章”授予办法》《“友谊勋章”授予办法》，由中共中央批准实施。我国建立党、国家、军队功勋簿，确立了以“五章一簿”为主干的统一、规范、权威的功勋荣誉表彰制度体系。其中《中国共产党党内功勋荣誉表彰条例》是根据中共中央印发的《关于建立健全党和国家功勋荣誉表彰制度的意见》制定的，该条例系统规定了党内功勋荣誉表彰的分类、授予或设立的条件、程序以及受到功勋荣誉表彰的待遇与考核。因此，《中国共产党党内功勋荣誉表彰条例》是功勋荣誉表彰制度的主干性制度依据。

注重党内关怀帮扶是我们党的政治优势和优良传统。党的十七大报告首次提出要建立健全党内激励、关怀、帮扶机制，党的十九大报告重申了这一基本要求，2018 年 2 月，中共中央印发《中央党内法规制定工作第二个五年规划（2018—2022 年）》，其中明确提出要制定党内关怀帮扶办法。2019 年，《中国共产党党内关怀帮扶办法》发布，至此，党内关怀帮扶制度的顶层设计正式以党内法规的形式得以确立，为指导各地党内关怀帮扶制度建设指明方向。开展党内关怀帮扶，应当注重政治上激励、工作上支持、待遇上保障、心理上关怀。该办法规定了党内关怀帮扶的方式方法、重点对象和组织领导三个方面的内容，成为党内关怀帮扶制度的主要制度依据。

有为有位能上能下的用人机制，是培养选拔新时代党和人民需要好干部的现实需要。习近平总书记在中央政治局第二十一次集体学习时强调，要“推动形成能者上、优者奖、庸者下、劣者汰的正确导向”。[①]“优者奖”，是新时代进一步激励广大干部新担当新作为的新导向新部署。《关于进一步激励广大干部新时代新担当新作为的意见》坚持正向激励主基调，通过进一步完善干部考核评价机制，建立健全“三个区分开来”的容错纠错机制，坚持严格管理和关心信任党员干部，大力宣传改革创新、干事创业的先进典型，激励广大干部在新时代担当新使命、展现新作为。

3. 具体制度依据

党内激励的具体制度依据是《中国共产党统一战线工作条例》《中国共产党党和国家机关基层组织工作条例》《中国共产党农村工作条例》《中国共产党党员教育管理工作条例》《中国共产党党员权利保障条例》《地方党政领导干部食品安全责任制规定》等在某一特定领域和范围内规定党内激励制度适用的党内法规。表彰奖励制度、容错纠错制度一般规定在党内法规的“监督和保障”和“考核监督”章节，关怀帮扶制度一般规定在党内法规的“党员队伍建设”和“日常管理”章节。比如，《中国共产党统一战线工作条例》

---

① 习近平：《贯彻落实新时代党的组织路线　不断把党建设得更加坚强有力》，载人民网，http://jhsjk.people.cn/article/31805844，最后访问日期：2024 年 5 月 31 日。

在“保障和监督”章第五十七条规定:“对统一战线工作先进集体和先进个人，按照有关规定给予表彰奖励。”《中国共产党农村工作条例》在“考核监督”章第三十三条规定:“各级党委应当建立激励机制，鼓励干部敢于担当作为、勇于改革创新、乐于奉献为民，按照规定表彰和奖励在农村工作中作出突出贡献的集体和个人。”《中国共产党国有企业基层组织工作条例（试行）》在“党员队伍建设”章第二十条第二款规定:“从政治、思想、工作、生活上关心关爱党员，建立健全党内关怀帮扶机制，在重要节日、纪念日等走访慰问功勋荣誉表彰奖励获得者，经常联系关心因公伤残党员、老党员、生活困难党员和因公殉职、牺牲党员的家庭，帮助解决实际问题。”《中国共产党党员教育管理工作条例》在第四章“党员日常教育管理主要方式”第二十三条第一款规定:“党组织应当坚持从严教育管理和热情关心爱护相统一，从政治、思想、工作、生活上激励关怀帮扶党员。”

4. 配套制度依据

配套制度依据是为保障或推动基本、主要、具体制度实施，真正使党内激励制度落地生根，发挥激励效用的党内法规或党内规范性文件。配套制度依据可以分为两类:一是各地为贯彻实施某一具体党内法规而出台的实施细则或办法;二是其他党内法规中所涉及的相关内容，可以成为党内激励制度实施的依据或参考。前者如为贯彻落实中央出台的《推进领导干部能上能下若干规定（试行）》，湖北、甘肃、浙江、青海等多个省份也先后出台了“能上能下”细则。[①] 地方细则在参照中央意见的基础上，针对当地问题紧贴现实、切中要害，制定了更加细化的实施细则，无疑提高了《推进领导干部能上能下若干规定（试行）》在实施过程中的可操作性，使“能上能下”成为解决地方顽疾的利器。比如，空气治理是河北生态环保工作的重中之重。河北出台的“能上能下”实施意见则将“空气污染治理不力、连续两年未完成PM2.5年度下降指标任务”列为对领导干部实行问责或调整的情形之一。“扶

---

① 《中央有规定、地方出细则，干部“能上能下”动真格》，载共产党员网，http://news.12371.cn/2016/04/15/ARTI1460666337533221.shtml，最后访问日期:2024年2月25日。

贫”是甘肃提拔重用干部的特色指标，“执行党的民族宗教政策及维护稳定等纪律要求”是宁夏、青海干部“能上能下”的重要标准和依据。[①] 后者如《党委（党组）落实全面从严治党主体责任规定》《党政主要领导干部和国有企事业单位主要领导人员经济责任审计规定》分别将落实全面从严治党责任考核结果、经济责任审计结果以及整改情况作为考核、任免、奖惩领导干部的重要参考。

二、表彰奖励

所谓表彰奖励就是采取适当的形式对党员、干部、党组织进行刺激鼓励，以不断增强和激发其积极性、主动性、创造性。主要表现形态为：功勋荣誉表彰、职务职级晋升、物质奖励等。

（一）表彰奖励典型案例解析

党内激励制度是一项需要不断加以探索、完善和深化的复杂工程。根据精神激励与物质激励相结合的原则，党内激励制度在实践中不断创新、发展，让每一名党员都能感受到党组织的关怀和鼓励。

1. 功勋荣誉表彰典型案例

全国脱贫攻坚总结表彰大会于 2021 年 2 月 25 日上午在北京人民大会堂隆重举行。中共中央总书记、国家主席、中央军委主席习近平向全国脱贫攻坚楷模荣誉称号获得者颁奖并发表重要讲话。大会对全国脱贫攻坚先进个人、先进集体进行表彰。时任中共中央政治局常委、全国政协主席汪洋宣读《中共中央、国务院关于授予全国脱贫攻坚楷模荣誉称号的决定》以及《中共中央、国务院关于表彰全国脱贫攻坚先进个人和先进集体的决定》。

为隆重表彰激励先进，大力弘扬民族精神、时代精神和脱贫攻坚精神，充分激发全党全国各族人民干事创业的责任感、使命感、荣誉感，汇聚更强

---

① 潘旭涛、范琛炜、侯钦腾：《干部“能上能下”来真的了》，载中国共产党新闻网，http://renshi.people.com.cn/n1/2016/0415/c139617-28278985.html，最后访问日期：2024 年 7 月 1 日。

大的力量推进全面建设社会主义现代化国家，党中央、国务院决定，授予毛相林等10名同志，河北省塞罕坝机械林场等10个集体“全国脱贫攻坚楷模”荣誉称号。为隆重表彰在脱贫攻坚历史进程中涌现出的先进个人和先进集体，在全社会营造崇尚先进、学习先进、争当先进、赶超先进的浓厚氛围，党中央、国务院决定，授予康柏利等1981名同志“全国脱贫攻坚先进个人”称号；授予北京首农供应链管理有限公司等1501个集体“全国脱贫攻坚先进集体”称号。习近平总书记向全国脱贫攻坚楷模荣誉称号获得者、先进个人和先进集体代表颁授奖章、证书、奖牌。①

根据《中国共产党党内功勋荣誉表彰条例》《“七一勋章”授予办法》等党内法规规定，党内功勋荣誉表彰是指通过授予勋章、荣誉称号，树立先进典型，表彰以及颁发纪念章等形式对党员、党组织等进行褒奖。功勋荣誉表彰可以充分发挥先进典型表率示范作用，激励广大党员和党组织奋发进取、创先争优，增强党的创造力、凝聚力、战斗力，保持发展党的先进性和纯洁性。

在荣誉称号名称选用上，全国脱贫攻坚表彰大会是党中央设立的表彰项目，可以冠以“全国”的称谓，这表明表彰层级为全国性而非地区、系统、单位的表彰。在激励方式上，全国脱贫攻坚表彰采取举行表彰大会的形式，授予荣誉称号，颁发奖章、证书、奖牌。这是依据《中国共产党党内功勋荣誉表彰条例》第二十条“开展表彰的党组织一般应当举行表彰大会，颁布表彰决定，对获得表彰的党员颁发证书，可以同时颁发奖章；对获得表彰的党组织颁发证书、奖牌”的规定进行表彰奖励的。在表彰形式上，全国脱贫攻坚采取公开表彰的方式，召开表彰大会公布结果、宣读表彰决定、实施表彰行为“一个都不少”。如此受表彰的党员渴望被广泛认可和赞赏的心理预期得到了充分满足，其他党员从中也会深受教育、启发和鼓舞。在模范典型宣传上，党中央号召，全党全国各族人民要向全国脱贫攻坚先进个人和先进集体学习，并且表彰大会的实况由中央广播电视总台、新华网对大会进行现场直

① 《全国脱贫攻坚总结表彰大会直播实录》，载新华网，http://www.xinhuanet.com/politics/tpgjzjbz/index.htm，最后访问日期：2024年3月15日。

播，人民网、央视网、中国网等中央重点新闻网站和人民日报客户端、新华社客户端、央视新闻客户端等新媒体平台同步转播。将先进模范典型推向党外、推向社会可以实现党内激励效应最大化。一方面，将通过扩展党内先进模范典型精神激励的广度、范围和领域，让更多的群众认知和熟悉党内先进典型的事迹，增强受表彰者的荣誉感、自豪感，以利于其持续保持和强化创先争优意识。另一方面，将党内的先进模范典型扩展到党外、放置到群众中，可以发挥先进模范典型以其模范言语与行动引领和带动群众一起进步的作用。

2. 职务职级晋升典型案例

2020 年 2 月，为贯彻落实中央指导组在湖北武汉督导疫情防控工作要求，武汉市在疫情防控一线考察识别干部，对优秀的干部火线提拔，对不合格的干部火速问责。截至 2 月 21 日，武汉启动火线提拔干部工作仅 8 天，已火线提拔干部 20 名、火线发展党员 34 人；纪检监察机关共查处问题 385 个、问责处理 620 人，涉局级干部 6 人、处级干部 127 人。[①] 中央指导组副组长、中央政法委秘书长坐镇武汉，督导疫情防控工作中的抓激励问责落实情况，武汉市专门发文要求“对奋战在疫情防控艰苦危险岗位、表现特别优秀的可以按规定火线提拔、破格提拔”。[②]

武汉市委组织部、武汉市人力资源和社会保障局联合印发《关于做好在打赢疫情防控阻击战中及时奖励工作的通知》，以激励更多党员干部在战“疫”中冲锋陷阵、拼搏奉献。奖励分为个人奖励和集体奖励，以广大干部职工在抗击疫情中的业绩贡献作为主要衡量标准，注重奖励和激励在此次疫情防控工作基层一线的工作人员和集体。对在疫情防控斗争中表现优秀、业绩突出、群众公认的干部，结合一贯表现，适当简化程序，优先提拔重用或晋升职级；对奋战在疫情防控艰苦危险岗位以及表现特别优秀的可以按规定

① 《将战“疫”进行到底！写在武汉疫情防控的关键阶段》，载中央纪委国家监委网站，http://www.ccdi.gov.cn/yaowen/202002/t20200223_212053.html，最后访问日期：2024 年 3 月 14 日。

② 《武汉出台疫情防控阻击战中及时奖励政策 表现突出贡献大的集体和个人将获嘉奖》，载武汉市人民政府网站，https://www.wuhan.gov.cn/sy/whyw/202003/t20200316_960842.shtml，最后访问日期：2024 年 8 月 10 日。

火线提拔、破格提拔。

根据《党政领导干部选拔任用工作条例》《党政领导干部考核工作条例》《中央企业领导人员管理规定》等党内法规的规定，各级党委（党组）要坚持新时期好干部标准，按照德才兼备、以德为先原则，大力选拔任用信念坚定、为民服务、勤政务实、敢于担当、清正廉洁，模范履行党员各项义务的干部，发挥选好人、用对人的正向激励作用，鼓励广大干部干事创业、大胆作为。火线提拔是依据党员、领导干部在工作一线的表现，适用简易程序晋升职务职级的方式。火线提拔是在工作一线选用干部的一种方式，也是一种激励手段，只有在特定时期、特定情形下才会采用。

在提拔人选和依据上，火线提拔要突出“破格”二字，把提拔人选限定在战疫一线特别是危险岗位的基层干部和下沉干部，把提拔的条件限定为在危难时刻敢于挺身而出，经受住考验，表现优秀、业绩突出、群众公认的干部。在提拔的程序上，火线提拔适用简易程序对党员、干部进行全面考核与快速提拔，但是“快速”并非“仓促”,“简化”绝非“带病提拔”,“对党忠诚、个人干净、敢于担当”与我党好干部标准一脉相承。同时，抓激励动真格，抓问责也绝不手软，火线提拔干部与火速问责是相对应的，有为有位、能上能下的用人机制，是培养选拔新时代党和人民需要好干部的现实需要。

3. 物质奖励典型案例

2008 年 12 月，在中央组织部召开的全国农村基层组织建设工作座谈会上，推开了河北省张家口市探索形成的“一定三有”农村基层党员干部激励模式。张家口市建立了“基础职务补贴 + 绩效补贴 + 集体经济创收奖励”的结构补贴制度，市级财政投入 3000 万元，其中 2100 万元用于村干部基本报酬。全市 20 个县（区）全部兑现落实了按照不低于当地劳动力平均收入水平确定村党支部书记（村委会主任）报酬待遇的政策，最低标准为 6338 元 / 年，最高标准 8704 元 / 年，其他村干部的报酬相当于村党支部书记的 60%。建立完善村干部职务补贴正常增长机制，根据农民人均纯收入自然增长情况，农村“两委”干部职务补贴均按 2010 年本村农民人均纯收入 2 倍进行了调整。加大对发展村集体经济作出贡献的村支部书记、村民委员会主任奖励力度，年终一次性奖金不低于集体收入增幅的10%，最高额不超过30万元。提供创先争优奖励，连续4年每年拿出100万元对市级“一好双强”村党组织书记给予重奖。建立了村干部正常离任生活补助制度，县区财政投入资金2390万元，为1.5万名村干部办理养老保险，平均每人每年600元至1200元。每年组织村支部书记、村民委员会主任进行健康体检，“七一”、春节对年老、有病、生活困难的村干部进行走访慰问。[①]

物质奖励就是对表现优秀且有突出贡献的党员进行工资、奖金和实物等激励，以满足党员个人物质利益需求。根据《党政领导干部考核工作条例》的相关规定，依据考核结果认定领导班子作出重要贡献的，按照有关规定记功、授予称号，给予物质奖励；依据考核结果认定领导干部作出重大贡献的，可以按照有关规定记功、授予称号，给予物质奖励；领导干部年度考核结果为称职及以上等次的，按照有关规定享受年度考核奖金、晋升工资级别和级别工资档次。坚持精神奖励与物质奖励相结合，才能实现注重从物质上奖励保障优秀干部，落实好培训、体检、休假等相关待遇，尤其对家庭困难的要做好慰问帮扶，解除后顾之忧，让其轻装上阵干事创业。

张家口市“一定三有”激励模式采取工资待遇奖励与福利待遇奖励相结合的方式。在工作报酬方面，村党支部书记、村委会主任及其他基层干部的基本报酬按照不低于当地农村劳动力的平均收入水平的原则确定；在工作奖励方面，工资之外根据工作业绩情况给予适当的经济奖励，设置年终一次性奖金、创先争优奖金等；在福利待遇方面，实现老有所养，参照企业职工养老保险办法，积极为村“两委”干部办理基本养老保险。张家口市的奖励模式体现了党内物质激励的程度与党员的贡献大小相当：党员的贡献越大，他所得的物质奖励就越多；相反，得到的物质奖励就越少。物质激励要“师出有名、要名正言顺”，不能搞平均主义、不能奖励过度，正如邓小平同志指出：“我们实行精神鼓励为主、物质鼓励为辅的方针。颁发奖牌、奖状是精神

① 《张家口市健全“一定三有”经费保障机制》，载河北新闻网，http://zjk.hebnews.cn/2012-09/12/content_2846089.htm，最后访问日期：2024年3月10日。

鼓励，是一种政治上的荣誉。这是必要的。但物质鼓励也不能缺少。”[①]

（二）表彰奖励的对象与种类

根据《党政领导干部考核工作条例》《中国共产党党内功勋荣誉表彰条例》《中国共产党统一战线工作条例》《中国共产党农村工作条例》等关于表彰奖励制度的相关规定，表彰奖励制度的对象为党员、党组织、党的领导干部、国家机关领导干部。根据党管干部原则，《公务员奖励规定》《公务员考核规定》等党内法规还对非领导成员公务员的考核、奖励进行规定。《事业单位工作人员奖励规定》[②]《中央企业领导人员管理规定》等党内法规同时规定了事业单位工作人员、中央企业领导人员选拔任用、考核评价、薪酬与激励等内容。

1. 对党员、党组织的表彰奖励

对党员、党组织的表彰奖励集中规定在《中国共产党党内功勋荣誉表彰条例》中，其直接目的在于通过先进典型表率示范作用，激励广大党员和党组织奋发进取、创先争优，增强党的创造力、凝聚力、战斗力，保持发展党的先进性和纯洁性。该条例规定对党员、党组织进行褒奖包含授予勋章、荣誉称号，表彰以及颁发纪念章等种类，属于精神激励的范畴。对党员、党组织进行物质激励、党内典型激励等也是实践中常用的党内激励形式。

“七一勋章”是党内最高荣誉，授予在中国特色社会主义伟大事业和党的建设新的伟大工程中作出杰出贡献、创造宝贵精神财富的党员，不包含党组织。一般来说可以通过评授和普授两种方式产生，特殊情况下可以由党中央直接授予。荣誉称号由党中央设立，授予在中国特色社会主义伟大事业和党的建设新的伟大工程中作出突出贡献、具有崇高精神风范，以及在抢险救灾、处置突发事件或者完成重大专项任务等工作中表现特别突出、事迹特

---

① 《邓小平文选》（第二卷），人民出版社 1994 年版，第 102 页。

② 《事业单位工作人员奖励规定》在本书中界定为部门规范性文件，事业单位人员奖励工作属于行使国家行政权力的过程，但该规定被收纳在共产党员网“党章党规”栏目中，故将其暂时统称为党内法规。对其类别的认定将在下文中详细展开。

别感人的党员和党组织。荣誉称号名称根据被授予对象的事迹特点确定，或者冠以专项工作称谓。荣誉称号不定期授予。党中央对获得荣誉称号的党员颁发证书、奖章，对获得荣誉称号的党组织颁发证书、奖牌。中央和地方各级党委及其派出的代表机关、对下属单位实行集中统一领导的国家工作部门党委、基层党委，可以设立优秀共产党员、优秀党务工作者、先进基层党组织等表彰项目。对模范履行党员义务，正确行使党员权利，自觉遵守党的纪律，在生产、工作、学习和社会生活中带头发挥先锋模范作用的正式党员，可以表彰为优秀共产党员；对模范履行党的建设工作职责、作出显著成绩的专职或者兼职党务工作者，可以表彰为优秀党务工作者；对模范履行职能职责、出色完成各项工作任务的党组织，可以表彰为先进基层党组织。基层和生产、工作一线的党员，基层党务工作者，基层党组织是重点表彰对象。党中央、国务院、中央军委可以向参与特定时期、特定领域重大工作的党员颁发荣誉性纪念章。

2. 对党政领导干部的表彰奖励

表彰奖励制度通常将对党的领导干部与国家机关领导干部的奖励统一规定为“领导干部”，而不具体区分两者在表彰奖励上的区别。比如，《推进领导干部能上能下若干规定（试行）》明确规定适用对象为中央和国家机关各部门、地方县级以上党政机关的领导干部，并在具体条文中使用“领导干部”的表述。对党政领导干部的表彰奖励集中体现在《党政领导干部考核工作规定》《关于进一步激励广大干部新时代新担当新作为的意见》等党内法规和党内规范性文件中，其主要目的是充分调动和激发干部队伍履职尽责的主动性和积极性。对党政领导干部的表彰奖励主要通过记功、授予称号等精神激励，享受年度考核奖金、晋升工资级别和级别工资档次等物质激励，职务职级晋升政治激励等方式。对党政领导干部的表彰奖励主要以其在职责范围内的工作表现为依据。党政领导干部的政治素质、履职能力、工作成效、作风表现等对建设信念坚定、为民服务、勤政务实、敢于担当、清正廉洁的高素质党政领导干部队伍具有重要意义。对党政领导干部的表彰奖励形式丰富，物质奖励与精神奖励相结合，以精神奖励为主。

对党员、党组织、党政领导干部的表彰奖励的主干性制度依据分别规定在不同的党内法规中，但在表彰奖励效果上不应割裂开来。比如，在党内典型激励制度中，党内先进典型可以是在从事党内某项工作的过程中作出突出贡献的党员、领导干部，均能够起到带动和引领作用。在激励效果实现途径上，均可以通过报纸、广播、电视、网络等多种手段，进行广泛宣传，形成典型引导、典型激励、典型带动的氛围导向。

3. 对公务员的表彰奖励

《公务员考核规定》《公务员奖励规定》对非领导成员公务员奖励工作的奖励依据、条件种类、权限程序以及实施和监督作出规定，是规范公务员、调动公务员工作积极性和提高公务员效能的重要制度。《公务员考核规定》将公务员年度考核结果作为调整公务员职位、职务、职级、级别、工资以及公务员奖惩、培训、辞退的依据。公务员年度考核确定为优秀和称职以上等次的，根据规定分别给予嘉奖、记功、晋升工资标准、晋升职务职级、考核奖金等表彰奖励。《公务员奖励规定》则进一步对公务员奖励条件进行了细化，从工作实绩、模范作用、经济或社会效益、维护社会稳定、节约国家资财、保护国家和人民群众利益、在特定环境中做出贡献、同违纪违法行为作斗争有功绩、在对外交往中为国家争得荣誉和利益及其他突出功绩等十个方面作了规定。该规定将公务员的奖励种类分为：嘉奖、记三等功、记二等功、记一等功、授予称号，并分别明确了不同奖励种类的批准机关与实施方式，尤其是第四章“奖励的实施”为《公务员考核规定》中所规定的嘉奖、记功奖励提供了实施依据。

《公务员考核规定》《公务员奖励规定》修订前均由中共中央组织部、人事部印发，采用“中组发”的文号，2020 年由中央组织部部务会会议修订，中共中央组织部印发。印发机关的改变缘于党的十九届三中全会通过的《深化党和国家机构改革方案》规定，中央组织部统一管理公务员录用调配、考核奖惩、培训和工资福利等事务。因此，公务员的奖励工作由党内法规规定具有正当性。

4. 对事业单位工作人员的表彰奖励

《事业单位工作人员奖励规定》对事业单位工作人员奖励工作的基本原则、条件种类、权限程序、实施要求等作出规定，为激励广大事业单位工作人员担当作为、干事创业，加强高素质专业化事业单位队伍建设提供了制度支撑。该规定从加强党建工作、执行重要任务、推进改革发展、长期服务基层、发明创造创新、维护安全稳定、对外交流合作等 8 个方面，明确了奖励条件，并对嘉奖、记功、记大功、授予称号等奖励种类作了细化表述，获得嘉奖、记功、记大功的事业单位工作人员给予一次性奖金，这就增强了奖励工作的针对性与操作性。在奖励的原则上，坚持精神奖励与物质奖励相结合、以精神奖励为主，坚持定期奖励与及时奖励相结合、以定期奖励为主。定期奖励，一般以年度或者聘（任）期为周期，以年度考核、聘（任）期考核结果为主要依据，及时奖励情况可以作为定期奖励的重要参考。

《事业单位工作人员奖励规定》由中共中央组织部、人力资源社会保障部共同研究制定，发文号为“人社部规〔2018〕4 号”。北大法宝网将该规定的效力级别认定为部门规范性文件，但该规定却被收纳在共产党员网“党章党规”栏目的“规定”一栏。根据《中国共产党党内法规制定条例》第十三条第二款的规定：“制定党内法规涉及政府职权范围事项的，可以由党政机关联合制定。”一般来说，党政联合制定既涉及党的某一方面重要工作的要求和程序，又涉及政府职权范围事项的文件性质为党内法规。根据该规定“奖励的权限”一章的规定，事业单位工作人员奖励工作属于事业单位人事综合管理部门或主管部门的干部人事管理权限，而党委（组）并不是奖励的批准与作出机关。尽管事业单位工作人员奖励工作应当遵循“坚持党管干部、党管人才”的原则，但从奖励工作的具体制度安排来看，仅属于政府职权范围事项。

5. 对中央企业领导干部的奖励

《中央企业领导人员管理规定》从进一步激励中央企业领导人员新时代新担当新作为出发，完善了有别于党政领导干部、充分体现中央企业特点的领导人员管理制度，是新时期做好中央企业领导人员管理工作的基本遵循。该规定提出，对敢于负责、勇于担当、善于作为、业绩突出的中央企业领导人员，应当及时提拔重用，激励中央企业领导人员讲担当、重担当。[①] 对在企业改革发展、党的建设中作出突出贡献，以及在完成重大专项和重大改革任务、处置突发事件等工作中表现突出的中央企业领导人员，及时予以表彰。大力宣传优秀中央企业领导人员的先进事迹和突出贡献，营造尊重企业家价值、鼓励企业家创新、发挥企业家作用的浓厚氛围。在激励形式上，坚持物质激励与精神激励相结合、短期激励与任期激励相结合，激发企业领导人员创新活力和创业动力。实行与中央企业领导人员选任方式相匹配、与企业功能性质相适应、与经营业绩相挂钩的差异化薪酬分配办法。

（三）表彰奖励的保障措施

表彰奖励制度体系已日趋完善，为使其真正发挥激励效应，需要进一步建立健全党内激励制度的保障措施。具体来说，主要通过细化表彰奖励确定依据、拓展表彰奖励多元渠道、跟进表彰奖励后续管理三个方面贯彻落实。

1. 细化表彰奖励确定依据

表彰奖励党员、党组织、领导干部需要同时满足消极条件与积极条件，消极条件是指参与表彰奖励评选的资格，积极条件是指给予表彰奖励需要满足的要件。实践中，消极条件往往散见于监督类党内法规中，受影响的表彰奖励期限与种类不尽相同；积极条件的规定缺乏具体的量化标准，比较笼统和抽象，自由裁量的空间和余地较大。

《党政领导干部选拔任用工作条例》规定了不得列为考察对象的七种情形：（1）违反政治纪律和政治规矩的；（2）群众公认度不高的；（3）上一年年度考核结果为基本称职以下等次的；（4）有跑官、拉票等非组织行为的；（5）除特殊岗位需要外，配偶已移居国（境）外，或者没有配偶但子女均

① 《建设高素质专业化中央企业领导人员队伍——中共中央组织部、国务院国资委党委负责人就修订印发〈中央企业领导人员管理规定〉答记者问》，载共产党员网，http://www.12371.cn/2018/09/30/ARTI1538261414956796.shtml，最后访问日期：2024 年 3 月 10 日。

已移居国（境）外的;（6）受到诫勉、组织处理或者党纪政务处分等影响期未满或者期满影响使用的;（7）其他原因不宜提拔或者进一步使用的。比如，“受到诫勉的领导干部，取消当年年度考核、本任期考核评优和评选各类先进的资格，六个月内不得提拔或者重用”。[①]“党员受到警告处分一年内、受到严重警告处分一年半内，不得在党内提拔职务或者进一步使用，也不得向党外组织推荐担任高于其原任职务的党外职务或者进一步使用。”[②]影响期满后，对于表现好的干部，符合条件的，仍可按照有关规定正常参与表彰奖励。

满足党内法规所确定的表彰奖励的实质要件，党员、干部才能按照规定的程序被给予表彰奖励。比如，根据《党政领导干部考核工作条例》的相关规定，考核结果认定则是表彰奖励的重要程序要件，党政领导干部作出重大贡献是给予记功奖励、授予称号、给予物质奖励的实质要件。根据《中国共产党党内功勋荣誉表彰条例》的相关规定，党员和党组织在中国特色社会主义伟大事业和党的建设新的伟大工程中作出突出贡献、具有崇高精神风范，以及在抢险救灾、处置突发事件或者完成重大专项任务等工作中表现特别突出、事迹特别感人是授予荣誉称号的实质要件。相较于表彰奖励的消极条件，积极条件在具体表述上相对模糊，比如仅作出贡献即采用了杰出贡献、突出贡献、重大贡献等表述，需要进一步加以细化、量化。

2. 拓展表彰奖励多元渠道

从表彰奖励的形式来看，精神激励、政治激励、物质激励、典型激励等均属于党内正向激励制度。表彰奖励除了正向激励制度以外，还有与之对立的党内负向激励制度，其自有存在和发挥作用的空间，不能人为地将其忽视或忽略。负向激励制度制定得好，并且运用得当，可以化消极因素为积极因素，有利于提高党员的自尊心和责任感，激发党员的积极性。

建立健全负向激励制度，努力使负向激励发挥出正向效应。负向激励

① 具体参见中共中央组织部《关于组织人事部门对领导干部进行提醒、函询和诫勉的实施细则》第十四条的相关规定。

② 具体参见《中国共产党纪律处分条例》第十条的相关规定。

制度是党组对表扬、奖励和晋升等正向激励的有益补充，主要包括党内批评制度、惩处制度和党员干部竞争淘汰制度等。[①]比如，党内的先进事例和模范典型需要通过激励得以弘扬，与此同时党内出现的消极腐败、权力寻租等行为也要通过惩戒机制得以约束。《中国共产党问责条例》规定："建立健全问责典型问题通报曝光制度，采取组织调整或者组织处理、纪律处分方式问责的，应当以适当方式公开。"负向激励制度在发挥作用的方式上采取的是规制手段，但在目的上始终以更好地调动广大党员的积极性作为出发点和落脚点。

完善正向激励制度，创新正向激励渠道。就表彰奖励的直接方式而言，各国政党对其政党成员的激励可分为四种：物质激励、社会激励、目标激励和选举激励。[②]首先，可借鉴社会激励方式，除功勋荣誉勋章、职务职级晋升、物质奖励等方式外，还可根据党员、干部的需求，参加红色教育活动、教育培训活动等。其次，进一步完善责任激励制度，通过明晰党员、干部在党内生活中应担负的政治责任、工作责任、岗位责任、组织责任、领导责任等内容，进而强化党员、干部的责任意识、使命意识、担当意识。最后，利用党建频道、党建网、党建手机报等不断加强对先进典型的宣传力度，使其先进事迹广为传颂，培养广大党员积极向上的精神风貌，激励广大党员在工作中发挥模范带头作用。扩大对先进典型的宣传范围，使真心、真正为党干事创业的优秀模范共产党员、党务工作者受到充分尊重。

3. 跟进表彰奖励后续管理

表彰奖励工作结束后，要跟进后续管理服务，以保证被表彰奖励的党员、党组织、领导干部发扬成绩、保持荣誉，发挥好引领带动作用。正如毛泽东曾指出的："嗣后凡当选的英雄模范，须勤加教育，力戒骄傲，方能培养成为永久模范人物。如果只有赞扬，没有教育，骄傲落选，将是必然现象，

① 温敬元：《党内激励机制：内涵、价值与构建原则》，载《科学社会主义》2010年第6期。

② 中共中央党校第64期厅局级进修班课题组：《推进党内激励工作规范化、科学化》，载《中国党政干部论坛》2015年第9期。

此点请加注意。”[①]

就后续管理制度而言，可以从以下四个方面加以完善。一是服务管理制度。每逢党的纪念日和重要节日，要安排看望和慰问受表彰的党组织和党员。全国优秀共产党员、全国优秀党务工作者，全国先进基层党组织代表可以受邀参加党和国家庆典和其他重大活动。党委组织部门应当经常了解党内功勋荣誉表彰获得者的生产、工作、学习和生活等情况，听取意见和建议，帮助解决困难。二是教育培训制度。给予受表彰的党组织和党员学习培训的机会，通过学习培训，督促其不断加强党性修养，保持先进性。采取“线上+线下”的党员学习与实践培育模式。在线上培育方面，建立优秀党员微课学习平台、典型人物事迹宣传平台、党员干部远程教育平台等，为党员干部的学习提供更多的优质资源。在线下培育方面，可通过建立党员课堂、党员知识讲座、组织党员外出培训等，不断拓展党员学习培训的平台。三是联系制度。主要领导与受表彰的党组织和党员建立联系，充分听取他们的工作意见和建议，邀请他们列席各级党代会和相关的工作会议，鼓励其提交议案。四是督促整改制度。对违纪违规的受表彰者要及时批评教育，督促整改；对严重违纪违法乃至腐败者要给予党纪处分，撤销授予的称号，对违法犯罪的依法处理。党内功勋荣誉表彰获得者有严重违纪违法行为、影响恶劣的，或者隐瞒情况、弄虚作假骗取功勋荣誉表彰的，由授予的党组织予以撤销并在一定范围内通报，收回其证书及勋章、奖章、奖牌等，撤销其获得的待遇，并追缴其所获奖金等物质奖励。比如，中央纪委国家监委网站公布的“秦皇岛落马局长被撤销‘人民满意的公务员’称号，收回并注销其奖励奖章”[②]则

---

① 《毛泽东文集》（第三卷），人民出版社1996年版，第246页。

② 郭某某，2009年11月任河北省秦皇岛市卫生局副局长期间，被省委、省政府授予“第五届河北省人民满意的公务员”荣誉称号，2019年8月因犯受贿罪被秦皇岛市海港区人民法院判处有期徒刑三年、缓刑四年，并分别于2019年1月和2020年1月被秦皇岛市纪委监委给予开除党籍、政务开除处分。河北省委、省政府决定，撤销郭某某“第五届河北省人民满意的公务员”荣誉称号，收回并注销其奖励证书、奖章，停止其享受的有关待遇。参见《秦皇岛落马局长被撤销“人民满意的公务员”称号官员被查后为何要收回并注销其奖励奖章》，载中央纪委国家监委网站，http://www.ccdi.gov.cn/yaowen/202010/t20201021_227575.html，最后访问日期：2024年3月15日。

为对表彰奖励督促整改的典型案例。

三、关怀帮扶

党内关怀帮扶制度是从尊重党员主体地位、保持党的生机活力的基本需要出发，立足党员群体的差异性特征而提出的。为贯彻落实党的十七大提出“建立健全党内激励、关怀、帮扶机制，关心和爱护基层干部、老党员、生活困难党员”的要求，2019 年出台的《中国共产党党内关怀帮扶办法》，第一次全面系统地规定了多渠道、有重点的党内关怀帮扶制度。

（一）关怀帮扶典型案例解析

党内关怀帮扶坚持心理关怀与物质帮扶相结合，解决思想问题与解决实际困难相结合，普遍关爱与重点帮助相结合，充分尊重和落实党员的主体地位，为党员充分发挥先锋模范作用创造良好的制度环境。许多基层党组织在实践中逐步探索并建立起了符合各自特色的党内关怀帮扶的新途径和新办法。

1. 政治激励典型案例

2020 年，中共广西壮族自治区梧州市藤县县委为进一步加强党内激励关怀帮扶，向符合条件的 50 年以上党龄的党员颁发党龄荣誉证书，旨在通过政治上关怀、思想上关心、精神上激励，进一步增强广大党员荣誉感、归属感、使命感。[①]党龄荣誉证书分为 50 年以上党龄纪念、60 年以上党龄纪念、70 年以上党龄纪念，凡是组织关系在藤县，达到相应党龄，并且能够自觉履行义务、较好发挥先锋模范作用的党员，都在发放范围内。各级党组织充分利用“党员活动日”活动，通过举行颁发仪式、上门走访慰问等形式，向党员颁发党龄荣誉证书，把组织的关心关爱传达到每一名党员。2020 年对 2500 多名高龄党员颁发党龄荣誉证书。

---

① 《藤县：颁发党龄荣誉证书暖人心》，载人民网，http://gx.people.com.cn/n2/2021/0210/c390645-34575605.html，最后访问日期：2024 年 3 月 15 日。

根据相关党内法规的规定，颁发“光荣在党50年”纪念章需要满足两个实体要件：一是健在的党龄达到50年的党员。入党时间为支部大会接收为预备党员之日（须经上级党委批准），预备期一年，党龄从转正之日算起。二是要一贯表现良好的党员。上述案例中将“能够自觉履行义务、较好发挥先锋模范作用”界定为表现良好的范畴。颁发纪念章的程序参照了《中国共产党党内功勋荣誉表彰条例》中“纪念章”章节的相关规定，为符合条件的党员颁发了“荣誉证书”，达到了对优秀老党员肯定、鼓励的目的。藤县通过“党员活动日”活动、举行颁发仪式、上门走访慰问等形式向党员颁发党龄荣誉证书的做法是实践中的一种自主探索与创新。2021年中共中央办公厅印发了《关于做好“光荣在党50年”纪念章颁发工作的通知》，再次明确了“光荣在党50年”纪念章首次颁发对象为健在的截至2021年7月1日党龄达到50周年、一贯表现良好的党员。“光荣在党50年”纪念章首次颁发以后，将作为一项经常性工作，一般每年“七一”集中颁发一次。为进一步规范纪念章的颁发程序、颁发方式、制作、管理等工作，中共中央组织部印发了《“光荣在党50年”纪念章颁发管理办法》。

政治激励制度是指从规范党员政治发展目标、拓展党员政治发展空间、提升党员政治荣誉感和自豪感等方面出发对党员、干部进行政治地位、履职职位、工作岗位等方面的激励。[①] 除颁发纪念章外，开展思想教育培训活动，严格党内政治生活，加强党员日常管理监督，为党员过“政治生日”，在培养发展入党、转接党员组织关系、功勋荣誉表彰前与党员谈心谈话，党员受到组织处理、纪律处分，或者发现党员有苗头性倾向性问题时及时谈话提醒等均是对党员实施政治关怀的方式。与表彰奖励制度中的奖励不同的是，党内关怀帮扶的政治奖励以及表彰并不以具体工作性质、表现为前提要件，只要做了对党和人民有利的事情，就可以给予党内关怀帮扶。

2. 工作支持典型案例

中共浙江省天台县委探索推行党员“六关怀”，把关爱对象从困难党员、

---

① 张书林:《论党内激励制度的体系架构》，载《中共福建省委党校学报》2015年第5期。

老党员拓展到普通党员，关爱时间从节点拓展到日常，实现党员“创业有人扶、平时有人访、难时有人帮、老时有人惦、病时有人探、终时有人送”。其中，创业就业关怀是党内关怀帮扶的重要内容。中共天台县委联合农商银行等金融机构设立“惠农贷”“红色信贷”，以党员先锋指数、初心年审等结果为授信依据，为党员提供无抵押无担保的纯信用贷款，对党员自主创业集中的村进行整村授信，已对2360多名党员共发放贷款9600多万元，为374个村授信总额度达1.5亿元。同时充分利用社区党校、乡村振兴学院、党群服务中心等平台为党员提供就业咨询、职业技能等培训，开通村级远程教育滚动平台，每周定期发送招聘信息，协调人社部门安排岗位优先招收失业、再就业党员。[①]

《中国共产党党员权利保障条例》第二十八条规定，领导干部应当认真执行直接联系党员制度，深入实际、深入基层，主动听取党员意见和诉求，及时回应党员关切。比如，中共贵州省安顺经开区党委在开展党内激励关怀帮扶工作中，研究制定了党员领导干部联系点制度，帮助基层党组织解决各种实际困难，并结合辖区内各种类型党组织的自身特点和功能优势，努力实现优势互补、资源共享。

3. 待遇保障典型案例

中共云南省宜良县委落实非公有制经济组织和社会组织（以下简称两类组织）党内激励关怀帮扶机制，结合实际探索构建党内激励帮扶联动工作格局，进一步扩大党内帮扶覆盖面，增强了基层党组织的凝聚力和战斗力。宜良县委积极落实生活帮扶，建立健全两类组织党组织及困难党员、老党员动态信息库，积极落实两类组织党员关怀政策及党组织经费制度。针对两类组织党员子女入学、家属就业、住房、医疗保健等方面困难，宜良县委积极与教育、民政等对口部门加强沟通联系，努力帮助解决。2021年，对全县2个基层党组织示范点、3个后进党组织及2个社会组织党组织共给予23000元

① 《浙江省台州市天台县：推行党员“六关怀”实现党内关怀帮扶常态化》，载共产党员网，http://www.12371.cn/2021/03/08/ARTI1615202731435433.shtml，最后访问日期：2024年5月31日。

党建经费补助；实地走访慰问 20 名两类组织困难党员及老党员，了解实际困难，并送去 200 元 / 人的慰问金。[①]

待遇保障主要指的是党组织、领导干部对党员物质方面的关怀，在政策允许的范围内，尽可能地提高党员、干部的生活待遇，帮助他们解决个人和家庭的实际困难，努力改善他们的工作生活条件，使他们能够全身心地投入工作中去。案例中，待遇上的保障主要指的是党内关怀帮扶工作所需的教育培训、走访慰问、补贴补助、表彰奖励、优抚优待等资金的来源、使用与管理问题，以及对老党员、困难党员及家属生活问题的保障。在关怀帮扶专项资金的设置上，各地均采取了一系列举措。比如，2012 年 6 月，中共湖南省江永县委决定建立“党内关怀帮扶基金”，此举得到全县 524 个党组织 10073 名党员的积极响应，共向基金捐款 16.8 万余元。县里还通过党费划拨、财政支持、部门调剂、社会赞助等办法，筹集关怀帮扶基金 90 余万元。[②] 按时足额发放中华人民共和国成立前入党的农村老党员和未享受离退休待遇的城镇老党员生活补贴并定期增长；通过社会保障、党内互助、走访慰问等方式，为生活困难党员解决问题、提供帮助等均属于待遇保障的方式。

4. 心理关怀典型案例

2019 年山东省青岛市出台《青岛市党内关怀帮扶实施细则（试行）》，从政治关怀、工作支持、人文关怀、表彰奖励、困难救助 5 个方面提出 22 项关心关爱党员的硬措施。[③] 该市建立“七必谈”和“四必访”机制：“七必谈”即在培养发展入党、党员转接组织关系、获得功勋荣誉表彰、思想发生较大波动、受到组织处理、纪律处分或者发现有苗头性倾向性问题时，党组织应当及时与党员谈心谈话；“四必访”即在党员身患严重疾病、遭遇重大挫折、经历重大自然灾害或者事故、家庭发生重大变故时，党组织应当及时上门看

---

① 《宜良县落实两类组织党内激励关怀帮扶机制》，载宜良先锋网，https://zswldj.1237125.cn/km/yl/news/djdt/9c7de5b6-8700-47de-afaf-c1c4e7f71e2b.htm，最后访问日期：2024 年 1 月 28 日。

② 《湖南江永“党内关怀”情暖特困党员》，载共产党员网，http://news.12371.cn/2013/02/02/ARTI1359802797639613.shtml，最后访问日期：2024 年 1 月 29 日。

③ 《山东青岛推动党内关怀帮扶制度化 22 项硬措施暖了党员心》，载共产党员网，http://www.12371.cn/2019/11/25/ARTI1574666297908211.shtml，最后访问日期：2024 年 2 月 15 日。

望慰问。通过党组织负责人与党员、党员与党员之间的谈心交心活动，加强与党员之间的交流沟通，了解掌握党员的思想生活动态，听取党员的意见和建议，帮助解决存在的实际困难。开展党员干部“向组织说说心里话”活动，及时了解干部诉求，疏导干部情绪，缓解干部压力。对心理健康风险较高的部门和岗位，有针对性地开展心理测试和心理调适活动。关心关怀党员心理健康，对遭受严重心理创伤的党员，及时开展心理疏导和干预。建立在职党员退休时的谈心谈话制度，鼓励党员退休后继续发挥作用。建立党员临终关怀机制，提高党内关怀温度。

心理上的关怀主要是针对身体上或心理上有特殊情况的党员，采取有效措施进行心理疏导和干预。青岛市出台的实施细则对心理关怀的方式规定较为详细，既包含谈心谈话、走访慰问，还规定了需要心理测试、心理调适、心理疏导等的具体情形。为老党员提供学习教育、文体活动、健康咨询、心理慰藉等服务；对于遭受严重心理创伤的党员，及时采取有效措施进行心理疏导和干预等均属于心理上关怀的方式。

（二）关怀帮扶的对象与形式

关怀帮扶的对象是全体党员。一段时间以来，我们将党内激励关怀帮扶的对象和客体定格在了弱势党员群体上，认为激励关怀帮扶主要应该针对面临艰难困苦、身处危机难关中而又无法靠自身力量迅速改变现状的党员群体。困难党员当然属于党内关怀帮扶的对象，但从党内关怀制度的根本目的出发，党组织对每一个党员都应该进行有针对性的思想激励、人文关怀、困顿帮扶。

2004 年党的十六届四中全会上，我们党就意识到要“关心爱护党员和基层干部，特别要帮助在艰苦环境中工作的党员、下岗失业职工中的党员、生活困难的党员和老党员解决实际困难”的问题。[①]2006 年党的十六届六中全会更具体化地指出，开展党内的激励、关怀、帮扶就必须努力做到：“紧紧依靠广大基层干部做好基层基础工作，加强基层干部队伍建设，制定和落实定

① 《中共中央关于加强党的执政能力建设的决定》，人民出版社 2004 年版，第 35 页。

期轮训、考评激励、待遇保障等制度措施。严格要求、真心爱护基层干部，积极帮助他们解决工作生活中的困难。做好关心照顾老劳模、老党员和帮扶困难党员工作。”[①]2007 年党的十七大报告第一次明确提出要建立健全党内激励、关怀、帮扶机制，并且将基层干部、老党员、生活困难党员作为关怀帮扶对象。2009 年党的十七届四中全会从“需要进一步健全这一机制”的角度，特别指出，要“从思想、工作、生活上关心党员，做好党员服务工作，健全党内激励、关怀、帮扶机制，健全党内表彰制度，加强对老党员、生活困难党员的关怀帮扶”。[②]通过关怀帮扶制度的确立过程可以发现，工作、生活困难党员群体一直是党内关怀帮扶的重点对象，实践中的关怀、帮扶措施也向这类群体倾斜。党内关怀帮扶理论与制度逐步发展完善后，党组织、领导干部注重对党员、基层党员干部的关怀帮扶。因此，全体党员是党内关怀帮扶的对象，只是侧重点不同、关怀帮扶的形式不同。

1. 普通党员

根据《中国共产党党员权利保障条例》的规定，党组织应当关心党员思想、工作、学习、生活，做好党内关怀帮扶工作。关怀帮扶广大党员是党组织应当履行的职责，也是广大党员所享有的保障性权利。《中国共产党党和国家机关基层组织工作条例》《中国共产党农村工作条例》等党内法规均规定了对党员的关怀帮扶，要求党组织做好党员服务工作，了解党员需求，及时反映涉及党员切身利益的重要情况。党的组织对党员的关心和爱护、激励和教育、帮助和扶持，以及党员之间的相互关心和相互帮助等党内关怀帮扶依据普遍关爱与重点相结合的原则，在普遍关爱的前提下，做到特殊情况特殊处理、个别问题个别解决。既要注重对广大党员全方位、经常性的关爱，又要对生产、生活、工作有困难，思想上有包袱的党员实施重点帮助，从实际出发，根据不同党员的不同情况有针对性地实行不同形式的关爱帮助。依

---

① 《中共中央关于构建社会主义和谐社会若干重大问题的决定》，载中国政府网，http://www.gov.cn/govweb/gongbao/content/2006/content_453176.htm，最后访问日期：2024 年 1 月 30 日。

② 本书编写组编著：《〈中共中央关于加强和改进新形势下党的建设若干重大问题的决定〉辅导读本》，人民出版社 2009 年版，第 28 页。

据定期帮扶与及时关怀相结合的原则，在定期开展党内生活、组织教育培训、走访慰问等活动的基础上，及时掌握了解广大党员的身体、心理、生活状况，随时听取党员的各种意见和建议。

2. 因公殉职、牺牲党员

因公殉职、牺牲党员的家庭是党内关怀帮扶的重点对象。因公殉职、牺牲党员的配偶、父母、子女的经济来源以及养老就医、入学就业等情况应当建档立卡，明确专人联系，定期跟踪走访，帮助解决实际问题。部分省区市在贯彻落实党内关怀实施办法的实施细则中进一步细化对因公殉职、牺牲党员家庭的照顾，部分省区市直接就因公殉职、牺牲党员的关怀帮扶工作出台专门性文件，让每一名家属感受到来自党组织的温暖关怀，提高家属的荣誉感、归属感、成就感。

3. 工作、生活困难党员

工作、生活困难党员是党内关怀帮扶的重点对象。现阶段，这类群体主要在以下几个方面处于弱势：[①] 一是经济利益上的弱势。这类群体基本上都是经济上的低收入者，由于身体、年龄、职业技能等原因没有稳定的经济收入，或者收入微薄，使他们长期徘徊于贫困线边缘。二是承受能力上的弱势。例如，独居老党员、因公伤残党员的心理承受力低于一般社会成员，缺少安全感和生活稳定感，加之缺乏经济上改善现状的能力，容易造成心理创伤。

4. 基层党员、干部

2016 年，习近平总书记在“两学一做”学习教育工作座谈会上强调：“基层是党的执政之基、力量之源。只有基层党组织坚强有力，党员发挥应有作用，党的根基才能牢固，党才能有战斗力。”[②] 党的十九大报告强调要加强基层党内激励关怀帮扶机制。

---

① 张克敏：《建立健全党内激励关怀帮扶机制调研与思考》，载《理论建设》2011 年第 4 期。

② 习近平：《突出问题导向　确保取得实际成效　把全面从严治党落实到每一个支部》，载人民网，http://jhsjk.people.cn/article/28255487，最后访问日期：2024 年 5 月 31 日。

（三）关怀帮扶的运作逻辑

党内激励、关怀、帮扶通常是相并列提出的，三者是一个相互联系的系统，在着力调动广大党员的积极性、主动性、创造性以及着力增强党的生机活力方面，党内激励、关怀、帮扶机制的目标是一致的。从党的十七大报告第一次明确提出要“建立健全党内激励、关怀、帮扶机制”，到党的十九大报告提出“加强党内激励关怀帮扶”，都是在加强党的基层组织建设中提出的。党的二十大报告强调“关心关爱基层干部特别是条件艰苦地区干部”。因此，此处的党内激励机制指的是使用表彰奖励等激励手段意义上的激励，同关怀、帮扶相并列。本章标题中的“党内激励”则是在目标意义上使用“激励”一词，包含为建设高素质专业化干部队伍而建立的容错纠错机制在内的，所有激励类党内法规中的相关制度。

从党内关怀帮扶的内涵来说，包括党内关怀和党内帮扶两个方面：党内关怀是党组织、党的干部从思想上、工作上、生活上关心爱护党员，是党组织、党的干部服务党员群众的典型表现，直接目的是体现党员主体地位，保障党员权利，实现党的组织和党员之间的良性沟通；党内帮扶是党员群体之间基于地区经济社会发展的差距、职业差距、收入差距、城乡差距以及暂时的艰难危困局面，党组织、党员从经济上、思想上帮助扶持工作、生活困难党员群体尽快走出困境，直接目的是提高党员的自尊心、自信心和组织归属感。

1. 关怀帮扶的立论依据

关怀帮扶制度的立论依据为尊重党员主体地位、保持党的生机活力。党的十七大报告指出，发展党内民主，必须“尊重党员主体地位”。党的十七届四中全会指出，发展党内民主，必须“保障党员主体地位和民主权利”。党的十八届六中全会通过的《关于新形势下党内政治生活的若干准则》以党章为根本遵循，着力构建积极健康的党内政治生活，把“发扬党内民主和保障党员权利”作为一个专章，提出一系列尊重党员主体地位、保障党员民主权利的重要举措。这表明我们党对党员主体地位的认识越来越清醒、重视程度越来越高。“党员主体”理念明确了党员在党的事业中的主体地位。在党的事业发展中，党员是具有自主性、能动性和创造性的行为主体，是权利与义务相统一的能动实践者，党员主体地位的发挥对整个党的事业发展起着决定性作用。

习近平总书记在2013年全国组织工作会议上指出：“党员是党的肌体的细胞。党的先进性和纯洁性要靠千千万万党员的先进性和纯洁性来体现，党的执政使命要靠千千万万党员卓有成效的工作来完成。”[①] 党自觉地激励关怀帮扶党员也就成分内之事。《中国共产党党员权利保障条例》将做好党内关怀帮扶工作作为保障党员权利行使的基本措施，要求党组织从思想、工作、学习、生活上关心党员。通过党内关怀使党的组织和党员之间、党员干部和普通党员之间实现良性沟通和互动，可以保障党员权利，体现党员主体地位的平等，以增强党员对党组织的归属感、集体荣誉感。[②] 体现党员主体地位内在动力的源泉就是党内关怀，为将“以人为本”的理念体现到党内生活中来，必须建立健全党内关怀帮扶机制，增强党组织对党员的凝聚力和向心力，激发广大党员的政治参与热情，增强对党的事业负责、对人民负责的主动性和积极性。

2. 关怀帮扶的事实基础

关怀帮扶制度从关怀帮扶主体与关怀帮扶对象之间、关怀帮扶对象内部之间的关系出发，立足于组织与集体之于个人的强大能量、党员群体的差异性这一基本事实，以党组织、领导干部为关怀主体，以全体党员为普遍关怀对象，以工作、生活困难党员群体为重点关怀对象。

根据党章的规定，党员个人必须服从党的组织，党组织具有强大的政治能量和政治权威，任何一个党员与党组织相比都是弱小的、无足轻重的，党组织的力量、能量永远大于党员个人的能量，也高于组织中所有党员个体的

---

① 习近平：《建设宏大高素质干部队伍　确保党始终成为坚强领导核心》，载人民网，http://jhsjk.people.cn/article/22020855，最后访问日期：2024年5月31日。

② 费雅君：《建立健全党内激励、关怀、帮扶机制的实践意义》，载《上海党史与党建》2010年第8期。

能量之和。党员个体靠自身的力量、能量去应对一些困难风险而不能奏效时，求助于党组织无疑是最佳的选择。《中国共产党党员权利保障条例》《中国共产党国有企业基层组织工作条例（试行）》《中国共产党党和国家机关基层组织工作条例》等党内法规均规定了党组织为党员解决实际问题的一系列举措。

从哲学视角审视，应该看到：党内激励关怀帮扶制度全面论与重点论的统一。一方面，我们强调党内激励关怀帮扶的对象是全体党员；另一方面，也要看到党内激励关怀帮扶的重点是那些特别需要帮助的困难党员。[①]党员群体的差异性表明，整个党员群体之内各个类别的子党员群体和子党员群体内的各个党员个体，在各个方面并不是完全处在同一条起跑线、水平线上的，而是存在明显的年龄、职业、贫富差异性。根据中共中央组织部公布的党内统计公报显示，截至 2023 年 12 月 31 日，中国共产党党员总数为 9918.5 万名，61 岁及以上党员 2787.2 万名，党员的职业包含工人（工勤技能人员），农牧渔民，企事业单位、社会组织专业技术人员，企事业单位、社会组织管理人员，党政机关工作人员，学生，其他职业人员，离退休人员。[②]因此，将普遍关爱与重点帮助相结合作为开展党内关怀帮扶的工作原则，并将重点关怀帮扶对象界定为因公殉职、牺牲的家庭以及老党员，工作、生活困难党员等群体，这是由党员群体差异性决定的。

3. 关怀帮扶的制度实践

建立健全党内关怀机制必须注重具体制度创新研究，从动态的、制度化的运作机制上将党内激励关怀帮扶有机统一起来，一体化谋划和运转。具体来说可以通过完善党员管理信息系统，将老党员、生活困难党员、因公殉职牺牲党员等人员信息全面收集，便于后续开展关怀帮扶工作。为贯彻落实习近平总书记关于充分运用信息技术改进党员教育管理的重要指示精神，中共中央组织部开展了全国党员管理信息化工程建设，为广大党员

---

① 张书林：《党内激励关怀帮扶机制的理论模型》，载《厦门特区党校学报》2010 年第 6 期。

② 《中国共产党党内统计公报》，载共产党员网，https://www.12371.cn/2024/06/30/ARTI1719715269079269.shtml，最后访问日期：2024 年 7 月 1 日。

提供开放式信息窗口，为各级党组织和组织部门搭建一体化工作平台。党员管理信息系统在精准、科学、高效管理党员上发挥了重要作用，在党员信息“全覆盖”的基础上，需要在严格审核的基础上，区分党员的具体情况，分类建立党员需求台账。做好党员信息普查工作，重点对农村流动党员、下岗失业党员、非公企业党员、困难老党员的底数进行摸排，并跟随情况变化及时、准确采集和更新困难党员信息，掌握其流动目的地与方向，以便能够及时有效地实施帮助。

通过搭建关怀帮扶平台，创新关怀帮扶方式，实现关怀帮扶工作渠道全覆盖。各地在创新关怀帮扶途径与措施上积累了丰富经验，在思想关怀上，落实党员经常性教育管理制度，进一步健全完善民主生活会制度、民主评议制度以及学习培训制度、“三会一课”制度等党员教育管理制度。在政治关怀上，为党员过“政治生日”，增强党员的组织归属感和身份认同感。注重从评选表彰、提拔任用、职级待遇等方面完善关怀政策。健全完善激励机制，及时发现和大胆使用政治成熟、注重实干、实绩突出、群众公认的优秀干部，营造干事创业的良好氛围。在生活关怀上，健全党员互助机制，组织党员开展结对帮扶、互帮互助。对生活困难、鳏寡孤独、老弱病残的党员提供长期帮扶；对因公殉职、牺牲党员家庭和因公伤残党员，明确专人联系，定期跟踪走访，帮助解决实际问题。在“全覆盖”的帮扶渠道中，重要的是建立困难党员再就业培训档案，设计困难党员再就业培训计划，推进困难党员免费就业培训工程。以自身“造血”来实现困难党员自身活力的再生。①

通过建立专项资金管理办法，保障资金来源稳定，依法依规使用。开展党内激励关怀帮扶，如果没有足够的资金支持，也就成了一句空话。保证党内激励关怀帮扶机制发挥实效，就必须在资金保障上有新举措、有长效机制。一是制订完善的措施确保基金“管理到位”。二是畅通筹措渠道确保基金“来源科学”。党内关怀帮扶所需要的奖励、补助等经费应按照有关政策

① 张克敏:《建立健全党内激励关怀帮扶机制调研与思考》，载《理论建设》2011年第4期。

予以保障。基金的使用严格按照党员个人申请、党支部公示、基层党委申报、组织人事部审定的程序进行。

四、容错纠错

容错纠错是一种宽容和纠正干部在改革创新的过程中因出于公心、未谋私利、大胆改革而造成的非主观性、探索性错误的制度安排，其实质是从制度上对犯错但达到尽职要求的干部进行从轻处分、减轻处分或者责任豁免，督促当事人及时整改和纠错纠偏，保证改革创新事业。[①] 随着全面深化改革进入深水区、攻坚期，一些干部改革勇气锐气弱化、为官不为等现象，成了阻碍推进改革的突出问题。我们党反复强调党的各级组织要为敢于担当的干部担当，为敢于负责的干部负责。《关于新形势下党内政治生活的若干准则》是最先对容错纠错进行明确规定的中央党内法规。[②] 党的十九大报告进一步要求："建立激励机制和容错纠错机制，旗帜鲜明为那些敢于担当、踏实做事、不谋私利的干部撑腰鼓劲。" 2018 年，中共中央办公厅印发《关于进一步激励广大干部新时代新担当新作为的意见》，对容错纠错机制建构的基本遵循、工作原则、防范问题等进行系统规定，中央首次从制度层面对容错纠错机制作出规定。党的二十大报告指出，"坚持严管和厚爱相结合……落实'三个区分开来'，激励干部敢于担当、积极作为"。党的二十届三中全会决定指出"落实'三个区分开来'，激励干部开拓进取、干事创业"。

（一）容错纠错典型案例解析

对于什么错能容、什么错不能容，《关于进一步激励广大干部新时代新担当新作为的意见》提出，把干部在推进改革中因缺乏经验、先行先试出

---

① 叶勇、陈燕：《建构干部容错纠错机制的时代价值及改革路向》，载《理论导刊》2021 年第 1 期。

② 《关于新形势下党内政治生活的若干准则》在第八部分提出，"建立容错纠错机制，宽容干部在工作中特别是改革创新中的失误。坚持惩前毖后、治病救人，正确对待犯错误的干部，帮助其认识和改正错误。不得混淆干部所犯错误性质或夸大错误程度对干部作出不适当的处理，不得利用干部所犯错误泄私愤、打击报复"。

现的失误错误，同明知故犯的违纪违法行为区分开来；把尚无明确限制的探索性试验中的失误错误，同明令禁止后依然我行我素的违纪违法行为区分开来；把为推动发展的无意过失，同为谋取私利的违纪违法行为区分开来。以下将结合实践中的案例对于什么样的错可以容、怎么容进行分析。

1. 改革中先行先试出现的失误错误典型案例

张某某，男，中共党员，某社区党支部书记。2015 年 3 月，某社区与某街道签订租赁合同，租用青竹苑商铺共计 1422 平方米的房屋用作社区党员活动用房。街道与社区的租赁合同中明确提出，青竹苑商铺的用途为党员活动室，社区不得将其用于带有赌博性质的经营、从事餐饮行业等。2015 年 9 月，社区居委会创新性地引入龙创文化艺术有限公司和易创服务中心两家社会组织并签订合作共建协议，以租金置换购买社会服务，为社区提供体育文艺活动，丰富社区居民业余文化生活。但两家社会组织经营者未经街道许可，擅自改变社区用房用途，将其装修成餐饮场所和多功能活动室，在为某社区 90 岁以上的老年人提供助餐服务和文娱活动的同时，不定期组织其朋友、客户聚餐，在社区群众中造成了不良影响。问题出现后，某社区及时整治，并向社区群众做好了解释工作，得到社区群众理解，一定程度上消除了不良影响。①

从基本案情来看，张某某是社区党支部书记，是监管第一责任人，对其引入的两家社会组织的行为具有监管职责。张某某放任两家社会组织擅自改变社区用房用途，从事餐饮行业和文娱活动，组织朋友、客户聚餐，监管不力，属于违反工作纪律行为。但是，从其动机态度来看，张某某引入两家社会组织的目的在于丰富社区居民业余文化生活，是出于公心，未给个人、他人或单位谋取不正当利益，没有触碰到纪律红线、法律底线。从其客观条件来看，张某某引入社会组织，签订合作共建协议，以租金置换购买社会服务属于在创新社区服务中先行先试。政府和社会资本合作能让非公共部门所掌握的资源参与提供公共产品和服务，从而实现合作各方达到比预期单独行动

① 《常州市纪委监委通报 1 起容错纠错典型案例》，载常州市纪委监委网，http://jjw.changzhou.gov.cn/html/jw/2019/CFFIPFJQ_1125/16724.html，最后访问日期：2024 年 3 月 16 日。

更为有利的结果。从后果影响来看，社区在出现不良影响后及时采取整治措施，并向社区群众进行解释，取得了社区群众的理解，一定程度上消除了不良影响。根据某市《进一步健全容错纠错机制实施办法》第六条第一款第二项“推进改革中因经验不足或环境条件发生变化而出现失误错误及时有效处置，尽力降低损失，没有造成较大影响”之规定，某街道纪工委对张某某予以容错免责。

2. 尚无明确限制的探索性试验中失误错误典型案例

为落实2015年某市开始推行的殡葬改革，当地要求基层民政干部24小时处于在岗状态。路居镇专门开会制定应急反应文件，要求民政办主任要一天24小时人不离车，以便第一时间赶到现场跟踪遗体火化直到公墓安葬。为落实该镇应急反应文件，便于应对突发情况，民政办主任洪某某夜里把喷涂着“民政救灾”的公车停到了自家门口。事情被群众拍照举报到中纪委，某省纪委下单督办。如果被定性为公车私用，可能面临党内严重警告处分，不仅无法提拔，连当年评优资格和绩效奖金也将被取消。洪某某喊冤，某镇党委政府也出面解释。“节假日公车集中统一停放是原则规定，但人不离车更有利于殡葬改革落地。如何处理，对我们纪委也是很大的考验。”某县纪委副书记、监察局局长付某某说。很快，调查结果出炉，经过调取周边录像，确认洪某某确实没有公车私用。①

根据基本案情，旧的殡葬礼俗在某省根深蒂固，殡葬改革难以推行，为使殡葬改革落地，某县制定的应急文件要求民政办主任“人不离车”。案中的“民政救灾”公车属于应急保障用车，由于一旦下葬后再强行送往火葬场容易激化矛盾，洪某某将车停放在自家门口，便于及时应对突发状况。虽然对于此种情形是否属于《党政机关公务用车管理办法》第二十条规定的“严格执行回单位或者其他指定地点停放制度，节假日期间除工作需要外应当封存停驶”中“指定地点”的范畴，尚无明确的法律依据，且该县指定规范

---

① 杨文明：《为敢想者“开绿灯” 为敢干者“兜住底”》，载《人民日报》2018年1月31日，第11版。

性文件存在合法性审查不严的问题，但是洪某某主观上是为了贯彻落实党中央、国务院关于深化殡葬改革促进殡葬事业科学发展的改革政策，并未将公车用于办私事。在客观条件上，将车停在自家门口属于破解殡葬改革推行难的无奈之举。在程序方法上，“人不离车”是镇政府经规范性文件决定的，具有一定的确定力和可执行力。因此，洪某某符合容错免责的情形，成为某市首个被容错免责的干部。

3. 推动发展的无意过失典型案例

乌某某，中共党员，某镇镇长。2012年，该镇启动移民搬迁安置点建设，为解决建设资金缺口，按照鼓励社会资本参与建设的精神，县政府会议研究决定由两家私营企业全额垫资修建，镇政府负责对项目进行监管。在建设过程中，镇政府与企业协商，并经镇政府会议研究决定，以企业财务人员个人名义在银行开立账户由政府与企业共同管理，用于存储农户预交的购房款。根据工程进度，由企业申请，镇政府主要领导审批后划拨工程款。该行为违反了陕南避灾扶贫搬迁群众自筹资金应上交县财政专户的相关规定，资金管理上存在安全隐患，乌某某应负主要领导责任。2017年6月，经县纪委常委会会议研究，决定对乌某某予以容错，免予追究纪律责任。①

根据基本案情，将建设资金以企业财务人员个人名义在银行开立账户由政府与企业共同管理属于违反法律法规的行为，乌某某作为镇长，对资金管理上存在的安全隐患应负主要领导责任。但通过分析可以发现，乌某某的出发点是为了推进移民搬迁安置点建设。该镇安置点建设属于政府引导社会资本投资开发，镇政府决定与企业设立“共管账户”主观目的是提高工作效率，没有为个人、他人或单位谋取私利。在程序方法上，设立“共管账户”的决策是由镇政府会议研究决定的，符合民主决策程序。在后果影响上，推动了移民安置点建设的进度，且没有给单位造成实质损失，没有给社会带来不良影响，符合容错范围和情形。依据该县《党政干部容错纠错实施细则（试

① 《容错纠错典型案例》，载安康市纪委监委网，http://ankang.qinfeng.gov.cn/info/1082/15968.htm，最后访问日期：2024年3月15日。

行）》第六条第四项“在推动重大项目和重点工作中，因大胆履职、大力推进出现一定失误或引发矛盾的”规定，应予容错免责。

（二）容错纠错范围与界限

容错纠错机制是为了解决干部改革创新的动力问题，其核心在于如何确定容错纠错的范围与边界。对于什么错能容，什么错不能容，要牢牢把握三个区分原则，开展容错纠错必须以此为根本遵循，明确改革探索过程中出现的失误和错误与违法违纪行为之间的界限，对干部的失误错误进行综合分析，对该容的大胆容错，不该容的坚决不容。

1. 容错纠错的具体情形

容错意指对错误的容纳，允许一定范围内出现错误情况，但并不是所有的错误都适用于容错纠错机制。容错纠错机制中的“错”不是一般性的违法乱纪，而是在改革创新探索性实践中由于主观上的过失导致工作不能达到预期甚至造成一定负面影响，是在政策、法律法规允许的范围内的可容可纠之错。

从中央层面来看，《关于进一步激励广大干部新时代新担当新作为的意见》明确了在推进改革中因缺乏经验、先行先试出现的失误错误，尚无明确限制的探索性试验中的失误错误，推动发展的无意过失为准予容错的三种情形。从地方层面来看，各地相继出台实施意见，使容错的情形更具操作性与针对性。关于容错的具体类型各地存在区别，以下几种情形在各地政策文件中出现次数较多：法律法规、党章党规没有明令禁止的；因大胆探索、先行先试出现探索性失误的；没有为个人、他人或单位谋取不正当利益的；经过民主决策程序的；积极挽回损失、消除不良影响的；因不可抗力、难以预见等因素，导致未达成预期效果的；符合中央大政方针和省委省政府决策部署的。[①] 部门地区规定的容错具体情形具有地方特色，比如中共江苏省委办公厅印发的《关于建立容错纠错机制激励干部改革创新担当作为的

① 何丽君：《干部容错纠错制度文本分析及效能提升》，载《长白学刊》2020年第5期。

实施意见（试行）》，将化解矛盾纠纷、解决历史遗留问题中主动担责、积极作为容错情形。[①]

上述容错的具体类型既包含了容错的事件类型，又包含了容错的条件类型，对于科学界定容错的边界具有重要价值。但是正如有研究总结的，容错适用情形无法详尽列举、容错判别尺度不易准确拿捏。[②]《关于进一步激励广大干部新时代新担当新作为的意见》是关于容错纠错机制的较高层级的规范，所规定的容错免责情形较为笼统，给地方留下了更大的探索空间。但是各地在可容的尺度上与“不可容”的尺度把握等方面存在较大差异，需要结合本地实际，进一步将容错情形具体化、清单化。对于干部干事创业中对拿不准的事项，应当严格按照《中国共产党重大事项请示报告条例》的规定，及时向上级党组织请示，不能随意扩大容错的范围。

2. 容错纠错的分析研判

容错纠错具体工作中要妥善把握事业为上、实事求是、依纪依法、容纠并举等“四个原则”，结合动机态度、客观条件、程序方法、性质程度、后果影响以及挽回损失等“六个要件”，充分考虑主客观因素，全面辩证地看待出现的失误。

对干部的失误错误应当按照下列标准进行综合分析判断，对该容的大胆容错，不该容的坚决不容。在动机态度上，必须是过失，或者由于不可抗力、难以预见等因素造成失误或错误，且没有为自己、他人、单位谋取私利。在客观条件上，一般表现为在推进改革中因缺乏经验、先行先试出现失误或错误，或者在尚无明确限制的探索性试验中出现失误或错误。在程序方法上，按照规定的权限、程序和方式依法履职，重点考察是否经过民主决策程序，是否属于情况紧急临机决断。在性质程度上，必须是法律法规没有明令禁止、符合党中央决策部署、有利于改革创新和发展大局，而同时应符合

① 《江苏：容错纠错机制支持干部大胆干事》，载共产党员网，http://news.12371.cn/2017/06/28/ARTI1498629787628309.shtml，最后访问日期：2024 年 3 月 20 日。

② 梅立润、吴世坤：《如何推进容错机制研究？——基于既有核心议题及其疏漏的评价及展望》，载《湖北行政学院学报》2019 年第 4 期。

党规党纪的硬性规定或者不与党规党纪的宗旨和原则相违背，对于党规党纪规定较为笼统、具有自由裁量空间的事项，可以从宽进行解释。① 在后果影响上，表现为工作没有达到预期，未造成损失影响或损失影响较小，被广大干部群众理解认可。在挽回损失的情况上，表现为及时挽回损失、消除不良影响、有效阻止危害结果发生。

各地根据重点工作和发展目标，应本着宽严相济、粗细适宜的原则，进一步科学划定容错的标准条件，着重从有禁与无禁、为公与为私、有意与无意、集体决策与独断专行等方面进行研判，做到弄清情况、精准把握、认真酌定、厘清责任。从各地所出台的实施意见来看，容错的标准要件基本包含了《关于进一步激励广大干部新时代新担当新作为的意见》中的六个基本要件，但在表述方法上存在一定差别，比如中共甘肃省委印发的《鼓励改革创新干事创业容错纠错实施办法》提出，容错情形的认定要结合行为性质、动机目的、时间节点、程序方法、错误原因、错误程度、社会评价以及损失挽回等情况，综合判断。有些地方则仅规定了其中部分要件，比如中共沈阳市委印发的《沈阳市容错纠错实施办法（试行）》重点就性质程度、程序方法、动机态度、挽回损失情况四个方面进行认定。

3. 容错纠错的界限

容错不等于无限度宽容，更不是一些干部主观犯错、随意试错甚至违纪违法的“挡箭牌”“保护伞”。并非所有的错都能容，容错并不是给纪律松绑，而是要准确把握政策界限，对违纪违法行为必须严肃查处，确保容错在纪律红线、法律底线内进行。

《关于进一步激励广大干部新时代新担当新作为的意见》规定的“三个区分”在明确容错情形的同时，要求严格区分“失误错误”与“违纪违法”、“主观无意”与“明知故犯”、“大胆改革”与“无视规矩”的界限，核心是要划清因乱作为而犯错与因敢作为而失误的界限，区分干部失误和错误的界限、失误错误与违纪违法行为的界限，为干部改革创新营造一个良好的制

① 赵迎辉：《新时代干部容错纠错机制的建构及完善》，载《山东社会科学》2020 年第 1 期。

度环境与政治生态。[①]《关于进一步激励广大干部新时代新担当新作为的意见》并未就不该容的错误作出精细规定，各地文件采取清单式、列举式的方法规定了容错纠错的界限，主要包含事件类型与条件类型两类。对于什么情况下必须问责，各地文件中也普遍也提到一种情形，就是对重大安全责任事故、严重生态破坏责任事故、严重群体性事件等重大安全责任事故必须问责追责。比如，江西省、北京市、辽宁省沈阳市等地出台的文件均将重大安全责任事故明确为不予容错免责的事件类型。同一个错误如果再次出现是否还能免责，《关于进一步激励广大干部新时代新担当新作为的意见》要求，科学识别“明令禁止后依然我行我素的违纪违法行为”，各地文件同时画出红线，对在同一工作、同一问题上重复出现失误的不予容错。比如，甘肃省兰州市出台的《兰州市市管领导干部免责暂行规定》提出，对于被免责的干部，如在同一项工作、同一个问题上再次出现失误，造成较大损失或较重影响的，不再免责。此外，违反政治纪律和政治规矩的，为自己或者他人谋取不正当利益的，事后不积极整改纠错的，重大决策失误等均属于不能容错的条件类型。

（三）容错纠错的程序

规范并遵守容错认定程序是保障容错纠错机制正确实施的前提和基础。什么情况下可以容错免责，要有严格的认定程序，通过规范的程序对当时的情况进行调查、取证，将程序放在重要的地位。关于容错纠错工作的程序，各地的做法大同小异，一般都是这样规定的：相关单位或个人因改革创新失误出现受到追责等情形时，可向相关的纪检监察部门或组织部门提出申请，经核实认定后，根据不同的情况予以不同的处理。从各地探索来看，容错纠错的具体环节主要包括提出申请、调查核实、研究认定、反馈意见等，确保容错纠错运行程序制度化、规范化。

① 薛瑞汉：《建立健全干部改革创新工作中的容错纠错机制》，载《中州学刊》2017年第2期。

1. 提出申请

容错申请既可以由干部本人主动提出，也可以由有关党组织主动发现并提出。相关单位或干部在改革创新过程中出现工作失误或错误受到问责追责时，认为符合容错免责具体情形的可按照工作隶属关系或干部管理权限，在规定时限内向有关容错免责认定主管部门提出书面容错免责申请，详细阐明申请事项及理由。相关问责机关或职能部门在启动问责程序或责任调查过程中，应按照中央有关规定，将容错纠错工作贯穿问责和调查全过程，统筹考虑、同步调查有无容错情形、是否具备容错条件，并认真听取被调查单位和干部的意见，认为符合容错情形的，应当在形成问责追责处理意见时，同步提出容错建议。容错建议应根据问题性质提交容错免责主管部门，以在干部评价、问题定性、事件处理等工作中运用。

2. 调查核实

有关容错免责认定主管部门在受理容错免责申请人的申请后，应及时牵头成立调查组，启动容错调查核实工作。对情况较复杂、专业性较强、涉及面较大、社会关注度较高的容错事项，可邀请相关单位参与调查核实。调查核实过程中，相关单位或干部本人应实事求是向调查组作出说明并提供相关依据。对符合容错情形的，调查组应全面准确收集相关证据材料，广泛听取各方面意见包括干部本人和所在单位意见，对失误错误的历史背景、决策过程、客观条件、造成后果及补救措施等进行综合评估，认真甄别性质、准确分析情节、综合研判成因、精准认定责任。对于情况复杂或者存在争议的，要组织有关人员进行听证、论证。对于不符合容错情形的，受理机关或部门应当给予解释答复。调查核实应形成书面报告，提出结论性意见，并按有关规定提出容错认定以及免责、减责的建议，按干部管理权限报同级党委（党组）。

3. 研究认定

有关容错免责认定主管部门在对容错免责申请人的申请形成调查报告后，应进行集体讨论，依法依纪作出是否予以容错免责的认定意见。对情况复杂的，必要时可考虑会商，邀请相关部门、服务对象、利害关系人、业务领域专家等代表参加，会商结果报同级党委（党组）研究决定。对符合容错免责条件、属于容错免责情形的，作出免予问责处理或终止问责程序的认定意见；对确需追责但按照相关规定可以从轻、减轻处理的，作出减责处理的认定意见；对不属于容错情形、不符合容错条件的，按有关规定处理。认定意见应报同级党委（党组），由其按照干部管理权限，以领导班子集体讨论的形式研究决定。

4. 情况反馈

经党委（党组）审定，对给予容错的，由容错免责认定主管部门在规定时间内将容错免责认定意见书送达容错免责申请人，并通过适当形式在一定范围内通报，同时报送当地党委、政府及上一级容错免责认定主管部门备案审查。不予容错的，按照有关规定办理。有关单位或干部本人对容错结论有异议的，可以提出申诉或者申请复核，有关机关和部门应当依据有关规定受理并作出处理。

（四）容错纠错的保障措施

容错纠错机制已基本建立，但在实践中能否真正执行到位是需要进一步考虑的问题。为确保容错纠错真正发挥制度实效，必须从强化容错纠错的结果运用、辩证分析容错与纠错的关系、澄清保护等其他相关配套制度保障其健康运行。

1. 强化结果运用

强化容错结果运用，就是要进一步明确“容错之后怎么办”。《中国共产党问责条例》第十七条、第十八条分别规定了不予问责或免于问责、从轻或者减轻问责的情形，其中“在推进改革中因缺乏经验、先行先试出现的失误，尚无明确限制的探索性试验中的失误，为推动发展的无意过失”“在决策实施中已经履职尽责，但因不可抗力、难以预见等因素造成损失的”“及时采取补救措施，有效挽回损失或者消除不良影响的”“积极配合问责调查工作，主动承担责任的”均属于为激发和保护干部改革创新积极性而准予容错的情形。根据过错与责任相适应原则，“容错”必然意味着“免责”或

“减责”，免责是指免除相关责任，减责是指从轻或减轻处理。不能简单地将“容错”等同于“免责”，还包含了在处理时要从轻减轻责任。免责和减责必须在党章和《中国共产党纪律处分条例》《中国共产党问责条例》等党内法规规定的范围和幅度内进行，不得与党章党规、法律法规、上级政策文件的规定相违背。

《关于进一步激励广大干部新时代新担当新作为的意见》规定，对给予容错的干部，考核考察要客观评价，选拔任用要公正合理。各地文件在考核考评、选拔任用的基础上，进一步对容错结果的使用进行了较为明确的规定。基本共识有：认定符合容错免责情形的干部个人，在评先评优、表彰奖励和考核任用时不受影响和不做负面评价；干部所在单位在年度目标责任考核、党风廉政建设考核等相关工作考核中一般不受影响；党代表、人大代表、政协委员和后备干部资格不受影响。[①] 对符合容错条件给予免责的干部，要一往情深关心，一如既往信任，一视同仁使用。对确需追责的干部，根据有关规定可以减责，酌情从轻、减轻处分或组织处理。要同时运用免责与激励两种方式，在年度考评、提拔任用中优先考虑敢干敢闯、敢于担当的干部，鼓励干部在改革探索和创新实践中积极履职尽责。比如，可以通过大力宣传先进典型，营造鼓励担当作为、崇尚苦干实干的浓厚氛围。吉林、江西、浙江、北京、重庆等地相继通过制定宣传先进典型激励广大干部担当作为的工作方案、表彰“担当作为好干部”和“干事创业好团队”等形式对担当实干先进典型进行集中宣传报道。

2. 健全纠错改正机制

从容错与纠错的关系来看，容错是手段，纠错是目的，二者辩证统一，相辅相成。纠错是继出错、容错之后的必然行为，出错的必然性、容错的必要性，决定了纠错是改革发展过程中不可或缺的重要环节。[②] 在改革的未知领域和难啃的“骨头”面前，改革者受认知能力、经验阅历等方面的影响，

① 李蕊：《容错机制的建构及完善——基于政策文本的分析》，载《社会主义研究》2017年第2期。

② 谷志军：《基于责任本位的容错纠错机制》，载《中国高校社会科学》2020年第6期。

失误错误在所难免，要允许在改革探索中犯错误。但“容错”并不意味着不需要改正错误，需要在“容错”之后严格纠错整改，对错误产生的原因、过程及后果进行全面评估，督促相关主体及时整改错误，使改革失误的损失最小化。只有及时纠错改错，“容错”的价值和意义才能彰显，才能及早纠偏和及时补救，做到让干部少犯错、不犯错，或者不再次犯同样的错。

健全纠错改正机制可以采取以下措施：一是抓早抓小，加强日常监督管理。对领导干部一些苗头性、倾向性问题或错误，要做到早发现、早提醒、早纠正，对普遍存在的共性问题，及时掌握动态，有针对性地教育引导，完善制度机制。二是查找原因、纠正错误。对存在过错或失误的单位或个人，可以采取以下措施：对于认定存在失误或过错的领导干部，容错前后要及时进行纠错，通过提醒约谈、诫勉谈话等形式督促其查找原因，制定整改措施，跟踪督办，对出现的失误或过错进行纠正处理，推动问题整改，将损失降到最低。三是运用好“四种形态”，实施分类处置。通过咬耳扯袖、红脸出汗，在民主生活会上开展批评和自我批评，帮助绝大多数有问题的干部及时纠正错误。对认错态度好、主动挽回损失和影响的，应当体现政策，予以免责，确需追究责任的，从轻减轻处理。对个别心存侥幸、隐瞒问题、拒不改错、对抗组织的，按照党纪政纪规定严肃处理，并采取多种措施纠错，挽回损失，纠错的主体应是发现错误和处理相关问题的上级组织机构和相关人员。

3. 完善澄清保护机制

完善澄清保护机制能够为领导班子和党员干部改革创新解除后顾之忧，最大限度地保护和支持党员干部改革创新。从个人层面来讲，有利于被诬告者恢复受损名誉，保障干部权益，让干部感受到组织的关怀和温暖，使他们放下思想包袱、心无旁骛干事创业；从集体层面来讲，就是要表明单位和组织的鲜明态度，提升组织的公信力，形成激浊扬清、干事创业的良好政治生态；从社会层面来讲，鼓励广大党员和群众积极向上向善，通过努力工作获得相应的待遇，不断净化社会风气，营造崇德向善、遵规守法的良好社会环境。

完善澄清保护机制，对所反映问题失实或受到诬告的单位或个人，可以区分情况采取以下措施：一是对查无实据或轻微违纪但不够追究纪律责任的信访问题，可以通过谈心、召开会议和通报等适当方式，及时澄清事实，消除负面影响。二是对恶意中伤诬陷他人、干扰改革创新或持续无理上访造成恶劣影响的，视情节给予批评教育，情节严重者依据《中国共产党纪律处分条例》《中国共产党党内监督条例》等党内法规和《监察法》等国家法律追究责任。同时《关于新形势下党内政治生活的若干准则》也明确要求，“对受到诽谤、诬告、严重失实举报的党员，党组织要及时为其澄清和正名”。三是核查有关问题时坚持以事实为依据，以法律、法规、政策和纪律规定为准绳，全面收集各方面的意见或建议，充分听取容错免责申请人的解释、说明或申辩，客观公正处理。各省区市通过制定实施办法和工作措施，综合运用召开会议、发放正名通知书、发布公告等形式，积极为被诬告、被“污名化”干部澄清正名。

第五章

党内保障的体系构造

党内保障体系是党的监督保障体系中的重要组成部分，完善党内保障体系建设，对于构建党内法规体系、全面推进依法治国、建设社会主义法治国家都具有重大意义。目前学界没有关于党内保障体系的定义，党内保障规范的内容也存在争议，有的学者认为党的保障性规范是“党员权利保障，包括规范党员权利保障、权利救济、申诉等有关方面”。[①] 有学者将党内保障性法规分为“权利保障和工作保障两类”。[②] 党内法规权威教材规定：“党的监督保障法规，就是通过制度规范，明确保障责任、保障内容、保障要求，调整调动各方面资源力量，实现对党员权利、制度建设、机关运行等方面的保障，以确保党组织工作活动高效顺畅进行。”[③]

党内保障体系涉及党的活动各个方面，从调整对象来看，为党组织权力运行和制约、党员行使权利和履行义务提供保障；从党内法规运行来看，为党内法规的制定、实施、监督、责任落实等环节提供保障；从党务活动的分类来看，包括党组织履行职责和党的机关运行提供保障；从制度规范的性质来看，为党内法规制度建设提供制度保障。总的来说，党内保障体系可以分为权利行使保障、义务履行保障、制度建设保障和机关运行保障四个部分。

---

① 王建芹：《法治视野下的党内法规体系建设》，载《中共浙江省委党校学报》2017 年第 3 期。

② 李少杰：《党的监督保障法规制度：概念、结构与价值》，载《理论建设》2020 年第 4 期。

③ 宋功德、张文显主编：《党内法规学》，高等教育出版社 2020 年版，第 259 页。

一、权利行使保障

（一）党员权利内容保障

党员是党的肌体的细胞，是党的活力的源泉，党的一切活动都要落实到党员这一主体上。党员行使权利参与党内事务，是党的活动的起点。只有落实并保障好党员权利，才能把党员主体地位落到实处，使党员更多地了解和参与党内事务，激发广大党员的积极性、主动性、创造性，增强党的创造力、凝聚力、战斗力，永葆党的先进性和纯洁性，从而形成全党为建设社会主义现代化国家、实现中华民族伟大复兴而奋斗的政治局面。党章明确规定了党员的权利，党章之下有专门的党员权利保障条例，全面系统地规定了保障党员权利的原则、内容、措施以及各级党组织的职责任务和侵犯党员权利的责任追究方式。这些制度性规定构成保障党员权利行使的基石，为党员主体地位提供了制度依据。

1. 党员权利内容

党章第四条明确规定了党员的8项权利，2004年9月，中共中央专门印发《中国共产党党员权利保障条例》，将这8项权利细化为13项具体权利。2020年11月，中共中央政治局会议对该条例进行了修订，通过明确和细化党员权利内容，充实和完善保障措施，重申和严明纪律规矩，进一步提高党员权利保障工作的水平和效果。

《中国共产党党员权利保障条例》第二章将党章规定的8个方面党员权利，进一步明确细化为:（1）党内知情权。党员有权按照规定参加党的有关会议、阅读党的有关文件，了解党的路线方针政策和决议，本人所在党组织贯彻党中央决策部署以及上级党组织决定、落实全面从严治党主体责任、开展重点工作情况以及其他党内事务。（2）接受党的教育培训权。党员有权提出教育培训要求，参加党组织安排的集中学习教育、专题学习教育、集中轮训、脱产培训、网络培训。（3）党内参加讨论权。党员有权在党的会议上和党报党刊上参加关于党的理论、政策的学习讨论，并充分发表意见；有权按照规定在党内参加有关重要决策和重要问题的讨论，参加党组织开展的征求意见等活动，反映真实情况，积极建言献策。(4)党内建议和倡议权。党员有权以口头或者书面方式对本人所在党组织、上级党组织直至中央的各方面工作提出建议和倡议，有权按照规定在干部选拔任用中推荐优秀干部，在党组织巡视巡察、检查督查中对党的工作提出建议。(5)党内监督权。党员有权在党的会议上以口头或者书面方式有根据地批评党的任何组织和任何党员，揭露、要求纠正工作中存在的缺点和问题，在民主评议中指出领导干部和其他党员的缺点错误；有权向党组织反映对本人所在党组织、领导干部、其他党员的意见。党员以书面方式提出的批评意见应当按照规定送被批评者或者有关党组织。党员有权向党组织负责地揭发、检举党的任何组织和任何党员的违纪违法事实，提出处理、处分有违纪违法行为党组织和党员的要求。(6)党内提出罢免撤换要求权。党员有权向所在党组织或者上级党组织反映领导干部不称职的情况，负责地提出罢免或者撤换不称职领导干部的要求。(7)党内表决权。党员有权按照规定在党组织讨论决定问题时参加表决，在表决前了解情况，在讨论中充分发表意见。表决时可以表示赞成、不赞成或者弃权。(8)党内选举权和被选举权。党员有权参加党内选举，了解候选人情况、要求改变候选人、不选任何一个候选人和另选他人。党员有党内被选举权，有权经过规定程序成为候选人和当选。(9)党内申辩权。党员有权实事求是地对被反映的本人问题向党组织作出说明、解释；在基层党组织讨论决定对自身处分或者作出鉴定时，有权参加和进行申辩，其他党员可以为其作证和辩护。(10)党内提出不同意见权。党员对党的决议和政策如有不同意见，在坚决执行的前提下，有权向党组织声明保留，并且可以把自己的意见向党的上级组织直至中央反映；有权按照规定在党组织讨论决定“三重一大”事项或者征求意见、干部选拔任用以及公示等过程中提出不同意见。(11)党内请求权。党员遇到重要问题需要党组织帮助解决的，有权按照规定程序逐级向本人所在党组织、上级党组织直至中央提出请求，并要求有关党组织给予负责的答复。(12)党内申诉权。党员对于党组织给予本人的处理、处分或者作出的鉴定、审查结论不服的，有权按照规定程序逐级向本人所在党组织、上级党组织直至中央提出申诉。党员认为党组织给予其他党员的处理、处分或者作出的鉴定、审查结论不当的，有权按照规定程序逐级向党组织直至中央提出意见。（13）党内控告权。党员合法权益受到党组织或者其他党员侵害的，有权向本人所在党组织、上级党组织直至中央提出控告，要求对侵害其合法权益的行为依规依纪进行处理。

《中国共产党党员权利保障条例》在规定党员权利的同时，也划出了权利边界，要求党员行使权利应当按照组织原则，符合有关程序，党员行使权利时不得侵犯其他党员的权利等。比如，党员在讨论党的基本理论、基本路线、基本方略的过程中，应当自觉同党中央保持高度一致；党员行使党内监督权利，进行批评、揭发、检举以及提出处理、处分要求，应当通过组织渠道，不得随意扩散传播、网络散布，不得夸大和歪曲事实，更不得捏造事实、诬告陷害；党员提出罢免或者撤换要求应当严肃负责，按照组织原则，符合有关程序；党员行使党内提出不同意见权利，不得公开发表同中央决定不一致的意见。

2. 党员权利保障措施

党章第四条明确规定，党的任何一级组织直至中央都无权剥夺党员的权利。《中国共产党党员权利保障条例》贯彻“坚持充分全面保障党员权利”的原则，设立“保障措施”专章，系统规定了20项保障措施，努力实现党员权利保障与党的建设各项工作有机融合，构建系统全面的保障措施体系。随着党的建设理论和实践的深化，保障党员权利的措施手段进一步拓展，权利内涵不断丰富。《中国共产党党员权利保障条例》不再按照每项权利分别对应规定保障措施，而是集成和运用新时代党的建设新举措新经验新成果，全面整体对应保障党员各项权利，实现多层次多渠道多方位的权利保障。

一是完善保障措施内容。根据实践发展和工作需要，《中国共产党党员权利保障条例》总结有关经验做法和创新性制度，与时俱进新增了系列保障措施。比如，该条例第二十八条规定，“党组织应当健全党代表大会代表联系党员制度，支持和保障党代表大会代表加强与基层党员的联系，了解和反映党员意见和建议，听取党员对其履职的意见。领导干部应当认真执行直接联系党员制度，深入实际、深入基层，主动听取党员意见和诉求，及时回应党员关切”，新增了健全党代表大会代表联系党员制度、领导干部直接联系党员制度。该条例第三十三条规定，“党组织应当建立健全激励机制，把党员在推进改革中因缺乏经验、先行先试出现的失误错误，同明知故犯的违纪违法行为区分开来；把尚无明确限制的探索性试验中的失误错误，同明令禁止后依然我行我素的违纪违法行为区分开来；把为推动发展的无意过失，同为谋取私利的违纪违法行为区分开来”。该条创新提出“三个区分开来”，要求正确把握党员在工作中出现失误错误的性质和影响，给予实事求是、客观公正的处理，保护党员担当作为的积极性。

二是增强保障措施的系统性。《中国共产党党员权利保障条例》专章规定党员权利“保障措施”，有的保障措施对应着多项权利，有的则是一项权利通过多项保障措施系统地保证，实现党员各项权利与保障措施之间的整体对应、有效贯通，提高保障措施的针对性、协调性、可操作性，更有利于有力有效保障党员权利。比如，第三十一条规定：“党组织在巡视巡察和检查督查中，可以通过个别谈话、召开座谈会、调查研究、受理来信来访等方式，广泛收集和听取党员意见建议。被巡视巡察、检查督查的党组织应当保障党员反映意见的权利，不得妨碍党员反映问题、提出建议。”其对应的是保障党员建议和倡议权、监督权、提出不同意见权等多项权利。再如，对党员监督权的保障，涉及第二十七条规定的“支持党员提出意见建议”、第三十二条规定的“严格落实党内民主监督制度”等多项措施。

三是形成保障措施体系。有关保障党员权利的党内法规制度，除党章和《中国共产党党员权利保障条例》外，《关于新形势下党内政治生活的若干准则》《中国共产党党内监督条例》《中国共产党党务公开条例（试行）》《中国共产党党员教育管理工作条例》等也都从不同层面和角度对保障党员权利作出规定，从而形成了以党章为统领，《中国共产党党员权利保障条例》为核心的权利保障制度体系。《中国共产党党员权利保障条例》作为专门性、基础性党员权利保障制度，将党章、准则、其他条例以及相关具体法规制度的规定衔接贯通起来，实现党员权利保障工作与党的领导和党的建设各项工作有机融合、相互衔接，构建系统全面的保障措施体系，形成党员权利保障的制度合力。

3. 党员权利保障的职责任务

保障党员权利是全党共同责任。能否将党员权利保障的制度规定和措施要求落到实处，关键要明确各级党组织和领导干部的职责任务。《中国共产党党员权利保障条例》着眼于坚持和加强党的全面领导，以党章为根本遵循，紧密结合党员权利保障工作实际，对党委（党组）、党的纪律检查机关、党的工作机关、党的基层组织以及领导干部在保障党员权利方面的职责任务，逐一作出明确规定。党委（党组）是关键，必须落实全面从严治党主体责任，加强对党员权利保障工作的领导；党的纪律检查机关要加强监督检查，受理和处置党员权利保障方面的检举、控告和申诉，对侵犯党员权利的案件进行检查和处理；党的工作机关要结合自身职能和工作实际，抓好党员权利保障工作的落实，研究解决职责范围内党员权利保障工作的重要问题，提出相关的意见或建议，为保障党员权利正常行使创造条件、提供服务；党的基层组织要发挥战斗堡垒作用，着力打通党员权利保障工作的“最后一公里”；领导干部特别是高级干部要以身作则，带头履行义务、正确行使权利，营造党员积极行使权利的良好氛围，模范遵守和严格执行党员权利保障方面的法规制度，抓好工作落实。

4. 党员权利保障的职责追究

党要管党、从严治党，就要靠严明纪律。保障党员权利，同样离不开严明纪律要求、严肃责任追究。在实践中，当前一些地方一些部门还存在保障职责落实打折扣、保障措施执行不到位、侵犯和漠视党员权利的问题。同时，有的党员不正确行使权利、滥用权利，甚至公开发表违背党的理论和路线方针政策和党中央重大决策部署的观点意见的情况也时有发生。《中国共产党党员权利保障条例》详细列明了党组织和领导干部侵犯党员权利、党员不正确行使权利的具体情形，并明确了对侵犯党员权利和在保障党员权利工作中失职失责的党组织、领导干部、党员的追责问责方式，以及纪律责任与法律责任等其他责任相衔接的内容。

（二）党员行使权利存在的问题及完善建议

中国共产党是中国特色社会主义事业的领导核心，党员是社会主义建设坚强力量，是党的活力的源泉。尊重党员的主体地位，充分保障党员权利的行使，有利于调动广大党员的积极性、主动性、创造性，激励党员充分发挥先锋模范作用，形成建功新时代、争创新业绩的浓厚氛围。虽然党章和《中国共产党党员权利保障条例》等党内法规都明确规定了党员权利，但是党员在实际行使权利时却存在困难。

1. 党员行使权利存在的问题

党员权利规范的原则性导致党员行使权利困难。《中国共产党党员权利保障条例》以党章为基础和依据，对保障党员权利作出了规定，但“条例是党章精神和党章规定的具体化，是对中国共产党的某一领域重要关系或者某一方面重要工作作出的全面规定”[①]，条例中的规定仍然是指导性、原则性规定，其本身并不能直接用于实际操作。比如，根据《中国共产党党员权利保障条例》第二十三条规定[②]，党组织在作出重要决定、决议前，“应当通过调研、论证、咨询等方式，充分征求党员意见”，该条例只是作出原则性规定，关于如何开展“调研、论证、咨询”，则需要出台专门或者相关文件进行具体细化，才能把“征求党员意见”这一规定落地落实。另外，《中国共产党党员权利保障条例》中的“党代表大会代表联系党员制度”、巡视巡察和监督检查中的“个别谈话、召开座谈会”等制度都需要在选举、巡视巡察等工作领域的文件中进一步具体化。所以说，“在党规制度体系中，各类规范按照下位合乎上位、左右相互衔接、先后协调一致的内在逻辑要求，连接成一个

---

① 宋功德、张文显主编：《党内法规学》，高等教育出版社 2020 年版，第 30 页。

② 《中国共产党党员权利保障条例》第二十三条规定：“党组织作出重要决议决定前，应当通过调研、论证、咨询等方式，充分征求党员意见，在党内凝聚共识、汇集智慧。党的路线方针政策和党中央重大决策部署、重要党内法规研究制定过程中，应当在一定范围内征求党员意见。党的地方组织、基层组织研究作出重要决议决定，应当在本级组织管辖的一定范围内征求党员意见。一般情况下，对于存在重大分歧的，应当在进一步调查研究、交换意见后再启动决策程序。”

纵横交错、互联互通、逻辑自洽的整体”。[①] 党员权利保障不是单独成线、自成一体的相关规范能完成的，党员行使权利涉及党的活动各个方面，这需要各领域出台规定、办法、规则、细则等规范都要考虑党员权利保障的问题，从而使保障党员权利的各项制度更加具体化、更具有可操作性。

党内法规来自党的领导和自身建设的实践经验，而“实践探索通常是问题导向，不太关注逻辑性与体系化”[②]，某一领域出台的党内法规往往以该领域的实践经验为基础，针对的是该领域具体问题的解决，缺乏整体性思考，不注意党内法规之间的协调性、统一性。这很容易理解，比如某省出台贯彻《中国共产党巡视工作条例》的实施办法，必然会以上位法规《中国共产党巡视工作条例》为依据，以该省的巡视巡察工作实践和经验为基础，来制定具体的实施办法，往往不会跨领域考虑与其他党内法规的协调性、统一性问题，除非有其他上位法规对巡视巡察工作有特殊的规定。比如，《中国共产党党员权利保障条例》第三十一条提出，“党组织在巡视巡察和检查督查中，可以通过个别谈话、召开座谈会、调查研究、受理来信来访等方式，广泛收集和听取党员意见建议”，该规定属于上位法规定，并且对巡视巡察工作作出了特殊规定，因此该省在制定具体实施办法时，才会考虑将保障党员权利的具体的条款纳入实施办法中。

2. 保障党员权利行使的建议

一是树立正确的权利观念。正确的权利观念是指党员对自身在党内具有的权利的认知和评价，是党员行使权利的思想基础。中国共产党的领导是中国特色社会主义最本质的特征，是中国特色社会主义制度的最大优势，党的治党执政目标要求必须保持党的先锋队性质和党员的先进性，因此就党员的义务权利而言，党员义务具有优先性。“党内法规中，党组织和党员的义务在文本规定、逻辑关系、数量对比以及运作状态上都优于权利，呈现出‘义务本位’的基本属性。”[③] 但是党员是党的细胞，每一名党员都是义务的主体

① 宋功德：《党规之治：党内法规一般原理》，法律出版社 2021 年版，第 377 页。

② 宋功德：《党规之治：党内法规一般原理》，法律出版社 2021 年版，第 440 页。

③ 石伟：《论党内法规的制度边界》，载《社会主义研究》2020 年第 6 期。

也是权利的主体，党员自身义务与权利的辩证统一关系，是平衡党的权力配置的根本方式，是保持党的先进性和纯洁性、增强党的凝聚力和战斗力的基础。因此，就保障党员行使权利与约束党员履行义务而言，两者有同样重要的地位。“没有义务党将不党，没有权利党亦难成党。”①

一方面，党员义务和党员权利是一体的，党员行使权利是为了更好地履行义务。比如，党员行使党内知情权，按照规定参加党的有关会议、阅读党的有关文件，是更好履行“学习党的基本知识”，“学习科学、文化、法律和业务知识”，“贯彻执行党的基本路线和各项方针、政策”等党员义务的前提。另一方面，保障党员权利是发扬党内民主的关键。党员不是为了私利而加入党组织，党内法规授予党员党内知情权、党内参加讨论权、党内建议和倡议权、党内监督权等权利，也不是为了党员的一己私利，而是便于党员以主体身份参与党的政治活动。党员的权利主要是民主权利，党员不享有权利就无法发扬党内民主。这就要求每一名党员都要树立正确的权利观念，增强党员的角色荣誉感和身份认同感，党组织通过建立长效教育机制、提升党员自身素质和完善有关制度上塑造党员正确的权利观念，努力在全党形成尊重党员权利、尊重党员主体地位的政治氛围。

二是构建全面的、具体的党员权利保障体系。党员权利涉及党的活动各个领域，保障党员权利不是某项规范或某一领域规范能够自成一体、单独成线能够实现的，需要坚持整体视野，将党员权利保障融入党的组织建设、党的领导、党的自身建设和党的监督保障等各个领域，注重不同领域的制度规范衔接协调，实现党员权利保障工作与党的领导和自身建设各项工作有机融合、相互衔接，构建系统全面的保障措施体系。同时，要细化制度规范，制度规范是党员行使权利的依据，应当围绕“于事简便、于法周延”的原则，对需要细化的党员权利保障制度规范，要尽快制定实施细则，坚持理论与实际相结合，注重增强制度规范的可操作性，力求各项保障措施尽可能合理合法、明确具体、便于执行，尽量避免出现弹性和模糊空间，让党员更广泛地

---

① 宋功德：《党规之治：党内法规一般原理》，法律出版社 2021 年版，第 255 页。

参事议事，把党内民主不断推向前进。

三是建立健全党员行使权利的程序。程序是行使权利、制约权力的重要保障。“实体法规定的权利和义务或者权力和责任只有通过适当的程序才能实现。”[①]目前没有专门的党员行使权利的程序性法规，程序性规定大多散见于党内法规的章节之中。总体来说，党内法规制度建设呈现“重实体、轻程序”的特征。“党规应当设立一套完善的党务程序制度，涵盖党务活动的各方面、各领域、各层级、各行为、各环节。”[②]保障党员行使权利，要调整现行党内法规程序规定的立法立场，转变程序无用论、程序烦琐论等错误观念，从尊重党员权利角度入手，按照党组织权力的运行过程，逐步完善决策型程序、执行型程序和监督型程序，将党员权利的行使融入党内政治生活的各项程序，建立健全党员行使权利的程序性规定，消除党内法规程序规定的盲区。通过程序充分发扬党内民主，凝聚智慧，汇聚共识，使决策更加科学、执行更加有力、监督更加完善。另外，程序也是制约权力的重要方式，程序的作用在于有效制约权力行使的随意性[③]。赋予党员以党内知情权、党内参加讨论权、党内建议和倡议权、党内监督权、党内表决权、党内提出不同意见权等权利，并通过设置一定的程序，以权利制约权力，这样既保障了党员权利的行使，也达到了制约党组织和“一把手”权力的目的。

（三）党员权利救济保障

党员权利救济是指党员的权利受到党组织、党员侵害时，有权向相应的党内机关提出申请，由相应的党组织按照一定的程序采取补救措施，作出恢复原状、消除影响等处理，以维护党员权利。党员权利救济是党员权利保障的最后环节，具有终局性评判的作用，做好党员权利救济保障工作，既是保障党员合法权益的必然要求，也是维护党内法规权威性的重要抓手，在全面

① 张光杰主编:《法理学导论》，复旦大学出版社2015年版，第17页。

② 宋功德:《党规之治：党内法规一般原理》，法律出版社2021年版，第185页。

③ 郭顺才:《思想纵横：自觉增强程序意识》，载《人民日报》2018年4月9日，第7版。

依法治国的时代背景下，党员权利救济制度是否完备，还体现了我们党以法治思维和法治方式进行管党治党、全面从严治党的能力和水平。

1. 党员权利救济的意义

（1）党员权利救济关系党员切身利益。救济权是权益受到侵害时产生的，请求对受损权益加以弥补的权利。在党务关系中，核心是党组织权力和党员权利的关系，而两者的矛盾成为党务关系中的主要矛盾[①]。“从中国共产党自身建设的实践来看，由于以往过于强调党员对组织决议的遵守与服从，过于强调党员的义务与责任，忽视对党员的关爱与呵护，党员权利遭遇挤压的情况时有发生。”[②] 因此，当党员权利受到挤压或彼此利益发生冲突而得不到实现时，就需要党建立相应的救济机制来作出最终权威评判。

党章规定，党员有“向党的上级组织直至中央提出请求、申诉和控告，并要求有关组织给以负责的答复”的权利，这是党员权利救济的依据和遵循。当党员民主权利遭受侵害时，根据党员提出请求，由党内机关依据党内法规，按照一定程序，借助党组织公权力采取补救措施消除侵害，使党员重获权利自由或获得相应补偿，以维护和实现党员的合法权益。党员权利的救济涉及党员权利的行使、处分处理等重大事项，关系党员主体地位的实现，甚至关系党员的政治生命。因此，应当以谨慎负责的态度对待党员权利救济。

（2）党员权利救济可以有效规范权力运行。党组织权力和党员权利是党务关系中的主要矛盾，侵害党员权利的行为主要是来自党组织，行使救济权直接目的就是制止、纠正对党员权利的侵害。《中国共产党党员权利保障条例》第三十七条第一款规定：“对于党员的申诉，有关党组织应当按照规定进行复议、复查，不得扣压。”通过保障落实党员权利救济的权利，对党组织的权力的运行进行“复议、复查”，从事后来说，这是对党组织权力运行的再审视、再审查，纠正纠偏不法侵害，确保党员权利得以恢复或者得到补

---

① 宋功德：《党规之治：党内法规一般原理》，法律出版社 2021 年版，第 286 页。

② 刘长秋：《依规治党下党员权利与党内权力的冲突与协调研究》，载《党内法规理论研究》2019 年第 2 期。

救；从事前来说，完善党员权利救济机制，是对党组织规范行使权力的一种震慑，这种“事后监督”的行为成为党组织行使权力时不得不考虑的方面，在一定程度上可以防止党组织权力运行过程中的不规范行为，确保党组织职能职责不走样变形。因此，保障党员行使救济权，对党组织权力运行是一种约束。“我们说要把权力关进制度的笼子里，就是要依法设定权力、规范权力、制约权力、监督权力。”[①] 依法依规对党员权利进行救济，纠正、制止或矫正党组织侵权行为，使受损害的党员权利得到恢复，既是对党员权利的保护，也是对党组织权力不当运行的事后纠正。虽然党员权利救济是一种事后的、消极的补救，但仍然是对党组织权力的运行进行规范、制约和监督的重要手段。

（3）党员权利救济可以调动党员积极性，促进党内民主。在公法领域内，与“原权”相对称，救济权作为一种事后救济被称为“第二权”[②]，“有权利必有救济”已经成为一种共识[③]。在党内法规领域内，虽不能简单地套用公法领域的权利救济的做法，但是借鉴其分析思维来审视权利救济的规律和方向，总结党员权利救济的价值仍然是可行的。党章明确规定了党员有“请求、申诉和控告”的权利，但是从法理上来讲，党员的“救济权”仍然是因党员“原权”受到侵害而产生的“第二权”，虽然党员权利“救济权”具有一定的附属性，附属于党员的其他权利，但对于党员行使其他权利来说，“救济权”具有基础保障的作用。更为重要的是，根据法律的一般理论，公民的权利救济有多种救济模式，有学者认为公民权利救济体系包括：司法救济模式、上访救济模式和群体救济模式[④]，有学者认为从权利救济的主体角度将公民权利救济方式大致分为三种：私力救济、公助救济、公力救济。[⑤] 但是，对于党

① 习近平：《领导干部要做尊法学法守法用法的模范　带动全党全国共同全面推进依法治国》，载《人民日报》2015年2月3日，第1版。

② 张光博主编：《简明法学大词典》，吉林人民出版社1991年版，第1524页。

③ 林莉红：《行政救济基本理论问题研究》，载《中国法学》1999年第1期。

④ 贺海仁：《从私力救济到公力救济——权利救济的现代性话语》，载《法商研究》2004年第1期。

⑤ 王琳：《试析教师权利的救济途径》，载《教学与管理》2003年第13期。

员来说，权利救济的方式只有党内途径一种方式，是确保党员行使其他权利的基础，完善党员权利救济机制，可以调动党员行使其他权利、参与党的政治生活的积极性，促进党内民主，增强党的生机和活力。

2. 党员权利救济的主体

党章第四条规定，党员有权“向党的上级组织直至中央提出请求、申诉和控告，并要求有关组织给以负责的答复”，第四十六条规定，党的纪律检查委员会的职责包括“受理党员的控告和申诉”。《中国共产党党员权利保障条例》第十八条规定：“党员有党内申诉权，对于党组织给予本人的处理、处分或者作出的鉴定、审查结论不服的，有权按照规定程序逐级向本人所在党组织、上级党组织直至中央提出申诉。”《中国共产党纪律检查机关控告申诉工作条例》第一条规定，受理对党员、党组织的检举、控告和党员、党组织的申诉，是党的纪律检查机关的一项重要职责。

关于党员权利救济主体的规定，党章和《中国共产党党员权利保障条例》的规定是存在差异的。党章规定党员权利救济主体为“党的上级组织直至党中央”，《中国共产党党员权利保障条例》规定的权利救济主体为“本人所在党组织、上级党组织直至中央”。因为党章规定比较原则，《中国共产党党员权利保障条例》是对党章规定的细化，所以应当区分情况加以分析。如果党员不服本级党组织作出的决定，那么其有权向本人所在的党组织直至党中央提出权利救济请求，权利救济主体为“本人所在党组织、上级党组织直至中央”；如果决定是上级党组织作出的，党员本人所在的党组织没有受理、承办的权限，那么党员权利救济主体只能是上级党组织直至党中央。

党员权利救济的主体主要是作出决定的党组织及其上级党组织。党的纪律检查委员会的职责包括“受理党员的控告和申诉”，因此，党员权利救济主体包括相应的同级纪律检查委员会。例如，某基层党组织负责人——村支书出现违纪行为，相关党组织给予了该村支书处分决定，该村支书不服处分决定，如果处分决定是由乡镇党委作出的，该村支书可以向乡镇党委及同级纪律检查委员会提出申诉；如果处分决定是由县纪律检查委员会作出的，该村支书只能向县委及同级纪律检查委员会提出申诉。

3. 党员权利救济的内容

党务工作纷繁复杂，党员权利救济的内容涉及党务工作各个环节，主要包括以党章、《中国共产党党员权利保障条例》为核心的党内法规规定的党员的各项权利。如果党员作为公民的权利受到政党行为的侵害，而政党行为不具有可诉性，无法通过法律等其他救济途径保护权利，在此情形下，作者认为，党员有权利通过党内救济的方式请求党组织对其公民权利予以保障。例如，某党员干部违规为子女操办婚宴，收受礼金 1 万元，该党员干部受到党内警告处分，但是要求追缴违纪款为 2 万元，该党员干部的财产权受到了侵犯，该党员干部不能通过法律手段对自己的权利予以保护，只能通过党内救济的途径维护自己的权利。

4. 党员权利救济的方式

根据《中国共产党党员权利保障条例》，党员权利救济的方式包括申诉和控告。第十八条规定，党员有党内申诉权，对于党组织给予本人的处理、处分或者作出的鉴定、审查结论不服的，有权按照规定程序逐级向本人所在党组织、上级党组织直至中央提出申诉。党员认为党组织给予其他党员的处理、处分或者作出的鉴定、审查结论不当的，有权按照规定程序逐级向党组织直至中央提出意见。第十九条规定，党员有党内控告权，合法权益受到党组织或者其他党员侵害的，有权向本人所在党组织、上级党组织直至中央提出控告，要求对侵害其合法权益的行为依规依纪进行处理。

5. 党员权利救济主体的职责

根据党员权利救济主体的职责的不同，可以将党员权利救济主体分为救济受理党组织与救济承办党组织两种。救济受理党组织是指依照党内法规接受救济申请的党组织。救济承办党组织是指依照相关党内法规对救济进行核实、立案调查、作出处理的党组织。受理党组织与承办党组织可能为同一党组织，也可能为不同的党组织。《中国共产党纪律检查机关控告申诉工作条例》第二十二条规定，涉及下级党的委员会管理的党员干部和一般党员的检举、控告、申诉，按照分级负责的原则，转交下级相应的纪律检查党组织或有关党组织办理。具体来说，救济受理党组织与承办党组织在党内救济关系中分别承担如下职责。

（1）受理党组织的职责。根据相关党内法规规定，党内救济的受理党组织应当履行以下三个方面的职责：第一，受理职责。《中国共产党党员权利保障条例》第三十七条规定，“党组织应当认真处理党员的申诉，并给予负责的答复”，这要求受理党组织按照规定的范围受理申诉，无正当理由不得拒绝受理。同时该条规定明确了例外，“对于无正当理由反复申诉的，有关党组织应当正式通知本人不再受理并在适当范围内宣布”。第二，告知职责。这一职责要求受理党组织应当告知申请权利救济的党员拒绝受理的理由。对申请材料不符合要求之处，需要补正的，应当一次性告知申请人，方便申请人补齐。第三，移送职责。这一职责要求受理党组织及时对不属于自身职权范围的救济申请或不属于职责范围的救济问题向有权党组织移送。例如，《中国共产党纪律检查机关控告申诉工作条例》第二十二条规定，“涉及下级党的委员会管理的党员干部和一般党员的检举、控告、申诉，按照分级负责的原则，转交下级相应的纪律检查党组织或有关党组织办理”。

（2）承办党组织的职责。根据相关党内法规规定，承办党员权利救济的党组织应当履行以下六个方面的职责：第一，及时办理的职责。《中国共产党党员权利保障条例》第三十七条规定，“对于党员的申诉，有关党组织应当按照规定进行复议、复查，不得扣压。上级党组织认为必要时，可以直接或者指定有关党组织进行复议、复查”。承办党组织应当及时办理自己受理的和上级、本级纪委交办的控告、申诉案件。第二，监督职责。承办党组织应当在处理过程中了解党风党纪情况和违纪案件线索并向同级纪委反映。第三，指导职责。承办党组织应当调查研究控告、申诉情况，拟定控告申诉工作的规章制度，并对下级纪律检查党组织的控告、申诉工作进行业务指导。第四，报告职责。承办党组织要按规定履行两个方面的报告义务：一是对应由上级处理的问题，要迅速报告上级处理；二是对上级纪律检查党组织要求报告调查处理结果的控告、申诉案件，一般应在三个月内进行报告。第五，立卷归档职责。承办党组织对控告、申诉等调查处理完毕后，应当按档案工作的规定，及时立卷归档。第六，维护申请权利救济党员的合法权益。承办党组织应当履行如下三个方面的义务：一是对申请党员的控告、申诉内容，应当保密；二是不得对申请党员进行歧视、刁难、压制；三是对打击报复申请救济的党员的，必须追究责任，严肃处理。

6. 党员权利救济的程序

根据《中国共产党党员权利保障条例》的原则性规定，《中国共产党纪律检查机关控告申诉工作条例》《党的纪律检查机关案件审理工作条例》规定了具体的控告、申诉程序，其中申诉包括申请、受理、复议和复查、作出处理决定、告知申请主体等具体程序；控告包括申请、受理、调查、作出处理决定、告知申请人等具体程序。

（1）申诉的具体程序

一是申请。申请是申诉程序启动的前提，党员提出申请需要满足下列要求：首先，有明确的申诉对象，即必须有党组织给予党员的处理、处分或者作出的鉴定、审查结论；其次，有明确的被申诉主体，即要求注明具体的党组织名称；再次，提供相关的证据，即必须要有证明自己权利受到侵害的证据；最后，满足一定的形式要求，即申诉一般要求以书面形式申请。值得注意的是，《中国共产党党员权利保障条例》规定申诉程序的提起，可以由党员本人提起，也可以由其他党员代为提起申诉申请。

二是受理。除了《中国共产党党员权利保障条例》第三十七条规定的例外之外，相关党组织必须接收党员申诉的申请，进行书面审查，并作出受理或不受理的决定。对主体合格、被申请人明确、有初步证据证明的党员申诉申请，必须受理，对需要复议、复查的，由纪检机关相关负责人批准后受理；对不符合要求的申请，依规决定不予受理，并告知申请人不予受理的理由；对符合申请条件，但依规应由下级党组织或下级纪律检查机关管辖的，应依程序转交。

三是复议、复查。经初步审核作出是否进行复议、复查的决定。对不需要复议、复查的，终止申诉程序，并由承办机关向申请人说明理由，做好工作。对于需要复议、复查的，根据《中国共产党纪律检查机关控告申诉工作条例》的相关规定，按照党的纪律检查机关案件审理工作的有关规定办理，具体包括指定承办人或审议组办理、形成审理意见、集体审议案件、与申请主体谈话、征求相关部门的意见、纪委常委会审批等程序。最后复议、复查工作应当在九十日内办结。

四是作出处理决定。申诉承办机关经过复议、复查，对正确的原结论或处理，应作出维持原结论或处理的决定，并报原批准机关的党的委员会或纪律检查委员会批准结案。对需要改变的原结论或处理决定，应作出新的处理决定，并经原批准机关的党的委员会或纪律检查委员会批准执行。

五是告知申请主体。对申诉的问题复议、复查后，由承办机关将复议意见或复议、复查结论告知申请人，听取其意见。

（2）控告的具体程序

一是申请。申请是启动控告程序的前提，提出控告申请要满足以下几个方面的要求：首先，有明确的救济对象。明确的救济对象是指有明确的被侵害的权利或者具体的组织处理、党纪处分。其次，有明确的被申请人。要求具体注明党组织名称或党员姓名。再次，提供相关证据。必须有证明权利受到侵害的初步证据。最后，满足一定的形式要求，重要控告一般要求书面形式。

二是受理。受理控告的党组织在收到控告申请后，应当在规定的期限内进行审查并作出处理：对符合控告申请条件的，应当依规决定受理；对不符合控告申请条件的，依规决定不予受理，并告知申请人不予受理的理由；对符合控告申请条件，但超越级别管辖的，应当及时报告有权管辖主体；对符合控告申请条件，但依规应由下级纪律检查机关、下级党组织管辖的，转交下级相应纪律检查机关或有关党组织。

三是调查。控告的调查分为如下两个步骤：首先，初步核实。初步核实是进入立案调查的前置条件，只有通过初步核实，才能进入立案检查程序。对不需立案而被控告人确有缺点、错误的，可由承办机关的纪律检查机关或有关党组织责成其作出检讨或说明，或通过党内生活进行批评教育。其次，立案检查。立案检查包括三个方面的内容：第一，立案检查的批准。根据相关规定，对党的委员会、纪律检查委员会成员的立案检查，必须报同级党的委员会批准。对一般党员干部立案检查的重要问题，应当报告上级纪律检查委员会。第二，立案检查的程序。立案检查的程序按照党的纪律检查机关案件检查工作有关规定办理，具体包括分级立案、组织调查、取证、制作调查报告、征求被调查人所在单位党组织意见、移送审理等程序。第三，立案检查的时限。一般而言，立案检查的时限为三个月，必要时可延长一个月。案情重大或复杂的案件，在延长期内仍不能查结的，可报立案机关批准后延长调查时间。

四是作出处理决定。调查终结后，依据查证属实的事实，依据国家法律和党内法规分别作出不同处理：对需要追究党纪责任的案件，案件经审理并报本级纪委常委会讨论后，应将调查报告、被调查人对错误事实材料的书面意见和检讨材料以及调查组对被调查人意见的说明材料的复制件，送交被调查人所在单位作出处理决定。该党纪处分决定应当在一个月内作出，并按照处分党员的批准权限呈报审批。对不需要追究党纪责任的，直接将相关材料送交被调查人所在单位，作出相应批评教育、组织处理。

五是告知申请人。对控告问题作出处理后，由承办机关或有关党组织将处理结果告知申请人，并应当听取其意见。

二、义务履行保障

从政治学角度分析，“任何政党都必然具有自己的政治目标”[①]，党的十九大报告指出：“中国共产党一经成立，就把实现共产主义作为党的最高理想和最终目标，义无反顾肩负起实现中华民族伟大复兴的历史使命……中华民族伟大复兴，绝不是轻轻松松、敲锣打鼓就能实现的。全党必须准备付出更为艰巨、更为艰苦的努力。”相对于实现我们党治党执政目标而言，“如果少讲义务多讲权利，那么目标不可能实现，如果多讲义务少讲权利，目标仍有可能实现，革命战争年代的党即是最好的例证”[②]。由此可见，相对

① 王浦劬等：《政治学基础》，北京大学出版社2014年版，第210页。

② 宋功德：《党规之治：党内法规一般原理》，法律出版社2021年版，第255页。

于享有权利而言，履行义务对于政党巩固政权、实现社会发展具有更加重要的意义。

从广义上讲，政党的义务包括党员应当履行的义务和党组织应当履行的义务。党员义务是指党员应当按照党内法规的要求，必须作出或者不能作出一定行为的约束。除了党员义务包括党章规定的八项义务之外，还应当遵从其他党内法规规定的义务。比如，《中国共产党廉洁自律准则》《中国共产党支部工作条例（试行）》《中国共产党党员教育管理工作条例》等党内法规规定的党员义务。另外，从党员到党员干部再到党员领导干部，由于身份的不同，对党员的要求是递增的，党员应当履行的义务也是递增的。党组织应当履行的义务，即根据党章和其他党内法规的规定，按照总揽全局、协调各方的原则，在同级各种组织中发挥领导核心作用应当履行的职责。纵向来看，党的中央组织、党的地方组织和党的基层组织应当履行的职责是不同的；横向来看，各领域党委（党组）和党的各工作机关应当履行的职责也是不同的。

总体上来说，党员的义务多于权利，义务是第一要求，党组织的职责决定党组织的权力[①]，职责也是第一位的。全党共同遵循的“义务多于权利”“奉献多于索取”的政治态度，体现了党的先锋队性质，厚植了党的执政基础，是党带领人民不断攻坚克难实现中华民族伟大复兴的根本动力。

（一）义务内容的设置

党的性质决定了党的义务是第一位的，义务与“权利”相对，是指政治上、法律上、道义上应尽的责任。党内关系的主体主要是党组织和党员[②]，因此，党的义务包括党员的义务和党组织的职责。党员义务和党组织职责覆盖治党执政各领域，涵盖党的领导和党的自身建设各方面，体现在党的活动的各环节、全过程。党员义务和党组织职责都规定在以党章为核心的党内法规之中，没有党规之外的强制义务，也没有党规之外的特殊职责，通过党规设

---

① 宋功德：《党规之治：党内法规一般原理》，法律出版社 2021 年版，第 258 页。

② 参见欧爱民：《中国共产党党内法规总论》，人民出版社 2019 年版，第 260 页；宋功德：《党规之治》，法律出版社 2015 年版，第 164 页。

置一套完整的义务设定、运行、监督机制，保证党员依规履行义务、党组织依规履行职责。

1. 党员的义务

（1）学习的义务。学习义务主要体现在如下三个方面：一是认真学习马克思列宁主义、毛泽东思想、邓小平理论、“三个代表”重要思想、科学发展观和习近平新时代中国特色社会主义思想；二是学习党的路线、方针、政策和决议；三是学习党的基本知识和党的历史，学习科学、文化、法律和业务知识。

（2）发挥先锋模范作用的义务。根据党章规定，党员必须增强“四个意识”、坚定“四个自信”、做到“两个维护”，贯彻执行党的基本路线和各项方针、政策，带头参加改革开放和社会主义现代化建设，带动群众为经济发展和社会进步艰苦奋斗，在生产、工作、学习和社会生活中起先锋模范作用。

（3）服从的义务。服从的义务主要包括两个方面：一是坚持党和人民的利益高于一切，个人利益服从党和人民的利益；二是党员要服从组织分配，积极主动地完成党组织分配的任务。

（4）遵纪守法的义务。遵纪守法的义务主要包括三个方面：一是自觉遵守党内法规，贯彻执行党的路线、方针、政策和决定，做一个合格的党员；二是模范遵守国家的法律法规，做一个合格的公民；三是严格保守党和国家的秘密。

（5）忠诚的义务。忠诚义务主要体现在如下两个方面：一是对党忠诚老实，言行一致，反对阳奉阴违的两面派行为和一切阴谋诡计；二是要维护党的团结和统一，坚决反对一切派别组织和小集团活动。

（6）批评和自我批评的义务。该义务内容包含两个方面：一是批评义务。批评的义务是指对党和国家机关及其工作人员的缺点要勇于提出批评意见，对其中的违法乱纪行为要敢于揭露检举，坚决同消极腐败现象作斗争。二是自我批评义务。自我批评的义务是指敢于揭露和纠正自己工作和生活中存在的缺点和错误。

（7）密切联系群众的义务。密切联系群众的义务主要包括两个方面：一是向群众宣传党的主张，帮助人民群众解决现实问题；二是及时向党反映群众的意见和要求，切实维护人民群众的正当利益。

（8）奉献的义务。奉献的义务主要包括两个方面：一是要克己奉公，反对一切形式的个人主义和自私自利行为；二是要有牺牲精神，为了保护国家和人民的利益，在一切困难和危险的时刻敢于担当，不怕牺牲个人的权益。

此外，根据党章第一条的规定，党员还负有按期交纳党费的义务。党费是党员向党组织交纳的用于党的事业和党的活动的经费。交纳党费是党员对党组织应尽的义务，是党员关心党的事业的一种表现。它不仅可以为党组织提供活动经费，给党组织经济上的帮助，还可以增强党员的组织观念。按照党章规定，党员向党组织交纳党费，是党员的基本义务。《关于中国共产党党费收缴、使用和管理的规定》详细规定了党费收缴的标准、使用的范围和管理方式。其中第十三条规定："对不按照规定交纳党费的党员，其所在党组织应及时对其进行批评教育，限期改正。对无正当理由，连续6个月不交纳党费的党员，按自行脱党处理。"

党章原则上规定了党员的八项义务，其他党内法规根据不同领域党的活动的不同要求，对党员义务进行了细化、具体化，并设定惩罚性规定确保党员正确履行义务。另外，党员义务的设置遵循义务和身份相匹配的规律。习近平总书记曾指出："从严治党，关键是要抓住领导干部这个'关键少数'，从严管好各级领导干部。"[①] 由于普通党员、党员干部、党员领导干部和党员高级领导干部所承担的责任不同，所以党内法规对不同身份的党员约束是不同的，党内法规对党员领导干部提出更多的义务性要求，以规范其权力的行使，体现从严治党和从严治吏的要求，保证党员干部科学履职、避免产生特权和专断等现象。例如，依据《关于领导干部报告个人有关事项的规定》，一定级别的党员干部负有如实申报包括财产在内的个人事项的义务，而普通党员缺乏党员干部的身份，不要求其向党组织申报个人事项。

---

① 《习近平从严治党十八警句》，载《人民日报》2016年7月1日，第9版。

2. 党组织的职责

党组织作为具体的行为主体，在具体的党务活动中以党的名义履职尽责。职责是职权的基础[①]，有一定的职责就会配置一定的职权，职权也是必须为的职责，职责与职权犹如硬币的两面浑然一体，不可分割。党章和有关中央党内法规，围绕管党治党、执政治国，在各级各类党组织中分层分类作了分解配置，明确了各自职权职责，为其履职尽责、发挥作用指明了方向，划出了边界。

（1）党的中央组织

一是党的全国代表大会和全国代表会议。根据党章第二十条规定，党的全国代表大会有六项职权，包括听取和审查中央委员会的报告、审查中央纪律检查委员会的报告、讨论并决定党的重大问题、修改党的章程、选举中央委员会、选举中央纪律检查委员会。根据党章第二十一条规定，党的全国代表会议的职权是：讨论和决定重大问题，调整和增选中央委员会、中央纪律检查委员会的部分成员。

二是党的中央委员会。根据党章第二十二条规定，中央委员会在全国代表大会闭会期间，执行全国代表大会的决议，领导党的全部工作，对外代表中国共产党。

三是中央政治局及其常务委员会。根据党章第二十三条规定，中央政治局及其常务委员会在中央委员会全体会议闭会期间，行使中央委员会的职权。中央书记处是中央政治局和它的常务委员会的办事机构。中央委员会总书记负责召集中央政治局会议和中央政治局常务委员会会议，并主持中央书记处的工作。

---

① 宋功德：《党规之治》，法律出版社 2015 年版，第 218 页。

（2）党的地方组织

一是党的地方各级代表大会。根据党章第二十六条规定，党的地方各级代表大会有四项职权，包括听取和审查同级党的委员会的报告、审查同级党的纪律检查委员会的报告、讨论本地区范围内的重大问题并作出决议、选举同级党的委员会和同级党的纪律检查委员会。根据党章第十二条规定，党的地方各级委员会在必要时召集代表会议，讨论和决定需要及时解决的重大问题。

二是党的地方各级委员会。关于党的地方各级委员会的职权职责，党章第二十七条作了原则性规定，即党的地方各级委员会在代表大会闭会期间，执行上级党组织的指示和同级党代表大会的决议，领导本地方的工作，定期向上级党的委员会报告工作。《中国共产党地方委员会工作条例》第三条规定，党的地方委员会在本地区发挥总揽全局、协调各方的领导核心作用，按照协调推进"四个全面"战略布局，对本地区经济建设、政治建设、文化建设、社会建设、生态文明建设实行全面领导，对本地区党的建设全面负责。

三是党的地方各级委员会的常务委员会。《中国共产党地方委员会工作条例》第十条规定，党的地方各级委员会的常务委员会在地方委员会全会闭会期间行使党的地方委员会职权，主持经常工作。其主要职责是：召集全会，向全会报告工作并接受监督；对拟提交全会讨论和决定的事项先行审议、提出意见；组织实施上级党组织决策部署和全会决议、决定；向上级党组织请示报告工作，讨论和决定下级党组织请示报告的重要事项；对本地区经济社会发展和宣传思想文化工作、组织工作、纪律检查工作、群众工作、统一战线工作、政法工作等方面经常性工作中的重要问题作出决定；按照有关规定推荐、提名、任免干部，必要时对重要干部的任免可以征求党委委员意见；教育、管理、监督干部；研究决定党员干部纪律处分有关事项；对应当由常委会决定的其他重要事项作出决定。

（3）党的基层组织

党章第三十二条规定了党的基层组织八项基本任务，包括：①宣传和执行党的路线、方针、政策，宣传和执行党中央、上级组织和本组织的决议，充分发挥党员的先锋模范作用，积极创先争优，团结、组织党内外的干部和群众，努力完成本单位所担负的任务。②组织党员认真学习马克思列宁主义、毛泽东思想、邓小平理论、“三个代表”重要思想、科学发展观、习近平新时代中国特色社会主义思想，推进“两学一做”学习教育、党史学习教育常态化制度化，学习党的路线、方针、政策和决议，学习党的基本知识，学习科学、文化、法律和业务知识。③对党员进行教育、管理、监督和服务，提高党员素质，坚定理想信念，增强党性，严格党的组织生活，开展批评和自我批评，维护和执行党的纪律，监督党员切实履行义务，保障党员的权利不受侵犯。加强和改进流动党员管理。④密切联系群众，经常了解群众对党员、党的工作的批评和意见，维护群众的正当权利和利益，做好群众的思想政治工作。⑤充分发挥党员和群众的积极性创造性，发现、培养和推荐他们中间的优秀人才，鼓励和支持他们在改革开放和社会主义现代化建设中贡献自己的聪明才智。⑥对要求入党的积极分子进行教育和培养，做好经常性的发展党员工作，重视在生产、工作第一线和青年中发展党员。⑦监督党员干部和其他任何工作人员严格遵守国家法律法规，严格遵守国家的财政经济法规和人事制度，不得侵占国家、集体和群众的利益。⑧教育党员和群众自觉抵制不良倾向，坚决同各种违纪违法行为作斗争。

（4）党组

根据党章第四十八条规定，党组的任务，主要是负责贯彻执行党的路线、方针、政策；加强对本单位党的建设的领导，履行全面从严治党责任；讨论和决定本单位的重大问题；做好干部管理工作；讨论和决定基层党组织设置调整和发展党员、处分党员等重要事项；团结党外干部和群众，完成党和国家交给的任务；领导机关和直属单位党组织的工作。以此为依据，《中国共产党党组工作条例》对党组的职权职责作出了进一步的细化和具体化。

（5）党的纪律检查机关

根据党章第四十六条规定，党的各级纪律检查委员会是党内监督专责机关，主要任务是：维护党的章程和其他党内法规，检查党的路线、方针、政策和决议的执行情况，协助党的委员会推进全面从严治党、加强党风建设和组织协调反腐败工作，推动完善党和国家监督体系。党的各级纪律检查委员会的职责是监督、执纪、问责，要经常对党员进行遵守纪律的教育，作出关于维护党纪的决定；对党的组织和党员领导干部履行职责、行使权力进行监督，受理处置党员群众检举举报，开展谈话提醒、约谈函询；检查和处理党的组织和党员违反党的章程和其他党内法规的比较重要或复杂的案件，决定或取消对这些案件中的党员的处分；进行问责或提出责任追究的建议；受理党员的控告和申诉；保障党员的权利。

（6）党的工作机关

根据《中国共产党工作机关条例（试行）》第十一条规定，党的工作机关应当履行以下职责：①坚决贯彻落实党的理论和路线方针政策以及党委决策部署，确保政令畅通；②研究部署职责范围内的工作，按照规定制发党内法规和规范性文件，抓好组织实施和督促落实；③当好党委参谋助手，及时报告有关情况、反映问题、提出意见建议，为党委决策提供服务；④抓好机关党的建设工作，加强对本单位群团工作的领导；⑤承办党委和上级工作机关交办的有关事项。

（二）义务履行的方式

党员义务和党组织职权都规定在以党章为核心的党内法规之中，没有党规之外的强制义务，也没有党规之外的特殊职权。2021 年 7 月 1 日，习近平总书记在庆祝中国共产党成立 100 周年大会上宣布，我们党已经“形成比较完善的党内法规体系”。但是“好的法规制度如果不落实，只是写在纸上、贴在墙上、编在手册里，就会成为‘稻草人’、‘纸老虎’，不仅不能产生应有作用，反而会损害法规制度的公信力”。[①] 由此可见，权利义务的履行情况取决于党内法规的实际效力，即党内法规的实施和被遵守的情况。换句话说，履行党的义务就是按照党内法规行为，按照党内法规行为就是履行

① 《习近平从严治党十八警句》，载《人民日报》2016 年 7 月 1 日，第 9 版。

党的义务。

1. 自觉履行义务

自觉履行义务就是党内法规的遵守，通常是指党的各级各类组织和广大党员严格依照党内法规从事各类事务和行为的活动[①]。党内法规的遵守主体是党员和党组织，其中，党员是党的肌体细胞和党的活动的主体，是党内法规的具体实施者，要受到党内法规的约束；党组织在同级各类组织中处于领导核心地位，党组织义务的履行，最终落实为党员履行义务来具体实施。因此，党的义务的履行，都是由党员具体履行义务来完成的。

党员遵守党内法规、履行义务是常态，违反党内法规和党的义务只能是一种非常态的情形。从契约论来看，作为党员，为了实现党和国家的利益，自愿加入党并承诺让渡自己的权利，从而必须履行党的义务；从法律正当论来看："人们遵守法律的主要原因在于，集体成员在信念上接受了这些法律，并且能够在行为上体现这些法律所表达的价值观。"[②]党员是中国工人、农民、知识分子等社会各阶层的先进分子，党内法规是党的性质和宗旨的体现，党员自愿遵守党内法规、履行党员义务，源自内心对共产主义的信仰。值得注意的是，党内法规中存在大量倡导性的、规定心理状态和道德养成的规定，这些规定体现党员先进性，但是却难以外化为具体的行为，因此，无法设定具体的党规责任进行约束，只能由党员自觉以更高的道德标准、行为标准约束自己的行为，自觉遵守党内法规、自觉履行党的义务。

党内法规的遵守，需要全党的共同参与，不但要外化于行，更为重要的是要内化于心。一方面，要通过教育宣传着力塑造党规制度意识。面向全体党员和各级党组织开展党规普及宣传活动，教育引导党员干部学规、知规、信规、崇规，明了规大于权、权由规出的道理，在全党形成办事依规、遇事找规、解决问题用规、化解矛盾靠规的浓厚氛围，牢固树立党规制度的严肃

---

① 金成波：《论党内法规实施体系的构建》，载《中共中央党校（国家行政学院）学报》2021年第1期。

② ［美］昂格尔：《现代社会中的法律》，吴玉章、周汉华译，译林出版社2001年版，第29页。

性和权威性，让依规办事蔚然成风。另一方面，要通过严格执规塑造依规办事的行为方式。各级各类党规制度的执行部门，必须切实履行起严格执行党规的职责，不缺位、不越位，将党规制度规定落到实处，切实维护党规的严肃性和权威性，推动形成各级党组织依规用权、全体党员依规维权的行为方式，保证党组织的工作、活动和党员行为与党规要求相一致，在党规制度轨道上有序推进党的事业。

2. 强制履行义务

强制履行义务主要是靠强力推动党内法规的执行，来实现党员和党组织履行党的义务。党内法规的执行是指党组织和党员领导干部根据党内法规履行职权职责，推动党内法规落实的活动。2017 年 6 月，中共中央印发《关于加强党内法规制度建设的意见》。该意见提出，到建党 100 周年时形成高效的党内法规制度实施体系这一目标。为了提高党内法规执行力，2019 年 9 月，中共中央出台《中国共产党党内法规执行责任制规定（试行）》，党中央从制度层面对党内法规的执行进行顶层设计，建立党内法规执行责任制，明确规定各级党组织和全体党员负有遵守党内法规、维护党内法规权威的义务，压实了各级党组织和党员领导干部执行党内法规的政治责任，为推动党内法规全面深入执行指明了方向和道路。

（1）明确执行主体责任。一是地方各级党委。地方各级党委对本地区党内法规执行工作负主体责任，应当坚决贯彻党中央决策部署以及上级党组织决定，带头严格执行党内法规，并领导、组织、推进本地区党内法规执行工作，支持和监督本地区党组织和党员领导干部履行执规责任。二是党的基层组织。街道、乡镇党的基层委员会和村、社区党组织，国有企业党委，实行党委领导下的行政领导人负责制的事业单位党组织，对本地区本单位执行有关党内法规负主体责任，领导、组织、推进本地区本单位党内法规执行工作，其他单位中党的基层组织按照规定推动有关党内法规在本单位的执行。三是党组（党委）。党组（党委）对本单位（本系统）执行有关党内法规负主体责任，领导、组织、推进本单位（本系统）党内法规执行工作。四是党的纪律检查机关。党的纪律检查机关应当带头严格执行党内法规，并对其他党组织和党员领导干部履行执规责任进行监督检查，切实维护党章和其他党内法规。五是党的工作机关。党委办公厅（室）负责统筹协调本地区党内法规执行工作，推动党委关于党内法规执行部署安排的贯彻落实，党委职能部门、办事机构、派出机关、直属事业单位等，对主要规定其职权职责的党内法规，负有牵头执行的责任，并组织、协调、督促、指导有关党组织和党员领导干部执行有关党内法规。其他相关单位应当按照党内法规规定各司其职、各尽其责，协助配合牵头部门共同执行党内法规。六是党员领导干部。党员领导干部应当敢于担当、勇于负责，以上率下、以身作则，带头学习宣传党内法规，带头严格执行党内法规。党委（党组）书记应当认真履行本地区本单位党内法规执行第一责任人职责，分管党内法规工作的班子成员承担党内法规执行直接责任，其他班子成员按照“一岗双责”要求抓好分管领域党内法规执行工作。

（2）健全执行体制机制。通过确立起党委统一领导、党委办公厅（室）统筹协调、主管部门牵头负责、相关单位协助配合、纪检机关严格监督的体制机制，将承担党内法规执行工作的地方各级各类党组织及党员领导干部全面纳入责任体系，加强了党中央对地方组织系统的权威性与行动规范，促进了中央政令与组织意志通过党内法规制度的形式逐级落实。

（3）完善制度保障。在制度保障方面，党内法规执行责任制总体围绕动员部署执规工作、教育培训执规能力、监督考核执规过程、评估审查执规效果建立起保障机制，推动党内法规执行责任制获得稳定长效的实施，并整体上提升党内法规的执行效果。

3. 监督履行义务

推动党员和党组织正确履行党的义务，离不开强有力的监督检查。以政党为界限，对党员和党组织履行义务的监督可以分为党内监督与党外监督。

（1）党内监督。在日常党务工作中，党组织最了解党员的行为，而党员也最了解党组织的活动，上下级党组织联系也比较紧密，因此，党员和党组织是否履行义务，党内监督体系中最有力的监督，也是最常态化的监督。《中国共产党党内监督条例》规定，党内监督体系包括党委（党组）全面监督、纪律检查机关专责监督、党的工作部门职能监督、党的基层组织日常监督和党员民主监督。加强党内监督，关键是要整合监督检查力量，既加强各自的职能范围内的监督，又注重相互之间的协调配合，形成对党员和党组织履行义务的监督合力，共同促进党员和党组织正确履行义务。同时要把党员和党组织按照党内法规履行党的义务的情况纳入巡视巡察、述责述廉等专项监督中，实现集中与分散结合，动态与静态结合，形成多管齐下、齐抓共管的党内监督网，共同促进党员和党组织正确履行义务。

（2）党外监督。党外监督的主体包括人大、政协、政府、监察机关、司法机关以及审计机关，由于以上国家机关各自的职能不同，其监督的对象也是不同的。《中国共产党党内监督条例》第三十七条规定，“有关国家机关发现党的领导干部违反党规党纪、需要党组织处理的，应当及时向有关党组织报告。审计机关发现党的领导干部涉嫌违纪的问题线索，应当向同级党组织报告，必要时向上级党组织报告，并按照规定将问题线索移送相关纪律检查机关处理”。根据以上规定，同级人大、政府、监察机关以及司法机关等国家机关与审计机关，可以对党员领导干部遵守党内法规、履行党员义务的情况进行监督，而不能对党组织遵守党内法规、履行党组织义务的情况进行监督。

中国共产党同各民主党派长期共存、互相监督、肝胆相照、荣辱与共。各民主党派可以通过政治协商对中国共产党进行民主监督。《中国人民政治协商会议章程》第三条第三款规定：“民主监督是对国家宪法、法律和法规的实施，重大方针政策、重大改革举措、重要决策部署的贯彻执行情况，涉及人民群众切身利益的实际问题解决落实情况，国家机关及其工作人员的工作等，通过提出意见、批评、建议的方式进行的协商式监督。”因此，政协可以对同级党组织的活动进行民主监督，包括对党组织履行职责、履行义务的情况进行监督，但是不能对具体党员遵守党内法规、履行义务的情况进行监督。

《中国共产党党内监督条例》规定，各级党组织和党的领导干部应当认真对待、自觉接受社会监督。在对党员和党组织的监督领域内，社会监督的主体为公民、社会组织和法人，主要有公民监督和舆论监督两种社会监督的方式。党的十八大以来，随着国民的法律意识和民主观念不断增强，社会监督在对党员和党组织遵守党内法规、履行党的义务的监督中发挥着越来越重要的作用。各级党组织应当拓宽监督渠道，让社会力量参与到对党员和党组织的监督中来，利用互联网技术和信息化手段，推动党务公开、网络举报等制度，听取人民群众、社会舆论的意见，虚心接受批评，推动党员和党组织正确履行义务。

（三）强化责任追究

党内法规作为一种规范，能够对党组织活动和党员行为起到指引和约束作用，党内法规具有清晰、严密、完整的逻辑结构。党内法规的逻辑结构包括三个部分：适用假定、行为模式和法规后果。[①]“党内法规以明确的条文形式规定了党组织和党员的职权和职责、权利和义务，以及违反义务后应当承担的责任，是在规范形式上同法律最接近的规范类型。”[②]党规责任是指党组织和党员因违反党规党纪应当承担的、由党内法规规定的、具有强制性的不利后果。党规责任以义务性和禁止性规范为主要内容，并且由党内制裁和党纪处分强制保障执行，由此可见，强化责任追究是促进党员和党组织正确履行义务的最有力的保障。

1. 明确责任内容

党内法规作为党内行为规范，对党组织活动和党员行为提供指引和约束，规定了党组织和党员应当履行的义务，同时也明确相应的责任，如果党组织和党员违反党内法规义务性规定、禁止性规定，就要承担相应的责任，承担责任就意味着必须接受党内制裁或党纪处分等强制性惩罚措施，因此党组织和党员会避免承担党规责任，而严格遵守党内法规、正确履行党的义务。所以，在文本框架上，党内法规一般以总则、分则、罚则、附则方式“设定”党组织职责职权和党员义务权利，提出令行禁止的要求，并制定相

① 宋功德:《党规之治：党内法规一般原理》，法律出版社 2021 年版，第 357 页。

② 刘作翔:《当代中国的规范体系：理论与制度结构》，载《中国社会科学》2019 年第 7 期。

应的追责机制，从而在形式上形成完整的逻辑结构。

（1）文本中规定责任内容。一般情况下，党内法规会遵循制度规范的一般逻辑结构，在党内法规文本中规定适用假定、行为模式和法规后果三个部分，既规定党员和党组织应当履行的义务，也规定党员和党组织不正确履行义务应当承担的责任。比如，在《党政机关厉行节约反对浪费条例》中，规定了党政机关在经费管理、国内差旅和因公临时出国（境）、公务接待、公务用车、会议活动、办公用房、节约资源八个方面应当厉行节约的行为规范，也是党员和党组织应当履行的义务，同时专门设置一章规定责任追究，明确规定追究责任的情形、追究责任的方式等。

值得注意的是，在党内法规体系中，部分党内法规没有专门规定责任，“通常认为党内法规存在党规责任不足的缺陷，这既是部分事实，也存在一定误会”。[①] 一是因为我们党的先锋队性质，党内法规对党员和党组织提出了更高的行为、活动的标准，其中存在很多倡导性的、规定心理状态和道德养成的规定，一般情况下，无法外化为具体的行为或者活动，因此，无法规定具体的责任来追究责任。二是虽然具体的党内法规中没有规定责任追究，但是存在准用性规范《中国共产党纪律处分条例》和《中国共产党问责条例》。比如，《中国共产党支部工作条例（试行）》规定，党支部工作必须坚持践行党的宗旨和群众路线，组织引领党员、群众听党话、跟党走，成为党员、群众的主心骨。在该条例中，虽然没有党组织和党员违反群众路线的责任规定，但是《中国共产党纪律处分条例》第九章专门规定了对违反群众纪律行为的处分。

（2）专门追究责任的党内法规。在党内法规体系中，专门追究责任的党内法规有《中国共产党纪律处分条例》和《中国共产党问责条例》。《中国共产党纪律处分条例》规定了违反政治纪律、组织纪律、廉洁纪律、群众纪律、工作纪律和生活纪律六项纪律的情形和相应的惩戒措施，划出了党组织和党员不可触碰的底线。《中国共产党问责条例》针对的是党组织、党的领导干

① 管华：《党内法规制定技术规范论纲》，载《中国法学》2019年第6期。

部违反党章和其他党内法规，不履行或者不正确履行职责义务的情形，追究其相应的责任。追究责任的情形主要包括：党的领导弱化、党的政治建设抓得不实、党的思想建设缺失、党的组织建设薄弱、党的作风建设松懈、党的纪律建设抓得不严等 11 种应当问责的失职失责的情形。

2. 明确追责方式

党中央坚持惩前毖后、治病救人，运用监督执纪“四种形态”抓早抓小、防微杜渐，对党组织和党员分别规定了不同强度、不同类型的问责追责方式。

（1）对党组织的问责追责方式。《中国共产党问责条例》第八条规定，对党组织的问责追责方式主要包括检查、通报、改组。检查是指对履行职责不力、情节较轻的党组织，应当责令其作出书面检查并切实整改；通报是指对履行职责不力、情节较重的党组织，应当责令整改，并在一定范围内通报；改组是指对失职失责、严重违犯党的纪律、本身又不能纠正的党组织，予以改组。根据党章第四十四条第二款的规定，对于严重违犯党的纪律、本身又不能纠正的党组织，上一级党的委员会在查明核实后，根据情节严重的程度，可以予以解散。改组、解散既是对党组织的问责方式，也是一种纪律处分的方式。

（2）对党员的问责追责方式。主要包括通报、诫勉、组织调整或者组织处理、纪律处分等。通报是指进行严肃批评，责令作出书面检查、切实整改，并在一定范围内通报。诫勉是指以谈话或者书面方式进行诫勉。组织调整或者组织处理，主要适用于失职失责、危害较重不适宜担任现职的党的领导干部，应当根据情况采取停职检查、调整职务、责令辞职、免职、降职等措施。这是一项重要的问责追责措施，《中国共产党组织处理规定（试行）》《中国共产党不合格党员组织处置办法》对组织调整或者组织处理措施进行了专门规定，《中国共产党问责条例》《关于实行党风廉政建设责任制的规定》《领导干部报告个人有关事项规定》等党内法规也有相关规定。纪律处分，根据党章第四十一条第一款规定，对党员的纪律处分种类有警告、严重警告、撤销党内职务、留党察看、开除党籍五种。

3. 严肃执纪问责

党的义务具有不可放弃性，党组织和党员不履行或不正确履行党的义务必然要承担相应的责任，受到相应的惩戒。动员千遍不如问责一次。严肃执纪问责，不仅会使违规违纪者受到教育，也会对他人产生威慑和警示效应。因此，强化责任追究，严肃惩处违反党内法规、不履行党的义务的行为，是保证党组织和党员遵循党内法规、正确履行义务的根本措施。要把严肃执纪、加强责任追究作为引导党组织和党员正确履行义务的重要抓手，做到有规必依、执规必严、违规必究，对有令不行、有禁不止、不正确履行义务的行为，发现一起查处一起，严查失职者、失责者、违规者。

三、制度建设保障

加强党内法规制度建设是全面从严治党的长远之策、根本之策。党内法规制度建设是一个动态的过程，也是一个系统的工程。党内法规制度建设是包含党内法规的制定、实施，以及党内法规制度建设的领导体制、工作机制、队伍建设和工作保障等内容的统一体。2017 年 6 月，中共中央印发的《关于加强党内法规制度建设的意见》提出党内法规制度建设的目标是，到建党 100 周年时，形成比较完善的党内法规制度体系、高效的党内法规制度实施体系、有力的党内法规制度建设保障体系，党依据党内法规管党治党的能力和水平显著提高。

党内法规制度建设保障，是保证党内法规制度建设有序推进的体制机制的总称，是党内法规制度建设的基础内容。加强制度建设保障，是实现党内法规制度建设目标、优化党内法规制度建设的基础。

（一）强化组织领导

党内法规是伴随中国共产党百年革命、建设、改革的历史而存在的制度现象，是保持我们党的先进性和战斗力的力量源泉，是我们党进行管党治党、执政治国的重要依据。党内法规制度建设始终与党的治国理政实践相伴相随，党的工作开展到哪里，党内法规制度建设就延伸到哪里，这意味着，中国共产党对党内法规制度建设的规律把握和运用得更加自觉、更加深刻，新时代加强党内法规制度建设保障，关键是强化党的组织领导。

2015 年 8 月，中央党内法规工作联席会议制度建立，搭建起了统一、权威、高效的跨部门会商协作机制；从 2015 年起，中共中央书记处每年听取中共中央办公厅报告上年度全国党内法规工作情况和下年度工作安排。组织领导保障是核心，贯穿党内法规制度建设的所有工作，具有综合性、全局性、方向性等特点。党政军民学，东西南北中，党是领导一切的。党内法规制度建设必须强调党中央集中统一领导，始终坚持正确的政治方向，这需要各级党组织发挥领导核心作用，加强对职责范围内的党内法规制度建设的组织领导。

1. 把党内法规制度建设放在党和国家事业全局中、放在党的长期执政中来谋划和部署

党的十八届四中全会将党内法规体系纳入中国特色社会主义法治体系，十九大报告强调依法治国与依规治党有机统一，党的十九届四中全会强调坚持和完善中国特色社会主义制度、推进国家治理体系和治理能力现代化，必须坚持和完善党的领导制度体系。党的二十大报告明确提出了完善党的自我革命制度规范体系、不断完善党内法规体系、健全全面从严治党体系新的部署要求。因此，党内法规制度建设关系党的长期执政和国家长治久安，必须坚持依法治国与制度治党、依规治党统筹推进、一体建设。要把党内法规制度建设放在党和国家事业全局中、放在党的长期执政中来谋划和部署。一方面，牢牢把握坚持和加强党的全面领导这个根本点，健全总揽全局、协调各方的党的领导制度体系，把党的领导落实到国家治理各领域各方面各环节；另一方面，着眼于科学执政、民主执政、依法执政要求，明确和规范党对各方面工作领导的方向原则、体制机制、标准要求、方式方法、作用途径等，为坚持和加强党的全面领导提供制度遵循。坚持以党的实践为基础，加强党对党内法规制度建设的全面领导，推动党内法规理论创新，引领带动党内法规实践创新和制度创新，深入推进党内法规制度供给侧结构性改革，提高党内法规的科学性、规范化，将党的领导制度优势转化为国家治理效能，增强党的执政本领，加快推进国家治理体系和治理能力现代化。

2. 立足当前全面从严治党面临的新情况新问题，实现制度治党、依规治党

治国必先治党，治党务必从严。中国共产党百年发展的历史表明，从严治党是保持党的先进性和纯洁性、增强党的凝聚力和战斗力的重要保证。进入新时代，面对新形势新任务新要求，以习近平同志为核心的党中央把加强党内法规制度建设作为全面从严治党的长远之策、根本之策，贯彻从严治党的方针就必须加强党内法规制度建设，要把党内法规制度建设与从严治党结合起来，实现党的建设制度化、规范化和程序化。在新时代党的建设总体布局中，制度建设贯穿党的政治建设、思想建设、组织建设、作风建设、纪律建设之中，为党的各方面建设提供制度依据和制度遵循。习近平总书记在党的十八届六中全会上详细论述了当前管党治党面临的五类突出矛盾和问题以及在高级干部极少数人中存在的两类突出问题。在全面从严治党中，必须以解决上述问题为出发点，倒逼我们加强相关制度建设，在“存在问题——提出要求——探索实践——总结经验——制度建设——存在新问题”的循环反复中，实现党内法规制度不断完善，推动全面从严治党向纵深发展。

3. 加强组织领导，增强党内法规制度建设的系统性和科学性

习近平总书记指出：“把反腐倡廉法规制度的笼子扎细扎密扎牢，做到前后衔接、左右联动、上下配套、系统集成。”①“要围绕责任设计制度，围绕制度构建体系，强化上级党组织对下级党组织和党员、领导干部的监督，做到责任清晰、主体明确、制度管用、行之有效。”② 这为党内法规制度建设指明了方向，要求坚持宏观思考、总体规划，在制定理念和顶层设计上要坚持系统性、科学性，做到严谨周密，疏而不漏，争取将各类规范按照下位合乎上

① 习近平：《习近平关于严明党的纪律和规矩论述摘编》，中央文献出版社、中国方正出版社2016年版，第64页。

② 习近平：《在第十八届中央纪律检查委员会第六次全体会议上的讲话》，载《人民日报》2016年5月3日，第2版。

位、左右相互衔接、先后协调一致的内在逻辑要求，连接成一个纵横交错、互联互通、逻辑自洽的整体。在党内法规的内容方面，要有针对性和可操作性，做到“于事简便、于法周延”。在外在形式方面，要坚持简约、规范、准确的标准，争取做到简明扼要、合乎逻辑、内容科学。

（二）加强顶层设计

改革开放以来，党内法规制度建设逐步开始得到恢复和加强，党内法规制度建设逐步走上制度化道路。1990 年 7 月，中共中央颁布《中国共产党党内法规制定程序暂行条例》，对党内法规的名称、适用范围、制定主体、制定程序等作了基本规定。同年 11 月，中共中央办公厅发布《关于党内法规备案工作的有关问题的通知》。此后，党内法规工作稳步推进，取得长足发展。2012 年 5 月，中共中央印发了修订后的《中国共产党党内法规制定条例》；2019 年 9 月，中共中央对条例作了再次修订。该条例着眼提升新时代党内法规制定工作科学化水平，充实党内法规制定工作的总体要求，明确制定权限，完善制定程序，健全保障机制，同时提出坚持制定和实施一体推进，健全党内法规执行责任制，是党内法规工作的基本规范和龙头性规范。2012 年 6 月，中共中央印发《中国共产党党内法规和规范性文件备案规定》，2019 年 9 月，中共中央对该规定作了修订，建立起贯通上下的党内法规和规范性文件备案审查工作体系。2019 年 9 月，中共中央印发《中国共产党党内法规执行责任制规定（试行）》，建立起一套严密的党内法规执行责任体系，进一步压实各级党组织和党员领导干部执规责任。

党的十八大以来，以习近平同志为核心的党中央高度重视党内法规制度建设，从执政治国的高度加强党内法规制度建设顶层设计，党内法规制度建设发展进入快车道。2013 年 11 月，中共中央印发《中央党内法规制定工作五年规划纲要（2013—2017 年）》，这是中国共产党历史上第一个中央党内法规制定工作五年规划，首次提出到建党 100 周年时全面建成内容科学、程序严密、配套完备、运行有效的党内法规制度体系，明确了党内法规制定工作的指导思想、工作目标、基本要求、主要任务，标志着党内法规制定工作从此走上体系化道路。2018 年 2 月，中共中央印发《中央党内法规制定工作第二个五年规划（2018—2022 年）》，着眼于到建党 100 周年时形成比较完善的党内法规制度体系，对此后五年党内法规制定工作进行了顶层设计和系统谋划，明确了当前和今后一个时期党内法规制度建设的任务、方向和工作着力点，是推进新时代党内法规制度建设的重要指导性文件。此外，2015 年 7 月，中共中央办公厅印发《中国共产党党内法规解释工作规定》。2016 年 12 月，《中共中央关于加强党内法规制度建设的意见》印发，2023 年 4 月，中共中央印发《中央党内法规制定工作规划纲要（2023—2027 年）》，这些制度文件的出台，从中央层面加强了对党内法规制定工作的顶层设计为新时代推进党内法规制度建设提供了重要指引和制度遵循。

在这些党内法规制度和制订计划的指引下，党内法规工作内容不断丰富、水平不断提高，形成了集立规、备案、清理、评估、执规、研究各环节的完整工作链条，呈现出立改废释并举、制定与执行并重、研究与实践结合的良好局面，推动党内法规制度建设取得了明显成效。

（三）规范制度建设

党内法规制度建设是一个内涵丰富的概念，不仅包括静态的党内法规规章制度，还包括动态的党内法规制定、解释、备案、清理、评估等过程，规范制度建设就是对党内法规制定、运行的各个阶段的制度建设进行统筹谋划、合理规制，使党内法规制度建设各个方面互联互动、连成一体。

1.《中国共产党党内法规制定条例》为立规工作确立了基本遵循，实现了全面规范。该条例既规定了党内法规的概念、制定主体和权限、名称、形式要求等基础性问题，又规定了领导体制、制定原则等需要宏观把握的内容；既厘清了规划计划、起草、审批与发布等制定主要程序及其具体要求，又对适用、效力与解释、备案、清理、评估等作出了原则性规定。总而言之，该条例对党内法规制定工作进行了一揽子制度设计和全方位制度规范，把党内法规制定活动全面纳入制度化、规范化、程序化轨道。

2.《中国共产党党内法规制定条例》及有关配套法规为备案审查工作、清理工作、实施评估工作等提供了制度依据。2019 年 9 月印发的《中国共产党党内法规和规范性文件备案审查规定》以该条例为依据，对备案审查工作作出了细化规定，明确了备案审查工作的目的、备案审查主体、审查标准、处理方式、监督保障等，进一步提升了党内法规和规范性文件备案审查工作的规范化水平。

3. 坚持制定和实施一体推进。《中国共产党党内法规制定条例》第三十六条对此提出原则要求。《中国共产党党内法规执行责任制规定（试行）》建立起一套严密的党内法规执行责任体系，明确规定在党中央集中统一领导下，建立健全党委统一领导、党委办公厅（室）统筹协调、主管部门牵头负责、相关单位协助配合、党的纪律检查机关严格监督的执规责任制，统分结合、各司其职，一级抓一级、层层抓落实，释放出执规必严、狠抓执行的强烈信号，为进一步提高党内法规执行力提供了重要制度保障。

（四）保障机关运行

机关运行保障是指为各级党的委员会及其组成部门开展工作、日常运行提供保障服务的机制和制度。

1. 完善机关运转机制

（1）日常运转服务制度

公文处理和督查检查工作是党的机关日常工作的重要组成部分，2012 年出台的《党政机关公文处理工作条例》和 2017 年出台的《中共中央关于加强新形势下党的督促检查工作的意见》为党的机关日常运转服务提供了依据。

一是机关公文运转制度。党的机关公文是指党的各级组织实施领导、履行职能、处理公务的具有特定效力和规范体式的文书，是传达贯彻党的方针政策，公布法规和文件，指导、布置和商洽工作，请示和答复问题，报告、通报和交流情况等的重要工具，是机关日常运转的主要载体。2012 年中共中央办公厅、国务院办公厅印发的《党政机关公文处理工作条例》，对党政机关公文处理工作作出了系统规定，进一步推进了公文处理工作的科学化、制度化、规范化。此外，陆续制定出台电子公文处理和文件发布、阅读、管理等专门性规定，对党的公文运转作了细化规定。按照该条例第八条规定，各级党政机关设立文秘部门或者由专人负责公文处理工作，党政机关办公厅（室）主管本机关的公文处理工作。党的公文的种类主要有以下 15 种，分别适用不同情形和事项：① 决议。适用于会议讨论通过的重大决策事项。② 决定。适用于对重要事项作出决策和部署、奖惩有关单位和人员、变更或者撤销下级机关不适当的决定事项。③ 命令（令）。适用于公布行政法规和规章、宣布施行重大强制性措施、批准授予和晋升衔级、嘉奖有关单位和人员。④ 公报。适用于公布重要决定或者重大事项。⑤ 公告。适用于向国内外宣布重要事项或者法定事项。⑥ 通告。适用于在一定范围内公布应当遵守或者周知的事项。⑦ 意见。适用于对重要问题提出见解和处理办法。⑧ 通知。适用于发布、传达要求下级机关执行和有关单位周知或者执行的事项，批转、转发公文。⑨ 通报。适用于表彰先进、批评错误、传达重要精神和告知重要情况。⑩ 报告。适用于向上级机关汇报工作、反映情况，回复上级机关的询问。⑪ 请示。适用于向上级机关请求指示、批准。⑫ 批复。适用于答复下级机关请示事项。⑬ 议案。适用于各级人民政府按照法律程序向同级人民代表大会或者人民代表大会常务委员会提请审议事项。⑭ 函。适用于不相隶属机关之间商洽工作、询问和答复问题、请求批准和答复审批事项。⑮ 纪要。适用于记载会议主要情况和议定事项。

二是督促检查制度。“一分部署、九分落实。”督促检查工作作为党的工作的重要组成部分，是推动党的决策落实的重要手段，是促进党的决策完善的重要途径，是改进党的作风、密切党同人民群众血肉联系的重要渠道。近年来，党中央陆续印发文件，对党委督促检查工作进行规范和完善。2017 年 4 月，适应新形势新任务，《中共中央关于加强新形势下党的督促检查工作的意见》印发，从指导思想、主要任务、工作原则、工作制度、效能建设、组织领导等方面，对加强新形势下党的督促检查工作提出明确要求，强调督促检查的主要任务是推动党的理论路线方针政策贯彻执行和党中央决策部署贯彻落实，确立了一系列工作制度，提升了督查检查工作的科学化、规范化、制度化水平。2018 年 10 月，着眼解决督查检查考核领域的形式主义、官僚主义问题，《中共中央办公厅关于统筹规范督查检查考核工作的通知》印发，规定实行督查检查考核总量控制，实行年度计划和审批报备制度。

有关中央党内法规还分别针对机要密码、通信保障等领域相关事项作出规定，保障党委各项工作顺畅运行。

（2）机关事务管理制度

实践中，党的机关与同级国家机关、行政机关都统一由国家进行管理。各级党的委员会由下属办公厅（室）提供服务保障，在资产、财务管理方面，党委办公厅（室）和其他党的工作机关作为党的机关与同级国家机关、行政机关一致，由国家统一管理。

2017 年年底，中共中央办公厅、国务院办公厅印发《党政机关办公用房管理办法》和《党政机关公务用车管理办法》，进一步规范办公用房、公务用车等机关事务管理事项。

一是规范办公用房管理。《党政机关办公用房管理办法》主要针对办公用房管理中存在的职责不清，配套设施重复建设，超标准建设，超标准配备、使用，资源闲置、资产使用效益低等突出问题，就办公用房的规划、权属、配置、使用、维修、处置利用等管理工作作出了一揽子制度设计。建立健全党政机关办公用房集中统一管理制度，统一规划、统一权属、统一配置、统一处置。由县级以上党政机关办公用房有关管理部门根据职责分工，负责本级党政机关办公用房管理工作，指导下级党政机关办公用房管理工作。办公用房配置严格执行相关标准，从严核定面积。建立从严使用管理相关制度，要求各使用单位将办公用房安排使用情况以一定形式公示并进行备案，严禁超标准配备、使用办公用房，并根据情况及时腾退移交。

二是规范公务用车管理。2011 年 1 月，中共中央办公厅、国务院办公厅印发《党政机关公务用车配备使用管理办法》，2017 年年底作了修订完善，并将名称修改为《党政机关公务用车管理办法》。该办法修订主要体现了三方面特点：第一，加强集中统一管理。该办法规定党政机关公务用车主管部门对本级党政机关公务用车实行“四统一”管理，即统一编制、统一标准、统一购置经费、统一采购配备管理。第二，坚持厉行节约。该办法对公务用车编制和标准作出从严制度安排。一方面，强化编制刚性约束，将各类公务用车全部纳入编制管理，分类明确编制核定责任主体，并对公务用车产权注册登记提出统一要求，防范超编制配车，严控公务用车数量规模；另一方面，坚持经济适用、节能环保原则，分类细化各类公务用车排气量、价格标准，要求党政机关带头使用新能源汽车。第三，创新管理方式。该办法针对实践中易发的公车私用、私车公养、既领取公务交通补贴又违规使用公务用车等违规违纪现象，采取新方式新手段加强监督监控。比如，建立公务用车服务平台，统筹调度使用，并通过信息化手段、加装卫星定位系统，实时监控车辆运行轨迹，在线统计行驶里程、费用支出等信息，实现无缝监管；推进标识化管理，规定除有保密要求的特殊工作用车外，公务用车都应当统一标识，置于社会舆论和公众的监督之下，确保公务用车在“阳光”下运行；推进信息公开，要求党政机关建立公务用车配备更新和使用情况统计报告制度，并将相关情况纳入政务公开和政务诚信建设范围，主动“晒”出公车账单，接受社会监督。

2. 规范信息档案工作

（1）信息收集处理制度。信息是决策的基础和依据。信息收集处理制度应当包括对信息收集渠道、信息综合加工、信息报送标准和机制、信息反馈和考评、信息工作机构建设等。

（2）机关档案管理制度。机关档案工作是机关工作的组成部分，是提高机关工作效率和工作质量的必要条件，是维护机关历史真实面貌的一项重要工作。《机关档案工作条例》等有关中央党内法规对机关档案管理工作的性质、任务、工作体制机制、主要工作流程和标准等作了全面规范。

3. 安全保密服务制度

1988 年 9 月，《保守国家秘密法》颁布，2010 年 4 月、2024 年 2 月分别进行了两次修订。党的十八大以来，陆续出台《保守国家秘密法实施条例》和《保密事项范围制定、修订和使用办法》等保密法规和部门规章，为机关保密工作提供了法律依据。以此为基础，在加强保密工作宏观管理和机关运行安全保密方面分别出台了相关党内法规文件，发挥了独特而重要的作用。一方面，坚持党管保密原则，制定一系列保密管理制度性文件，对保密工作的总体目标、重点任务和重要领域进行部署安排，党统一领导保密工作的体制机制得到巩固完善。另一方面，制定一系列专门党内法规，就党政领导干部保密工作责任制以及涉密网络等的保密管理分别作出规定，有力保障了机关各项工作安全保密进行。

参考文献

专著

[1] 宋功德、张文显主编:《党内法规学》,高等教育出版社 2020 年版。

[2] 章志远主编:《党内法规学原论》,中国法制出版社 2020 年版。

[3] 欧爱民:《中国共产党党内法规总论》,人民出版社 2019 年版。

[4] 王勇主编:《党内法规教程》,中共中央党校出版社 2019 年版。

[5] 本书编写组编写:《党内政治生活与党内监督相关法规必读》,中国方正出版社 2017 年版。

[6] 殷啸虎主编:《中国共产党党内法规通论》,北京大学出版社 2016 年版。

[7] 王振民、施新州等:《中国共产党党内法规研究》,人民出版社 2016 年版。

[8] 李军:《中国共产党党内法规研究》,天津人民出版社 2016 年版。

[9] 韩刚:《从严治党的顶层设计》,中共中央党校出版社 2016 年版。

[10] 本书编写组编:《全面从严治党的制度保障》,中共中央党校出版社 2016 年版。

[11] 宋功德:《党规之治:党内法规一般原理》,法律出版社 2021 年版。

[12] 李忠:《党内法规建设研究》,中国社会科学出版社 2015 年版。

[13] 董瑛:《党内干部监督制度建设论》,人民出版社 2010 年版。

[14] 刘书林主编:《党的领导与民主监督》,中央编译出版社 2008 年版。

[15] 谢志高:《党内监督概论》,中国方正出版社 2004 年版。

[16] 王韶兴:《党的监督:理论·经验·思考》,山东大学出版社 2001 年版。

期刊

[1] 叶勇、陈燕:《建构干部容错纠错机制的时代价值及改革路向》,载《理论导刊》2021 年第 1 期。

[2] 谷志军:《基于责任本位的容错纠错机制》,载《中国高校社会科学》2020 年第 6 期。

［3］石伟：《论党内法规的制度边界》，载《社会主义研究》2020年第6期。

［4］王立峰、李洪川：《党内法规配套立规的基本标准探析——基于制度文本与制度实践的双重维度》，载《理论与改革》2020年第4期。

［5］刘作翔：《当代中国的规范体系：理论与制度结构》，载《中国社会科学》2019年第7期。

［6］管华：《党内法规制定技术规范论纲》，载《中国法学》2019年第6期。

［7］张学龙：《整体性治理视角下的党内巡视巡察联动研究》，载《理论与改革》2019年第6期。

［8］宋功德：《坚持依规治党》，载《中国法学》2018年第2期。

［9］王伟国：《国家治理体系视角下党内法规研究的基础概念辨析》，载《中国法学》2018年第2期。

［10］周叶中：《关于中国共产党党内法规体系化的思考》，载《武汉大学学报（哲学社会科学版）》2017年第5期。

［11］王建芹：《法治视野下的党内法规体系建设》，载《中共浙江省委党校学报》2017年第3期。

［12］齐卫平：《全面从严治党制度化的重大成果——新〈中国共产党党内监督条例〉解析》，载《理论探讨》2017年第1期。

［13］张书林：《贯彻〈中国共产党党内监督条例〉的基本维度》，载《求实》2016年第12期。

［14］王若磊：《依规治党与依法治国的关系》，载《法学研究》2016年第6期。

［15］曹雪松：《党内监督优势与实现路径》，载《中国特色社会主义研究》2016年第4期。

［16］肖金明：《论通过党内法治推进党内治理——兼论党内法治与国家治理现代化的逻辑关联》，载《山东大学学报（哲学社会科学版）》2014年第5期。

［17］张文显：《法治与国家治理现代化》，载《中国法学》2014年第4期。

［18］李景治：《党内制约监督制度的改革与完善》，载《学习论坛》2014年第3期。

［19］温敬元：《党内激励机制的制度设计阐释》，载《科学社会主义》2012年第2期。

图书在版编目（CIP）数据

党的监督保障法规原理 / 郭为禄，章志远主编.
北京 ： 中国法治出版社，2024. 12. -- (党内法规理论与制度研究丛书). -- ISBN 978-7-5216-2441-0

Ⅰ. D262.6

中国国家版本馆 CIP 数据核字第 20241ND541 号

责任编辑：秦智贤　　封面设计：李　宁

党的监督保障法规原理

DANG DE JIANDU BAOZHANG FAGUI YUANLI

主编 / 郭为禄　章志远

经销 / 新华书店

印刷 / 三河市紫恒印装有限公司

开本 / 710 毫米 ×1000 毫米　16 开　　印张 / 13.25　字数 / 203 千

版次 / 2024 年 12 月第 1 版　　2024 年 12 月第 1 次印刷

中国法治出版社出版

书号 ISBN 978-7-5216-2441-0　　定价：48.00 元

北京市西城区西便门西里甲 16 号西便门办公区

邮政编码：100053　　传真：010-63141600

网址：http://www.zgfzs.com　　**编辑部电话：010-63141798**

市场营销部电话：010-63141612　　**印务部电话：010-63141606**

（如有印装质量问题，请与本社印务部联系。）